크리에이티브
듀오,
파트너십을
묻다

크리에이티브 듀오, 파트너십을 묻다

우해미 · 김민정
지음

Peak
〔 픽 2 〕

미메시스

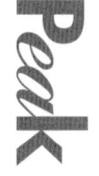

혼자서는 할 수 없지만 두 사람이 모이면 할 수 있는 것은 무엇일까요? 바로 대화입니다. 의견을 교환하고 공감대를 형성하며 마음을 나누는 일이죠. 결코 쉽지 않은 이 과업을 충실히 수행한 사람들은 1과 1을 더했을 때 2가 아닌, 3을 만드는 놀라운 결과를 내기도 합니다. 공동의 목표를 세우고 함께 일하며 궁극의 파트너십을 이뤄 내는 것이죠.

이 책에서 소개하는 12팀의 크리에이티브 듀오는 모두 탁월한 파트너십을 이룬 이들입니다. 디자인, 건축, 패션, 순수 미술 등 개인의 재능과 역량이 중요하게 평가받는 크리에이티브한 영역에서 함께 일하는 것은 결코 쉽지 않습니다. 하지만 이 듀오들은 단순히 〈같은 일을 도모하는 것〉이 아닌 공동의 목표를 세우고, 〈일〉에 대해 새로운 가치를 부여했습니다. 또 그 과정에서 더 많은 가능성을 발견하며 새로운 길(장르, 문화)을 개척했습니다. 각자의 분야에서 전통적인 역할과 그 한계를 넘어, 스스로 할 수 있고, 또 하고 싶은 일에 대한 답을 찾으며 새로운 판을 만들고 현상을 일으켰습니다. 두 사람의 확실한 공동 목표, 세상에 전달하고자 하는 하나의 메시지가 있었기에 가능한 일이었습니다.

〈부부〉부터 〈친구〉, 〈자매〉에 이르기까지. 다양한 관계로 맺어진 크리에이티브 듀오는 협업 방식 또한 모두 다릅니다. 서로의 비전을 공유하며 가르침을 주고받기도 하고 때로는 정서적인 지지대가 되어 주기도 합니다. 또 각자가 독립적인 개인으로 성장하고 성공할 수 있도록 돕는 조력자의 역할을 하기도 합니다. 사실 협업 방식에는 정답이 없습니다.

〈듀오〉라는 이름으로 하나가 되기까지, 12팀의 듀오는 서로에 대해 하나하나 알아 가고 이해하며 더 긍정적인 결과를 가져올 수 있는 길을 모색해 찾았습니다.

〈왜 하필 듀오인가?〉, 〈듀오라는 형태가 왜 좋은가?〉라고 묻는다면 사실 특별한 이유는 없습니다. 하지만 분명한 것은 사람은 혼자 살아갈 수 없다는 것입니다. 우리는 〈관계〉 속에서 행복과 지지를 얻습니다. 혼자가 아닌 둘이기에 발생하는 문제와 갈등도 있지만 반대로 함께 성장하고 발전합니다. 일의 기쁨과 슬픔을 함께 나누는 12팀의 크리에이티브 듀오를 통해 지속 가능한 파트너십과 균형을 만드는 지혜를 발견해 보시길 바랍니다.

2024년 2월

우해미 · 김민정

차례

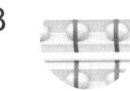

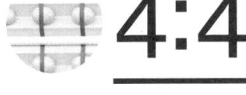

신신

디자인하지 않는 디자인

〈신신〉은 한국 그래픽 디자인계에서 허리를 담당하는 듀오이다. 2014년 신해옥, 신동혁 디자이너가 결성해 10여 년째 활동 중인 이 듀오는 상업과 예술, 주류와 비주류, 그리고 평범함과 비범함 사이에서 중심을 잡는다. 특정한 스타일 없이, 디자인을 하는 대상과 본질에 집중하지만 그 결과물은 새롭고 자유로우며 동시에 편안하고 자연스럽다. 때로는 내적 규율이 만든 정연함을, 때로는 즉흥적인 감각의 자유로움을 선보이며 디자인의 영역 밖에서 새로운 수행적 실천을 제시한다. 그러니까 신신은 디자인을 확장하며 유연하게 적용하고, 논리적으로 탐구함으로써 의외성과 즐거움을 감각하게 하는 듀오이다. 잘해야 한다는 욕심보다는 자연스러움이, 하루 24시간 시도 때도 없이 이어지는 일상의 대화가 그들만의 유연성과 강한 힘을 길러 냈다. 한국 그래픽 디자인계의 중심, 그리고 신해옥, 신동혁 두 디자이너를 구분 짓는 경계에 신신은 존재한다.

신해옥

신동혁

Grafik
museum für gestaltung
schaudepot

신해옥·신동혁이 신신이 되기까지

두 분이 처음 만난 대학 시절 이야기부터 들어 보고 싶어요. 함께 동아리 활동을 하며 대학교 때부터 다양한 프로젝트를 진행했다고요?

신해옥 동혁은 〈집현전〉이라는 이름의 한글 꼴을 만드는 동아리, 저는 편집 디자인을 하는 〈T&E Typography & Editorial design〉 동아리의 장을 각각 맡고 있었어요. 저희 둘이 사귀면서 두 동아리가 함께하는 활동도 많아졌는데, 전공도 같고 분야도 비슷하니까, 아예 하나의 그룹으로 합쳤죠. 그렇게 연애도 하고 같이 동아리 활동도 하면서 대학을 다니는 내내 붙어 다녔어요. 결혼 생활의 전초였다고 할 수 있죠.

신동혁 그렇게 만든 동아리가 〈TW Typography Workshop〉인데 마치 디자인 스튜디오처럼 운영했어요. 실제로 당시 교수님과 선배들이 작은 일거리를 주기도 했고요. 프로젝트에 관한 이야기를 함께 나누면서 자연스럽게 작업도 같이 하게 됐죠.

거의 20년을 함께했네요. 각자 부모님과 살았던 시간보다 두 사람이 함께한 시간이 더 길 수도 있겠어요.

신동혁 벌써 시간이 그렇게 흘렀네요! 컴퓨터로 치면 저의

OS는 부모님의 양육 방식이라든가 유년기에 겪었던 여러 가지 경험으로 형성됐겠지만, 디자이너로서 또 한 사람의 성인으로서 지금의 정체성을 갖게 된 데에는 해옥 씨가 끼친 영향이 크죠.

신해옥 생각해 보면 성인이 돼서 중요한 결정을 내릴 때마다 늘 곁에 있었어요. 〈우리 졸업하면 뭐 할까?〉로 시작해서 장래를 고민하고, 취업을 준비하고, 결혼 후 제가 유학을 떠날 때도 함께 의논하고 결정했으니까요.

본격적으로 듀오를 결성한 배경이 궁금해요.

신동혁 둘의 관심사가 그래픽 디자인으로 묶일 수 있었던 점이 가장 큰 배경이었다고 생각해요. 어린 나이였지만 진지하게 그래픽 디자이너가 되고 싶었거든요. 게다가 〈사랑하는 연인이랑 작업과 연애를 동시에 할 수 있으면 얼마나 좋을까〉 하는 마음이 있었죠. 그러다 보니 자연스럽게 위대한 듀오 디자이너들을 롤 모델로 삼고 지금까지 달려온 것 같아요. 돌이켜 보면 저희는 활동하던 시기마다 협업의 양태가 조금씩 달랐어요. 처음에는 해옥 씨가 꽤 오랫동안 직장 생활을 할 때 저는 프리랜서로 일했는데 그때도 서로 자극과 도움을 계속 주고받았거든요. 당시 저는 큰 규모의 예산으로 진행하는 프로젝트를 거의 해보지 않았기 때문에 덜컥 큰일을 받았을 땐 해옥 씨가 일의 프로세스나 제작에 대해 많은 자문을 해줬어요. 반대로 해옥 씨는 회사 안에서 조직원으로서 제한된 일만 하다가 비교적 자유도가 높은 저의 일을 도우면서 간접적으로 해방감 같은 걸 느꼈고요. 당시엔 이렇게 서로가 서로를 보완하는 역할을 했다면 2014년 본격적으로 신신을 시작했을

때는 그 커리어가 제가 하던 일의 연장선상으로 흘러갔어요. 프리랜서로 일하는 동안 미술, 공연, 예술 신scene에서 어느 정도 인지도를 쌓으며 의뢰받은 일이 많았기 때문에 해옥 씨의 퇴사와 동시에 그 일들이 함께하는 프로젝트가 된 거죠. 그때는 해옥 씨가 저를 백업해 주는 구조였기 때문에 신경 쓰이고 미안했어요. 그래서 미팅을 갈 때도 꼭 함께 가고 신신을 대표해서 할 일이 있으면 해옥 씨가 전면에 나설 수 있도록 했고요. 이후 해옥 씨와 저에게 각각 따로 프로젝트 의뢰가 들어온 시점부터는 각자 알아서 진행하되 실시간으로 스케줄이나 큰 아이디어 정도만 공유하고 있어요. 그렇게 현재에 이르렀네요.

신해옥 동혁의 말처럼 초기엔 여러 가지로 좀 혼재되어 있었어요. 이름도 처음에는 〈신해옥·신동혁〉 이렇게 두 사람의 이름을 길게 붙여서 쓰다가 2016년경부터 신신으로 활동했고요. 초반에 신신이 했던 대부분의 작업은 동혁과 함께 일했던 클라이언트의 의뢰로 이루어졌기 때문에 그분들의 입장에선 동혁과 일하는 와중에 제가 갑자기 불쑥 들어온 행태였을 거예요. 그래서 처음엔 저희 둘 다 이를 의식하고 어떻게 풀어내고 극복할 수 있을지 고민을 많이 했고요. 그러다가 시간이 지나면서 저희 둘 각자에게 들어오는 일의 밸런스가 좀 비슷해졌죠.

신신은 처음부터 〈신신〉이 아니었군요.

신해옥 함께 일했던 큐레이터가 저희에게 파일을 전달했는데 그 파일명이 〈신신〉으로 되어 있었어요. 〈신신〉 하면 일대일의 무척 평등하면서도 대칭적인 상태를 나타내는 것 같아서

자연스럽게 단체명으로 쓰게 됐죠. 그러면서 저희가 일하는 태도 역시 〈신신〉이라는 이름처럼 된 것 같아요.

신동혁 둘이 같이 다니는데 〈신해옥·신동혁〉이라고 부르려면 말이 너무 길어지니까, 그분도 효율적인 이유에서 그랬던 것 같은데 정말 좋았어요. (웃음)

그럼 두 분께서 프로젝트도 따로 의뢰를 받고 작업도 각자 하는 방식인 건가요? 그럼에도 결과물은 신신의 이름으로 발표한다는 게 좀 남다른 지점이네요.

신해옥 네, 프로젝트는 각자 진행하지만 크레디트는 〈신신〉으로 남겨요. 저희는 운이 좋게도 장기간 협업해 온 클라이언트가 많은데, 이젠 그분들도 신신이 일하는 방식을 다 아세요. 그렇기 때문에 저 또는 동혁한테 연락하죠. 프로젝트 초반 미팅은 같이 가기도 하는데, 기획 의도나 의뢰 내용을 둘이 들으면 더 좋은 아이디어가 나올 수도 있으니까요.

신동혁 큰 틀에서 방향이나 아이디어는 공유하지만 실무적인 일은 각자 알아서 해요. 거기에 대해서는 왈가왈부하지 않는 것을 불문율로 삼고요. 함께 일하다 보면 서로 의견이 다를 수밖에 없기 때문에 다양한 협업 방식을 시도한 끝에 갈등 없이 일하는 방법을 찾은 거예요.

프로젝트 초반, 아이디어를 내거나 큰 그림을 그리는 것 정도만 함께 하는군요.

신동혁 한 명이 키를 쥐고 가는 데에 있어 중간중간 좀 막히거나 확신이 서지 않을 땐 나머지 한 사람이 조언을 해줘요. 서로 상대방이 무엇을 잘하는지 잘 알고 있으니까 그 부분에

있어 서로 도움을 주고받기도 하고요.

신해옥 저희가 좋아하는 소통 방식이 바로 이런 거예요. 한 사람이 하는 일에 다른 사람은 백업을 맡거나 〈툭〉 하고 던진 이야기에 살을 붙여 주죠. 그래서 프로젝트 초반에는 최대한 함께 작업하고 본격적으로 일을 시작하면 그때부터는 따로 진행해요. 파일도 공유하지 않고요.

협업자가 아니라면 신동혁, 신해옥 중 누가 작업한 디자인인지 잘 모를 것 같아요. 신신의 이름으로 발표하니까요.

신해옥 아마 그럴 거예요. 저희 작업에 대해 잘 아는 사람이 아니라면 밖에서 봤을 땐 누가 했는지 모르는 경우가 많죠.

신동혁 그동안 저희가 선보였던 작업이 하나의 결로 환원되지 않아서 더욱 그렇게 느낄 수도 있어요. 신신에겐 고정된 스타일이 강하게 드러나지 않을뿐더러 매체도 매번 바뀌다 보니까, 이를 보는 사람들 입장에선 완전히 새로운 결과물이 나와도 〈그냥 신신이 했겠거니〉 하고 생각하겠죠. 이 작업을 신신 중 누가 했는지, 신동혁 또는 신해옥의 지분이 얼마큼일지 굳이 구분하거나 밝힐 필요는 없으니까요.

신동혁과 신해옥 각각의 스타일은 어떻게 정의하나요? 신신에게는 고정된 스타일이 없다고는 하지만, 서로를 혹은 자기 스스로를 어떤 스타일로 정의하는지 궁금해요.

신해옥 〈스타일〉이라 하면 저희 둘 다 딱히 무엇이라고 명확하게 정의할 수 없지만 성향만큼은 확실히 달라요. 서로 파일을 공유하지 않는 이유도 완전히 다른 방식으로 사용하고 있기 때문이고요. 동혁이 제 파일을 보면 〈어떻게 이렇게

아무런 규칙 없이 무분별하게 관리할 수 있냐〉라며 복장 터져 할 게 분명하거든요. 반대로 저는 동혁이 정리한 파일을 보면, 〈아니, 뭐 저렇게까지 규칙을 만들고 틀에 맞추고 있나〉 하는 생각이 들고요. (웃음) 동혁은 아주 작은 것부터 논리적으로 말이 되게끔 토대를 만든 다음, 시작하는 걸 좋아해요. 시간을 많이 들여서 정말 세세한 부분까지 섬세하게 들여다보죠. 그렇게 자기가 정한 내적 규율에 맞지 않는다 싶으면 그걸 수정하고 또 수정하는 식으로 밑 작업을 튼튼하게 하는 편이고요.

신동혁 해옥 씨는 좀 엄벙뗑(얼렁뚱땅) 기질이 있다고 할까요? (웃음) 그런데 결국엔 해옥 씨가 만든 결과물이 탁월하다고 느낄 때가 많아요. 직관력과 심미안이 탁월하기 때문일 수도 있지만 무엇보다 자기 확신이 있어야 그런 결과가 나오는데 저에겐 그런 〈되바라진 면〉이 없어요. (웃음) 가끔 이 사람은 왜 이렇게 호연지기가 넘치나 싶은데 결혼하고 같이 살아 보니 일상 자체가 그래요. 집에 들어오면 옛날 우리네 아버지들처럼 양말이나 옷가지를 툭 벗어서 던져 놓고, 그러면 저는 또 그걸 줍고 정리하고…… 그런데 이런 성향이 작업에도 드러나는 것이 글이나 이미지도 그냥 화면에 툭툭 놔요.

각자의 성향을 잘 보여 주는 작업은 무엇인가요? 서로가 보기에 〈이건 정말 신해옥답다〉, 〈이건 정말 신동혁답다〉라고 생각하는 프로젝트가 있다면 소개해 주세요.

신동혁 해옥 씨 작업 중에서 가장 재미있게 보고 있는 것은 『낭*Nang*』 매거진이에요. 저는 창간 당시 0호를 준비하면서 그리드 시스템을 짜고 〈활자체를 어떤 크기로 쓸지〉, 〈표지는

어떤 식으로 할지〉 등등 밑그림 정도만 함께 그렸을 뿐, 이후 해옥 씨가 아트 디렉션부터 디자인까지 쭉 맡아서 하고 있어요. 개인적으로 해옥 씨가 아니면 그 누구도 하기 힘든 프로젝트라고 생각해요. 매호 여러 국적의 편집장뿐만 아니라 참여하는 아티스트, 편집 구성도 모두 달라지기 때문에 이러한 상황에 유연하게 적응하고 대처하면서 무엇보다 결과물이 아름답게 완결되어야 하거든요. 물론 이 프로젝트에 해옥 씨의 모든 역량이 100퍼센트 담겨 있다고 말할 순 없지만, 매호 아트 디렉터로서 이 친구가 가진 재능과 능력이 탁월하게 발휘되고 있다고 봐요. 약속된 체계가 없거나 흔들릴 경우에도, 유연하게 적응하면서 그 결과물을 직관적으로, 아름답게 잘 마무리해 내는 능력이 해옥 씨의 특기예요.

신해옥 동혁은 일단 글자를 조형적으로 바라보는 좋은 눈을 갖고 있어요. 한글 레터링을 하거나 활자체를 만드는 사람들에겐 〈한글은 이래야 한다〉라는 정해진 틀이 있는데, 그걸 넘어서 자신만의 상상력과 관점을 갖고 있죠. 저희가 리뉴얼한 세종문화회관 CI를 보면 확실히 그런 장점이 보여요. 훈민정음의 제작 원리인 천지인과 오선지 악보, 그리고 세종문화회관 건축물까지 세 가지를 모티프 삼아, 논리적으로 말이 되는 형태로 로고타이프를 그렸는데 이런 것들이야말로 신동혁이 잘하는 분야인 것 같아요. 또 최근에는 50여 명의 다양한 창작자가 정해진 하나의 주제로 자유 기고를 하는 『뉴스페이퍼』 3호를 디자인했는데요. 말 그대로 신문인 셈인데 각각 다른 형태와 분량의 글과 그림을 지면에 착착 배치하며 섬세하게 조판하고 논리 정연하면서도 지루하지 않게 만들었어요. 마치 모내기처럼 단순하면서도 섬세함을 필요로

PROJECT VITRA.
Birkhäuser
RAF SIMONS REDUX
MARTIN MARGIELA - AT LAFAYETTE ANTICIPATIONS
Helen Marten Drunk Brown House
JONAS MEKAS CONVERSATIONS WITH FILM-MAKERS
Mark Manders
Conceptual Art in a Curatorial Perspective
Janneke Wesseling The Perfect Spectator
ISLAND
Jahr 1990 freilegen
Remontage der Zeit
American Origami
KALEIDOSCOPE
Miklós Klaus Rózsa
Hearing Robert Morris
SONG HWA BAEK
PRESS KIT PRESS
Désirée van Hoek
Skid Row Los Angeles 2007-2015
CINEMATOGRAPHY ROBBY MÜLLER
FREUD
OUT OF THE ORDINARY
Imperial Courts
Roma
ANATOMY
SARAH SIMBLET
Nicolas
A-TYPICAL PLAN
Reissue
STEDELIJK ARCHITECTURE

저희도 디자이너지만
요즘엔 디자인을 더
안 하려고 하고 있어요.
의식적으로 디자인을
덜하고 제한적으로
활용하면 좋겠다고
생각할 때가 많아요.
— 신해옥

하는 어려운 작업이기 때문에 저라면 힘들었을 것 같은데 동혁은 재미있었다고 해요.

성향은 물론이고 작업 방식까지 모두 완전히 다르네요?

신동혁 하나의 목표를 가지고 그 지점으로 가는 방향은 같지만 구현하는 구체적인 방식은 달라요. 해옥 씨는 가만히 있다가 한 번에 가속해서 훅 갈 수 있지만 저는 차근차근 한 발짝씩 나아가는 타입이죠. 하지만 지금은 서로에게 적응하고 배우며 최적화한 상태예요. 저는 작업할 움막을 짓고 깊이 파면서 들어가는 타입인데 그럴 때면 해옥 씨가 이제 밖도 좀 보라며 끄집어내 줘요. 반면 해옥 씨는 운동장을 종횡무진 뛰어다니는 타입이거든요. 공도 차고 허들도 넘으면서 하염없이 이곳저곳 뛰어다녀요. 그래서 어떤 깊이가 필요하거나 수면 아래 있는 보이지 않는 시스템을 다뤄야 할 때는 저의 도움을 필요로 하고요. 저 역시 의외성이나 직관성이 필요할 때 해옥 씨를 찾는데 작업이 너무 하나의 결로 일관되면 지루하니까, 그걸 피하고 싶을 때 도움을 받는 거예요.

서로가 주고받는 영향이 크기 때문에 그것만으로도 협업이라고 할 수 있을 것 같아요.

신해옥 과일도 한자리에 오래 두면 무르고 곪아서 결국 터지고 썩잖아요. 신신의 디자인이 그렇게 되지 않도록 서로가 서로를 굴려 주는 역할을 하는 거예요. 저희는 학교 다닐 때부터 서로의 작업을 많이 대했어요. 그래서 거리낌 없이 말하고 들어왔기 때문에 망설임 없이 직언할 수 있어요. 같은 자리에 똑같은 형태로 머무르면 물러 터질 테니까, 일이 순조롭게만

진행되지 않도록 쓴소리를 해가며 상대방을 굴려 주는 거죠. 저는 이게 신신이 디자인을 하는 데에 있어서 멈추지 않게 하는, 굉장히 중요한 원동력이라고 생각해요.

서로를 등진 채 끌고 당기는 듀오

처음 인터뷰를 요청했을 때 신해옥 디자이너가 〈듀오로서 우리 두 사람이 얼마나 다른지 이야기하고 싶다〉라고 했어요. 어떤 의미인지 좀 더 구체적으로 말해 줄 수 있나요?

신해옥 보통 듀오로 일한다면 공통된 〈무엇〉이 있는 두 사람이 서로 조력자가 되어 일을 진전시키는 경우가 대부분일 거예요. 하지만 앞서 이야기했듯 저희는 성향 자체가 완전히 달라요. 굳이 하나로 버무려서 이도 저도 아닌 것을 만들 필요는 없다고 생각했기 때문에 대부분의 듀오와는 좀 다른 노선을 걷게 된 것 같아요. 물론 두 사람의 성향과 작업이 다르더라도 이를 합쳤을 때 마치 원래 처음부터 하나였던 것인 양 그 접합면을 매끈하게 처리하는 방법도 있어요. 마감에 공을 들여서 접합 부분이 아예 드러나지 않게 하나의 작업물처럼 만들면 되니까요. 그런데 저희는 접합면 자체를 그대로 보여 주는 게 더 좋아요. 어떻게 하면 우리 둘의 경계선을 아름답게 드러낼 수 있을지 고민하고

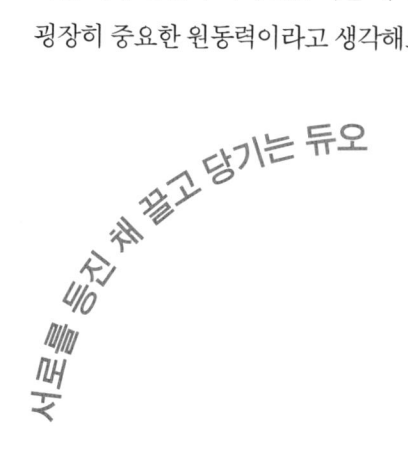

연구하는 데에 집착하는 편이고요.

신동혁 그전에도 그랬지만, 이러한 협업 방식은 해옥 씨가 결혼 후 유학을 가면서 좀 더 구체화됐어요. 처음에는 늘 옆에 있던 사람이 없으니까, 힘들고 외롭고 서로의 도움이 필요한 순간, 어떻게 해야 할지 몰라 혼란스러웠죠. 그런데 이러한 상황을 〈하나의 작업 방식으로 이용해 보면 어떨까〉 하는 생각이 들더라고요. 왜 드라마에서 물리적으로 떨어져 있는 남녀가 전화 통화를 하는 장면을 보면 한 화면을 투 채널로 분할해서 보여 주잖아요. 가로나 세로 또는 사선으로 나누고 그레이디언트로 처리하기도 하고요. 그런 장치를 신신의 작업에 끌어와서 레이어나 화면을 분할해 각자 진행한 다음 합치는 거죠. 두 사람이 하나가 되기 위해 각자 가지고 있는 성향을 버리거나 희석시킬 필요 없이 오히려 서로 다름을 더 도드라지게 보여 주는 거예요. 그렇게 분할한 화면이 계속 놓인 상태, 축적된 상태를 우리의 문법으로 가지고 가면 좋을 것 같았어요.

두 사람을 하나로 만들기 위해 억지로 섞지 않는 것이 듀오로 일하는 신신만의 방법론이군요. 신신이라는 아이덴티티에는 신해옥, 신동혁 두 사람이 고스란히 담겨 있는 셈이네요.

신해옥 유학 당시 『아트인컬처』 매거진에서 저희에게 자유롭게 기고를 해달라고 했어요. 그래서 작업에 관해 서로 주고받은 이야기를 한 화면에 구성하는 식으로 작업을 해봤어요. 직접 해 보니 이게 〈말이 된다〉고 생각한 찰나에 백남준아트센터에서 의뢰가 왔고요. 같은 기간, 같은 공간에서

두 개의 전시가 동시에 열리는데 이를 홍보할 수 있는 공간도 하나, 설치할 수 있는 포스터도 한 장뿐이라는 커다란 제약이 있는 프로젝트였죠. 우리가 생각한 방식으로 구현하면 좋을 것 같아서 각자 전시를 하나씩 맡아 포스터를 만든 다음, 사선으로 절반을 잘랐어요. 그리고 다시 각각의 절반을 하나로 합쳐 포스터를 완성했고요. 이후 유학을 마치고 한국에 돌아왔을 때 신신의 두 번째 개인전 「참참참」을 준비하면서 이러한 방식에 대해 확신할 수 있었어요. 「참참참」에서 선보인 6점의 포스터는 그동안 신신이 작업했던 포스터를 여러 개의 조각으로 해체한 뒤 마치 서로 대화를 하듯이 그 조각들을 다시 잇고 연결하는 작업을 통해 새롭게 완성한 것이에요. 상대방이 조각을 골라 배치하면 거기에 호응하거나 방해하는 식으로 또 다른 사람이 작업을 이어 갔는데, 이 리액션 자체가 신신에게 있어 중요한 아이덴티티가 아닐까 생각했어요.

신동혁 사실 그전까지 듀오로서 신신의 작업 방식은 피상적이었어요. 〈우리는 성향이 다르지만 협업을 통해 하나의 방향으로 동시에 나아가고 있다〉라는 게 굉장히 표면적으로만 느껴졌죠. 하지만 서로 떨어져 있는 시간을 통해서, 그 물리적인 조건을 작업에 적극 개입시킴으로써 보다 구체화되고 분명해졌어요. 세대나 국경을 넘어서 그동안 다른 디자이너들이 시도하지 않았던 무엇을 만들어 볼 수 있겠다는 생각도 들었고요.

이렇게 서로 다른 두 사람이 하나의 작업으로 함께하면 어떤 일이 벌어지나요?

신해옥 「참참참」 전시를 위해 총 6점의 포스터를 제작했는데

그중 2점은 서로 마음이 잘 맞아서 같은 그림을 그리며 신나게 작업했어요. 하지만 나머지 4점은…….

신동혁 드라마 「사랑과 전쟁」을 찍으며 완성했습니다.

신해옥 상대방이 고른 조각이나 배치가 마음에 안 들면 새로운 조각으로 가리면서 싸웠어요. 그런데 저는 이게 바로 우리인 것 같아요. 6점의 포스터를 만드는 데에 있어 2점 정도는 서로 동의 아래 기쁘게 완성하는 반면 나머지 4점을 만들 땐 부력과 마찰이 생기는데 이 또한 작업의 일부로서 있는 그대로 담는 거예요.

신동혁 그냥 자연스럽게 두는 것이 좋겠다고 생각했어요. 작업을 할 때도 저희는 미리 협업의 여부나 방식을 정하는 게 아니라 같이 할 수 있는 건 하고 그렇지 않은 것은 각자 맡아서 해요. 실제로 큰 프로젝트를 진행할 땐 자연스럽게 역할을 나누는 것으로 일이 분배되거든요. 세종문화회관 아이덴티티 작업을 할 때도 워낙 해야 하는 과업들이 많았기 때문에 제가 로고를 맡아서 그리면, 해옥 씨는 그에 대한 스토리텔링을 하고 그 로고를 어디에 어떻게 적용할지 정하는 것으로 분업이 이루어졌어요. 한 프로젝트 안에서 또 자연스럽게 각자 잘하는 것을 찾아 하는 거예요.

떨어져 있던 시간이 오히려 신신이라는 듀오의 정체성을 확립하는 데에 도움이 됐군요.

신동혁 예전에는 저희 두 사람 모두 디자인 스튜디오의 대표이자 디자이너로서 역할을 하는 데에 그쳤다면, 해옥 씨가 유학을 다녀오고 자기 주도적 프로젝트를 하면서 하는 일도 다소 달라지기 시작했어요. 「Gathering Flowers」가 그 예라 할

수 있는데, 디자이너 신해옥의 관심과 태도가 다양한 협업자를 만나 또 다른 창작으로 치환됨으로써 디자인의 새로운 수행 방식과 그 실천을 보여 준 프로젝트예요. 해옥 씨가 원래 여러 가지 주제에 관심이 많아요. 또 그 관심사를 다양한 매체를 통해, 결을 달리해서 기획하고 담아내는 걸 좋아해요. 디자이너로서 이미지를 만드는 것에만 그치지 않고 책도 제작하고 전시, 퍼포먼스, 워크숍 등을 개최하면서 활동 범위를 확장시키는 거예요. 저는 여기서 출판물의 북 디자인을 맡았는데, 작가이자 기획자인 해옥 씨가 저에게 일을 맡긴 거죠. 제가 무엇을 잘하는지 누구보다 잘 아는 사람이 클라이언트가 되어 디자이너 신동혁의 장기를 발휘할 수 있게 만들어 준 셈이에요.

신해옥 떨어져 있던 2년 내내 매일 휴대 전화를 켜놓고 계속 작업에 대해 얘기했어요. 게다가 저는 논문을 써야 했기 때문에 그에 관해 생각한 것들, 떠오르는 아이디어를 시시때때로 말하고 화면으로는 스케치를 공유하는 식으로 소통을 많이 했고요. 「Gathering Flowers」는 제 머릿속에 혼재된 것들을 꺼내어 선보인 프로젝트인데 떨어져 있을 때의 훈련 덕분인지 서로가 원하는 방향이나 머릿속 생각을 꺼내 전달하는 일이 수월했어요. 제가 아무리 두루뭉술하게 추상적으로 이야기해도 동혁은 알아듣는 거죠. 〈내 책은 하얬으면 좋겠는데 너무 하얗지는 않았으면 좋겠다〉, 〈책등이 잘 펴지고 종이의 낱장이 차르르 잘 넘어가는, 한 손에 잘 감기는 사이즈면 좋겠다〉, 〈글자는 무조건 검고 진해야 한다〉 등 굉장히 구체적이고 수용하기 어려운 요구 조건이었거든요. 그런데 정말 그렇게 구현해 줬어요. 무엇보다 결과물이 정말 마음에 쏙 들었기

PROJECT VITRA
Birkhäuser
SCENARIOS
Mark Manders
JONAS MEKAS CONVERSATIONS WITH FILM MAKERS
Das Jahr 1990 freilegen
American Origami
KALEIDOSCOPE
Nicolas Floc'h
THE TENDER SPOT
OUT OF THE ORDINARY
Imperial Courts
A.B.C.DICTIONARY DRESSINGS
BAUHAUS
ANATOMY
massin

때문에 그때 〈우리는 이런 방식으로도 같이 일할 수 있는 듀오구나〉라고 깨닫게 됐죠.

신동혁 상대방이 무엇을 좋아하고, 또 무엇을 잘하는지 알기 때문에 서로를 적재적소에 사용하고 활용할 수 있는 거예요. 서로에게 필요한 도구가 될 수도 있고, 작업의 조력자가 될 수도, 공동 전시를 하는 동료 작가가 될 수도 있어요. 이런 식으로 미묘하게 역할 변화를 주는 것이 작업의 제한, 조건이 되면서 저희 디자인 역시 신신이라는 이름처럼 계속 새롭게 거듭날 수 있고요. 서로가 정체되지 않도록 끊임없이 다독여 주는 역할을 해요.

신신은 〈디자이너와 디자이너〉의 조합이 아닌 〈작가와 디자이너〉, 〈기획자와 디자이너〉, 〈작가와 작가〉 등으로 확장이 가능한 듀오네요.

신동혁 그렇게 되기 위해선 의뢰받은 일 외에 간헐적으로라도 자기 주도적 프로젝트를 해야 하는데, 이미 진행 중인 외주 일이 많으니까 쉽진 않죠. 사실 저는 해옥 씨가 대학원에 다니며 고민하고 생각한 것들을 실시간으로 공유받으면서 한 사람의 성장을 목격한 증인이 된 것 같아서 굉장히 벅찼어요. 이후 그 작은 파편들이 「Gathering Flowers」로 이어지는 걸 보면서 그래픽 디자인에도 새로운 문법, 다른 수행성이 반영되고 확장될 수 있겠다고 생각했고요. 의뢰받은 대로 만들고 완성해서 납품하면 끝이 아니라, 디자인이 새로운 측면에서 또 다른 효과, 작동 방식을 발생시킬 수도 있겠다는 생각이 들었거든요. 무엇보다 「Gathering Flowers」는 실제로 행사 기간 동안 작동했으니까요. 마치 제품을 사용하듯 사람들이

작업에 반응함으로써 어떤 이야기들은 재생산되고 그것을 다시 원기획자, 창작자들이 흡수해서 또 다른 실천과 행위를 낳는 일련의 프로세스가 정말 멋진 디자인 작업인 거죠. 이런 디자인이라면 계속해도 좋지 않을까요?

신해옥 디자인은 회화나 조각처럼 작업하는 사람의 관심사를 계속해서 반영할 수 있는 분야가 아니기 때문에 프로젝트 단위로 끝나기 마련이에요. 항상 결과물이 나오고 납품을 해야 끝이 나는, 정해진 수순이 있죠. 그런데 대학원에서 프로젝트 리뷰를 할 땐 꼭 완성된 결과물을 가지고 이야기할 필요가 없는 거예요. 디자인을 했을 때 하던 고민, 생각을 이야기한다든가 교수님과 의견을 공유하는 시간이 훨씬 많았어요. 시안을 만들고 평가를 받던 프로세스와는 완전히 다른, 처음 해본 경험이었죠. 저도 그때 디자이너로서의 생각, 관심사를 짧은 조각 글로 쓰고, 이를 공유하면서 디자인에 대한 틀을 많이 깰 수 있었던 것 같아요. 그전에는 아무도 반박할 수 없을 만큼 탁월하게 잘 만든, 완성된 결과물에 집착했다면 이제는 저의 관심사에서부터 시작해 그에 대한 사람들의 호응, 해석까지 얼기설기 엮어서 뭔가를 만들어 볼 수도 있겠다는 생각이 들어요.

이 질문은 꼭 해야 할 것 같아요. 부부가 함께 유학을 가지 않고 신해옥 디자이너 혼자 유학을 떠난 특별한 이유가 있었나요?

신동혁 처음에는 제가 먼저 유학을 가려고 했어요. 그래서 영어 학원에 다니면서 준비를 했는데 그 과정에서 〈내가 왜 유학을 가고 싶어 하지?〉라는 근본적인 질문을 하게 되더라고요.

그러니까 20대에는 일을 좀 하다가 나중에 유학을 가야겠다고 막연히 생각했는데 막상 나이가 들고 실천으로 옮기려고 하니까, 딱히 그럴 필요가 없는 거예요. 저는 일을 하면서 일정 부분, 원하는 바를 이뤘거든요.

해보고 싶은 것은 다 했군요.

신동혁 다 했어요. 그래서 시간이 갈수록 유학 가서 논문을 쓰거나 학위를 따는 것에 특별한 의미를 찾지 못하겠더라고요. 그러던 어느 날 그날도 멀리 서울에 있는 영어 학원에 갔다가 운전을 해서 집으로 돌아오는데 문득 옆에 앉은 해옥 씨가 유학을 가면 좋겠다는 생각이 들었어요. 저는 오랫동안 프리랜서 생활을 하면서 관심 있는 주제나 자유도가 높은 프로젝트를 통해 하고 싶은 것은 다 해봤지만 해옥 씨는 회사를 다니고 또 그만두고 나서는 바로 신신을 했잖아요. 돌이켜 보면 해옥 씨의 삶이 모범생 그 자체였거든요. 예술고에 다니다가 대학에 와서 편집 디자인 동아리에 들고 또 열심히 해서 장이 되고, 삼성 디자인 멤버십도 했어요. 졸업하고 나서는 바로 편집 디자인 에이전시에 취업을 해서 또 그 회사를 오랫동안 열심히 다녔고요. 근본적으로 〈내가 이걸 무엇 때문에 하고 있지?〉라는 질문에 대한 답을 얻지 못한 상태로 열심히 일만 하다가 유학을 떠나고 나서야 그에 대해 생각하고 답을 찾게 된 것 같아요.

신해옥 사실 동혁은 활자체나 레터링같이 디자인 안에서도 좋아하는 것이 명확한 반면 저는 스스로 무엇에 관심이 있고 좋아하는지 생각하거나 질문해 본 적이 거의 없었어요. 유학 준비를 하면서 자기소개서, 수학 계획서를 쓰고 포트폴리오를 정리하며 처음으로 깊이 생각하게 됐죠.

예전에는 이미지를
구상하고 조직하는 일이
디자인의 전부라고
생각했다면 이제는
보이지 않는 영역을
디자인하는 것에 더 신경
쓰죠.
— 신동혁

33

신신

디자인 전문 회사에서 오랜 시간 일했고 신신으로 활발히 활동하고 있었기에, 그만큼 더 어렵고 힘든 도전이었을 것 같아요.

신해옥 유학 준비를 하면서 경험이 있는 지인들에게 조언을 구했는데 다들 회의적인 반응이었어요. 제가 오랜 시간 디자인 전문 회사에서 일하기도 했고, 그동안의 활동 경력으로 봤을 때 학교 입장에서 학생으로 받기엔 부담스러울 거라고요. 아니나 다를까, 인터뷰하는 내내 〈너는 여기 졸업한 애들이 하고자 하는 걸 이미 다 했는데 왜 굳이 학교에 들어오려 하느냐, 네가 수학 계획서에 써온 것들은 지금도 네가 스스로 할 수 있는 작업이다〉라는 식의 질문이 계속 반복되더라고요. 순간 동혁과 주고받던 이야기가 떠올랐어요. 그때까지 제가 했던 대부분의 작업물에는 항상 〈신해옥〉, 〈신동혁〉 이렇게 두 사람의 이름이 함께 쓰여 있었거든요. 협업자로서 신동혁의 존재가 너무 컸죠. 하지만 만약 이곳에 들어온다면 신신이 아닌 신해옥으로 입학할 것이기 때문에 〈혼자, 무엇을, 어디까지 할 수 있을지 경험해 보고 싶다〉고, 〈그런데 지금은 그게 무엇인지 정확히 모르겠다〉고 답했어요. 그제야 인터뷰를 담당했던 교수도 〈바로 그 말이 듣고 싶었다〉라고 하더라고요.

신해옥 디자이너에겐 학교에서 보낸 2년의 시간이 정말 소중했겠네요.

신해옥 맞아요. 그래서 유학을 갈 때도 『낭』 매거진 작업만 하고, 그 외에는 아무것도 하지 않았어요. 나머지 일은 한국에서 동혁이 다 하고 저는 생각, 상상, 공상만 했는데 돌아와 보니 제가 자리를 비워도 큰 지장이 없더라고요. (웃음) 동혁 혼자

일도 다 하고 돈 관리, 세금 계산서 처리도 잘하면서 스튜디오 살림을 말끔하게 꾸리고 있었어요. 신신의 대표 통장이 제 명의로 되어 있어서 그동안 잡무가 많았는데 저는 숫자에 약하기도 하고 꼼꼼하지 못해서 힘들었거든요. 〈이제 내가 안 해도 되겠다, 동혁이 하면 되겠다〉고 생각했어요. (웃음)

신동혁 저도 한 가지 명확해진 게 있었어요. 해옥 씨가 없으니까, 일의 고됨은 둘째 치고 정신적으로 타격이 크더라고요. 군대를 제대한 20대 초반부터 늘 옆에 있던 짝꿍이 없어 텅 빈 느낌이랄까요. 그렇게 기쁠 일도 화날 일도 없는 감정이 30~60퍼센트까지만 있는 회색 인간이 된 것 같았어요. 해옥 씨랑 함께 있으면 서로 흥분하며 싸우기도 하고 박장대소하면서 웃기도 하는데 그럴 일도 없거니와, 아무리 맛있는 걸 먹어도 감흥이 없는 거죠. 그때 확실히 느꼈어요. 〈나는 혼자 있으면 절대 안 되겠구나〉.

신신은 스튜디오의 규모를 키울 수 없는 구조이네요. 두 사람의 싱크sync가 이렇게 척척 맞으니 제삼자가 끼어드는 순간 균형이 무너지겠어요.

신해옥 저희 둘 다 작업하기 전에 생각을 많이 하는 편이에요. 그 생각이 정리되지 않은 채로 책상 앞에 앉아서 일하는 것을 극도로 싫어하고요. 가능한, 컴퓨터 앞에 앉아 있는 시간을 줄이려고 노력하죠. 또 같이 돌아다니면서 작업에 관한 것부터 최근에 꽂힌 관심사까지 대화를 많이 해요. 밥 먹으면서, 이동하면서 하는 대화를 통해 생각을 정리하고 각자 컴퓨터 앞에 앉아 일하는 거예요. 여느 디자인 전문 회사나 스튜디오처럼 규모를 키우면 정해진 시간에 출퇴근을 하고

HARD TIMES SELECTIONS
ENUE
GEOMETRIC
FIGURES
&
AFTERLIFE
131 VARIATIONS
COPYCA

STEDELIJK
PAUL SCHUITEMA
ZELFPORTRET
PROJECT:
Undergroun

업무 시간 안에 생각까지 다 해서 일을 끝마쳐야 하니까, 사실상 불가능한 구조죠.

신동혁 〈우리는 계속 이렇게 작게 유지할 것이다〉 혹은 〈돈을 더 벌고 규모를 키우고 싶지만 어쩔 수 없다〉와 같은 결론을 내린 게 아니라 그냥 자연스럽게 이런 형태가 유지되고 있는 것 같아요. 무엇보다 해옥 씨 말대로 저희는 일상생활에서 잡담을 하거나 작업에 대한 이야기를 나누다가 기동성 좋게 바로 작업으로 이어지는 경우가 많거든요. 이렇게 자연스럽게 일하는 것을 바라고 원하다 보니까, 규모를 키울 생각은 안 했어요.

시간을 이기는 디자인을 하는 법

신신의 작업에서는 무엇이 가장 중요한가요?

신동혁 작위적인 것을 극도로 불편해해요. 디자이너로서 이런 말을 하는 게 모순일 수 있지만 요즘 예쁘고 세련되게 브랜딩한 공간을 보면 모두 일회용처럼 느껴진다고 할까요. 보통 그런 곳은 새로 막 생겼을 때만 반짝거리고 빛날 뿐 1, 2년 만 지나도 유행이 지난 것 같고 후줄근하게 보이거든요. 반면 인위적인 콘셉트나 너무 애쓴 흔적 없이 자연스럽게 시간의 때가 탄 공간은 그렇지 않아요. 엄청 꾀죄죄하지만 왠지 모를

멋스러움이 느껴지는 곳들이 있잖아요. 오랜 세월 그 공간에 주인이 손때를 묻혀 가면서 만들고 쌓아 온 아이덴티티가 자리하기 때문이죠.

신해옥 저희도 디자이너지만 요즘엔 디자인을 더 안 하려고 하고 있어요. 의식적으로 디자인을 덜 하고 제한적으로 활용하면 좋겠다고 생각할 때가 많아요. 무분별하게 사용하는 브랜딩이라는 말도 더 이상 듣기 싫고 개인적으로 그렇게 브랜딩한 장소에 가면 굉장히 피곤하더라고요. 사람이 숨을 데가 없다고 해야 하나……. 아주 작은 것 하나부터 열까지 모두 계획된 공간에선 그 안에 있는 손님조차 인테리어 디자이너가 3D 렌더링으로 만들어 놓은 소품처럼 느껴지니까요. 사람들이 그 공간을 진짜 향유하는 느낌이 아니라, 그 공간에 맞는 옷을 입고, 어울리는 태도를 지닌 하나의 소품처럼 보여요.

이제 곧 10년 차 디자인 스튜디오가 돼요. 과도기도 있었을 것 같은데요.

신동혁 그래픽 디자인은 유독 트렌드에 민감하고 변화하는 속도가 빠르기 때문에, 스튜디오 오픈 초기 저희랑 함께 활동했던 디자이너 중에서도 시야에서 사라진 사람들이 많아요. 이런 경험을 계속하다 보니 시간을 초월한 작업을 하고 싶고 저희도 오래 활동하면 좋겠다고 생각하죠. 요즘엔 시간을 이기는 것에 대해서 계속 생각을 하게 돼요.

신해옥 시간을 초월할 수 있는 자연스러운 작업도 중요하지만 그렇다고 해서 또 너무 흐리멍덩하거나 고지식한 디자인을 하면 안 되니까, 이 두 가지 면을 항상 같은 선상에 두고 고민해요. 꼭 우리가 아니어도 누군가 충분히 할 수 있는

디자인의 아이디어는 과감히 버리려 하고요. 〈자연스럽고 오래가는 디자인이지만, 이를 토대로 우리만이 할 수 있는 디자인은 무엇일까?〉를 고민하죠.

그런 작업의 예를 든다면 무엇이 있을까요?

신해옥 2016년에 권오상 작가님의 모노그래프를 작업했는데요. 사실 책에 대한 아이디어는 그보다 훨씬 전인 대학교 때 둘이 산책하며 떠올린 것이었어요. 사진을 콜라주 형식으로 붙여 조각으로 만드는 작가님의 구성 논리를 책의 제작 방식에 반영하면 어떨까 생각했었죠.

신동혁 당시엔 저희끼리 〈김칫국 섀도복싱〉이라고, 〈만약 이런 사람이 우리한테 프로젝트를 의뢰하면 어떻게 할까?〉라는 상상을 하면서 계속 아이디어를 주고받았거든요. 함께 일하고 싶은 아티스트나 대상을 정한 다음 그들이 의뢰하는 프로젝트를 어떻게 구현할 것인지 대화를 하며 그려 보는 거예요.

신해옥 당시 저희 클라이언트들은 다 비슷한 또래 집단이나 학생들이었기 때문에 작가들의 그럴듯한 책도 만들어 보고 싶었어요. 그때 권오상 작가님의 작품집도 상상으로 만들었고요. (웃음) 이후 10년도 훨씬 지나서 실제로 작가님과 미팅하기 위해 차를 타고 가는데 갑자기 그때 그 아이디어가 떠오르는 거예요. 지금 봐도 괜찮은, 여전히 시도해 볼 법한 형식 같아서 말이라도 꺼내 보자 했는데 작가님도 흔쾌히 좋다고 하셨어요. 『권오상: 1998~2016』은 그렇게 기획부터 완성까지 오랜 시간이 내포된 프로젝트인데 그만큼 중요한 메시지가 담겨 있어요. 저희에겐 시간이 지나면 철 지난

유행처럼 느껴지는, 유효 기간이 있는 시각적 스타일보다는 언제든 실행과 적용이 가능한 아이디어가 중요하다는 것이죠. 그래야 우리도, 우리의 작업도 늙지 않는 것 같아요.

디자인을 정말 좋아하고 사랑해도 지칠 때가 있지 않나요? 일은 일이니까요.

신동혁 상황이나 조건 혹은 클라이언트에게 휘둘리다 보면 결국 지쳐서 디자인도 정해진 수순대로 하고 납품하는 식으로 끝나기 쉬울 거예요. 클라이언트의 요구 사항과 별개로 저희가 평소 관심을 갖고 있거나 흥미를 느끼는 요소를 의도적으로 넣거나 반영해야 주도적으로 일할 수 있죠.

신해옥 저희는 문성인쇄 사장님과 오랜 시간 협업해 왔는데 늘 새로운 시도를 하세요. 레퍼런스로 특이하고 별난 책을 가져가 보여 드려도, 보통은 〈이런 건 안 된다〉라고 할 텐데 오히려 눈을 반짝반짝 빛내며 살펴보시죠. 문성인쇄와 미팅을 할 때 항상 즐거울 수밖에 없는 이유예요. 신신 역시 수행하는 디자인 자체는 새롭지 않더라도 우리가 재미있게 시도할 수 있는 요소, 우리가 했던 경험과 관심사를 최대한 반영하기 위해 노력해요. 그렇지 않으면 당장 몇 년 뒤, 이 일이 하기 싫을 수도 있을 것 같아서……. 저희는 디자인을 최대한 즐겁게 오래 하고 싶어요.

이제 커리어를 쌓기 위해 일하기보다는 스스로의 만족, 재미가 중요해진 시기인 거죠?

신동혁 시간이 지날수록 일을 선택하고 수행하는 데에 있어 난이도가 점점 높아지는 것 같아요. 20대 초에는 일단 일이 있으면 좋았던 것 같고 20대 후반부터 30대 초반에는 이 일이

사람들의 눈에 띄어서 나의 커리어에 도움이 되고 의미가 있는 작업이 되면 좋겠다고 생각했어요. 그런데 거의 40대에 다다르니까, 고려해야 할 것이 정말 많아지더라고요. 스스로 재미를 찾아야 하는 것은 물론 신신에게 일을 의뢰하는 분들 역시 만족시켜야 하고요. 계속 뭔가를 생산하는 디자이너로서 환경 문제도 생각해야 해요. 또 저희를 보고 디자이너가 되고 싶어 하거나, 롤 모델로 삼는 학생들에게 본보기도 되어야 하고요. 물론 경제적인 여건도 빼놓을 수 없어요.

신해옥 예전에는 저희가 하고 싶으면 견적을 낮게 쓰기도 했는데, 이제는 이런 결정으로 디자이너들의 견적이 낮아질 수도 있으니까, 그렇게 하면 안 되죠. 무엇보다 저희는 여전히 디자인이 재미있기 때문에 이 즐거움을 후배들에게 알려 주고, 가르쳐 주고 싶은 마음이 커요. 그래서 학교에서 하는 수업에도 굉장히 많은 신경을 쓰고요.

생각해 보니 두 분 모두 대학에서 학생들을 가르치고 있기도 해요. 교수로서의 신신은 어떤 모습인가요?

신동혁 해옥 씨는 디자인에만 국한하지 않고 미술, 공연, 음악, 문학에 이르기까지 다양한 분야의 레퍼런스를 제시해 주면서 학생들의 관심과 사고를 확장하기 위해 노력해요. 반면 저는 좀 엄격한 편인데 특히 기초를 다지고 기본적인 것을 익히는 데에 있어서 훈련을 중요하게 여겨요. 자신이 생각한 것을 구현하려 할 때, 기초 체력이나 기본기가 준비되어 있지 않으면 결국 할 수 없으니까요. 예를 들면 레터링 같은 것도 형태를 그리거나 균형을 맞추고 조절하는 데에 있어 연습과 훈련이 되어 있으면 의식하지 않아도 자연스럽게 할 수 있거든요. 최근에는 그런

수업들이 점점 없어지는 것 같아서 위기의식을 느껴요.

신해옥 대학에는 저와 동혁과 같은 교수 모두가 필요하다고 봐요. 저는 지금 디자인 신의 활동 범위가 한정되어 있다고 생각하기 때문에 수업을 통해 디자인을 좀 더 넓게, 확장해서 바라볼 수 있게 하는 데에 집중해요. 하나의 과제 안에서도 학생들이 다양한 분야의 레퍼런스와 소스를 반영해 스스로 재미있게 디자인할 수 있도록 돕고요. 대화를 많이 하는 수업이기 때문에 저 역시 학생들의 아이디어와 작업에 대한 조언과 피드백을 주면서 많은 걸 배워요.

일과 놀이, 디자인과 삶을 분리하지 않는 것이 비법

두 분의 일상은 어떤가요? 일과 여가의 균형을 위해 공통된 취미를 갖거나 특별히 하는 일이 있는지 궁금해요.

신동혁 인위적으로 특정한 라이프 스타일을 만들기 위해 노력하는 것은 없어요. 다만 무엇 하나라도 거짓인 삶은 싫기 때문에 작업과 우리의 삶, 그리고 좋아하는 것 모두가 하나의 궤적을 이룰 수 있도록 노력하죠. 예를 들어서 작업은 굉장히 거칠고 펑크적인 태도를 갖고 있는데 일상에선 곱디고운 비단옷을 입고 다니면 저로서는…… 이상할 것 같아요. 디자인과 삶, 추구하는 이상과 현실이 다르지 않도록 계속해서

의식하려 해요. 〈부캐〉의 시대에 이게 〈웬 구식 사고방식이냐〉라고 할 수도 있겠지만 저는 그런 거 피곤해서 못 하겠어요. 한 가지만이라도 100퍼센트 역량으로 하고 싶어요.

신해옥 무엇 하나라도 거짓인 상태에선 작업도, 실제 우리의 삶도 별로일 수밖에 없으니까요. 좋아하는 것을 일과 생활에 꾸준히 반영하는 게 중요하죠.

굳이 일과 여가를 분리하지 않는군요.

신동혁 저희 집 곳곳을 보면 책과 여러가지 물건도 많잖아요. 저희는 작업을 할 때도 레퍼런스로 삼을 책이나 자료를 책상 위에 쌓아 두고 공부하듯 들여다보지 않아요. 평소에 여러 분야와 주제에 관심을 갖고 편견 없이 다양한 매체를 많이 접하려 하죠. 그리고 일종의 메모를 하듯 대화를 통해 서로의 머릿속에 그 내용을 각인시켜요. 나중에 어떤 프로젝트에 어떻게 쓸지 모르지만 서로의 머릿속에 자료처럼 백업해 두는 거예요. 실제로 일을 시작할 때 대화 내용을 곱씹으며 서로의 백업 자료를 자주 꺼내 쓰기 때문에 영감과 아이디어를 얻는 가장 좋은 방법이죠.

요즘 특별히 관심을 갖는 이슈가 있나요?

신동혁 최근에 재밌는 기사를 읽었어요. 인공 지능 시대가 되면 기계 로봇이 인간의 육체노동을 대체할 것이라고 예측했는데 오히려 정반대로 요즘 세대들은 미장이나 도배처럼 숙련된 기술을 필요로 하는 〈손 노동〉에 시선을 돌리고 있다고요. 아무리 휴머노이드 로봇이 발전해도 변수투성이의 돌발 상황에서 아주 빠르게 순간적인 판단을 내리고 일을 능숙하게

처리하기까진 오랜 시간이 걸릴 것이고, 그것을 구현하는 로봇의 가격 역시 얼마간은 값비쌀 것이기 때문에 이런 물리적인 노동의 가치는 줄어들지 않을 거라는 내용이었어요. 점점 디지털 경험은 저렴해지고, 실제 경험은 비싸지는 현시대에 대해서도 디자이너로서 여러 가지를 생각하게 만들더라고요.

신해옥 그런 의미에서 저희는 새삼스럽게 책 만드는 일이 특히 흥미로운 것 같아요. 책은 손으로 쥐고, 책장을 넘기고, 눈으로 보는 등 인터페이스 자체가 인간의 몸으로 직접 체험하도록 설계되어 있잖아요. 이러한 물리적 조건 안에서 우리가 어떤 새로운 시도를 할 수 있을지 고민하는 것 자체가 즐겁다고 할까요? 똑같은 육면체의 형태지만 내용과 형식을 매칭하는 데에 있어 〈어떻게 하면 좀 더 아름답게, 새로운 외형으로 만들 수 있을까?〉라는 질문을 계속 던지는 거죠. 할 수 있는 것과 없는 것, 그리고 꼭 지켜야 할 것들이 정해져 있는 제약 속에서 새로운 무엇을 할 때 쾌감이 훨씬 큰 것 같아요. 반대로 웹의 경우 저희와 같이 일하는 개발자가 말하길 〈안 되는 게 없다〉라고 하거든요. 오히려 그런 무한한 가능성이 망망대해처럼 느껴질 때가 많아요.

신신은 디자인 외에도 하고 싶은 일이 있나요?

신동혁 최근 해옥 씨한테 은퇴 이후의 삶에 대해서 얘기했어요. 일종의 제 움막을 짓는 일인데요. 잡화점을 열고 싶다고요. 그동안 사 모은 책, 물건들을 진열해 놓고 이를 보러 오거나 사러 오는 사람들을 기다리는 거죠. 말은 잡화점이지만 사람들이 우연히 찾아왔다가 〈무언가〉를 만날 수 있는,

〈의외성〉을 발견할 수 있는 장소가 됐으면 좋겠어요. 학생들에겐 희귀 도서를 만날 수 있는 도서관이 될 수도 있고요.

신해옥 동혁의 취향을 그대로 보여 주는 공간에서 누가 사고 싶다고 하면 책도 팔고, 물건도 파는 거예요. 그렇게 집 안의 잡동사니를 하나 하나씩 줄여 가는 거죠. (웃음) 예전에는 레코드 숍에 가면 음반 재킷만 보고 마음에 들어서 구입하기도 했잖아요. 그러다가 우연치 않게 좋은 음악을 만나게 되고요.

신동혁 그런 의외성이 있는 공간에 가면 마치 시각적으로 교통사고를 당하듯, 전혀 예상치 못한 경험을 할 수 있죠. 그런데 요즘엔 본인의 관심, 행동, 습관의 패턴을 모두 컴퓨터 알고리즘으로 파악해서 그에 맞는 것들만 보고 접하니까 경로를 이탈한 경험은 할 수 있는 기회조차 없는 것 같아요. 사람들의 태도 역시 그 외에 것은 터부시하고 상대방은 〈이럴 것이다〉 단정 지으며 점점 벽을 쌓게 되고요.

(내부를 둘러보며) 확실히 정제하지 않은 고유한 아름다움이 있네요.

신동혁 예전에 일본의 디자인 웹진 『그래픽 디자인 리뷰』에 저희의 책장 사진을 찍어 공유한 적이 있어요. 일본의 만화책 전집과 네덜란드의 디자이너 카럴 마르턴스Karel Martens가 디자인한 『오아서*OASE*』라는 건축 간행물이 함께 꽂혀 있는 풍경이었죠. 그걸 보고 일본의 디자이너이자 교육자인 데츠야 고토가 무척 흥미로워하더군요. 건축 저널과 일본 만화책의 조합이 굉장히 낯설기도 하고, 재미있게 느껴졌나 봐요. 굳이 카테고리를 나누거나 분야별 콘셉트에 맞는 책장을 꾸민 게 아니라 그냥 시리즈물이라는 카테고리에 맞춰 자연스럽게

저희의 관심사가 혼재된 공간이었거든요.

신해옥 마치 브랜딩을 하듯 우리가 보여 주고 싶은 모습을 정제해서 선보인 게 아니어서 좋았던 것 같아요. 저희는 책장의 분류법도 따로 없어요. 그냥 막 쌓여 있죠. 아마 저 두 개의 시리즈가 함께 꽂혀 있는 건 책장을 알뜰하게 쓰기 위한 경제적 이유일 거예요. 지금 보니까 판형이 비슷하네요.

아직 해보지 않은, 디자이너로서 꼭 하고 싶은 프로젝트도 있나요?

신해옥 디자이너로서 이루고 싶은 원대한 목표는 없어요. 엄유정 작가의 『푀유*FEUILLES*』 북 디자인으로 〈세계에서 가장 아름다운 책〉의 골든 레터Golden Letter를 받았을 때도 수상 그 자체보다는, 말이 통하지 않은 독일 사람들이 우리의 디자인과 의도를 알아줬다는 게 무척 기쁘고 고무적이었어요. 사실 저희는 그 책을 출품할 생각도 없었거든요. 디자인을 하는 데에 있어 커리어를 계획하고 특정한 무언가를 목표로 삼지 않기 때문에, 더욱더 예상하지 못했죠. 어쨌든 우리가 재미있게 작업한 요소를 다른 문화와 언어를 가진 사람들이 알아봐 주고 우리의 의도대로 느끼고 읽어 냈다는 사실이 정말 기뻤어요. 거창한 목표랄 것 없이 앞으로도 그런 일들을 계속하고 싶어요.

신동혁 프로젝트 자체를 욕심내기보다는 어떤 일이든 주어졌을 때 그 안에서 나름의 재미를 찾고 그 비중을 늘려 가는 것이 목표이기 때문에 특별히 꿈꾸거나 바라는 프로젝트는 없어요. 세상에는 진짜 공짜가 없더라고요. 돈과 명예를 좇다 보면 어떤 식으로든 꼭 그만큼 고생스러운 면이 따라오는 것 같아요. 이 모든 걸 고려했을 때 저희는 오히려 적절한 수준에서

계속해서 할 수 있는 프로젝트가 꾸준히 이어지는 게 훨씬 좋아요. 그게 가장 어려운 일인 것 같기도 하고요.

신신의 디자인으로 세상에 전하고 싶은 메시지가 있다면 무엇인가요?

신동혁 했던 말의 반복이지만 결국 저희는 작업하는 사람이고 더 큰 범주에서는 삶을 계속 영위하는 인간이니까, 이 둘이 서로 다르지 않은, 하나의 궤적을 그리게 하는 것 자체가 목표예요. 누군가 이를 좋게 봐준다면 일종의 바이러스처럼 세상에 좋은 영향을 끼치지 않을까요? 자신의 삶에 그런 합일을 담고자 하는 사람들이 많아지면 사는 일도 좀 더 재미있을 것 같아요.

신해옥 장기적인 목표가 있다면 〈신신과 일해서 좋았다〉고 말하는 협업자가 많아지는 거예요. 저희는 세상에 멋진 결과물을 내는 데에 일조하고 싶은 마음이 크기 때문에 여기에 도움이 된다면 그 자체만으로 행복한 일이라고 생각해요. 반대로 디자이너로서 우리의 목소리를 너무 강하게, 세게 내고 나면 나중에 꼭 후회를 하더라고요. 〈신신의 색을 내기 위해 일부러 과하게 했구나〉 싶은 것들은 꼭 눈에 띄어요.

신동혁 처음부터 그렇게 활동한 건 아니지만 저희가 점점 디자인을 안 하려는 것도 디자인이란 단순히 결과물을 내는 게 아니라 어떤 조건을 만드는 일이라고 생각하게 됐기 때문이에요. 예전에는 이미지를 구상하고 조직하는 일이 디자인의 전부라고 생각했다면 이제는 보이지 않는 영역을 디자인하는 것에 더 신경 쓰죠. 협업자를 모으고 프로세스를 정하고 여러 가지 조건을 설계하며 자연스럽게 일이 굴러가게 만들면, 결국 그게 시각적 결과물로 완성되니까요. 그렇게 해야

저희도 에너지를 아낄 수 있고 다른 사람도 할 일이 생기면서 자원의 재분배가 가능해져요. 예전에는 처음부터 끝까지 우리의 손에서 시작해 끝내려 했다면 지금은 그럴 체력도 없고요. (웃음) 점점 더 이런 부분을 고려하게 돼요.

신신

신신은 신해옥, 신동혁 디자이너가 2014년 결성한 그래픽 디자인 스튜디오이다. 문화 예술 분야를 중심으로 단행본, 도록, 포스터, 웹사이트 등 전방위 디자인을 하고 있다.

EDGES OF THE EXPERIMENT
Dutch graphicdesign
AA BOOK PROJECTS REVIEW 2010
THINGS I HAVE LEARNED
DRAWING
KAZIMIR MALEVICH
1527
WOODY VAN AMEN CROSSING WORLDS
muralkami

ETTORE SOTTSASS AND THE SOCIAL FACTORY
PROJECT VITRA
Birkhäuser
Mark Manders
Das Jahr 1990 freilegen
American Origami
KALEIDOSCOPE
OUT OF THE ORDINARY
Imperial Courts
A.B.C. DICTIONARY DRESSINGS
바우하우스 BAUHAUS
ANATOMY
Nicolas Floc'
THE TENDER SPOT
THE WORLD OF CHARLES AND RAY EAMES
massin
KATHARINA GROSS
Ellsworth Kelly

NANG 4
3 5 MOANING HOUSEWIFE SECRET LUS
6 HOUSE ARREST

4:

44

공예에 색을 더하다

같은 대학에서 만나 부부의 연을 맺고 활동하는 공예 작가 문연욱과 디자이너 최은지의 작업은 〈공예〉라는 교집합에서 확장하고 진화한다. 처음 공예로 출발했지만 이 둘의 작업은 단지 공예 형태로만 완결되지 않는다. 미술관의 작품과 도시 속 공공 미술, 그리고 일상의 라이프 스타일 제품 등으로 다채로운 공간을 채우고 있다. 도자 공예가 문연욱과 금속 공예 전공 후 가구 디자이너로 활동하는 최은지. 두 사람의 작업은 예술과 상업, 작품과 상품 사이의 경계를 유쾌하고 경쾌하게 넘나들며 각자의 영역 외에 4:44라는 프로젝트 이름으로 유연한 공동 작업을 진행한다. 처음 알게 되어 부부가 되고 부모가 되기까지 20여 년의 시간을 동료이자 가정의 동반자로 동고동락한 둘은 서로를 냉정한 비평가이자 따뜻한 관람자라고 말한다. 시간이 흐를수록 서로를 더욱 닮아 가는 문연욱, 최은지 듀오를 총천연색 재료가 펼쳐진 작업실에서 만났다.

문연욱
최은지

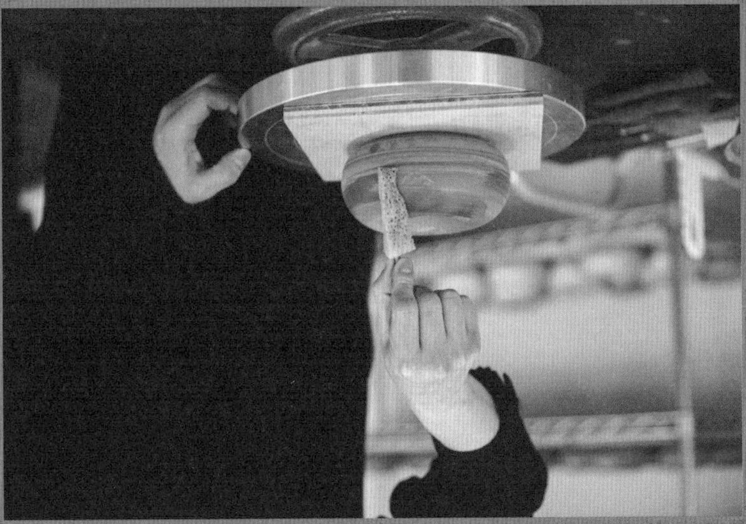

냉정과 열정 사이

〈공예〉라는 교집합 안에서 두 분이 따로 또 함께 활동하고 있어요.

최은지 같은 대학에서 남편은 도자 공예, 저는 금속 공예를 전공한 후 미국으로 함께 유학을 갔어요. 학업을 마치고 한국으로 돌아와 남편은 전업 작가로, 저는 가구 브랜드 〈스마일문〉으로 활동하고 있어요. 또 도자기 브랜드 〈웨이브 테이블웨어〉를 함께 운영하고 있고요.

유학 후 전업 작가와 상업 디자이너가 된 서로 다른 행보가 흥미로워요.

문연욱 한국에서 도자 공예로 학사와 석사를 마치고도 배움에 갈증이 있을 만큼 도예 작업이 정말 좋았어요. 전업 작가가 되기로 결심을 굳힌 계기는 미국 유학이었고요. 작업 비평 중심의 수업은 작업의 주제와 재료의 다양성을 실험할 수 있는 토대가 되었고, 도예의 경계를 고찰하고 실험하는 작업 방향에 큰 영향을 주었어요. 〈공예도 예술이 될 수 있다〉라는 개념을 축적하는 과정이었어요. 도자 공예라고 하면 흔히 물레 성형을 떠올리지만 저는 석고 틀을 사용한 대량 생산 방식인 〈슬립 캐스팅〉을 기반으로 한 다채로운 기법을 적용하고 탐구했어요. 덕분에 도예가에 머물지 않고 평면 작업과 공공 설치 미술 등으로 창작 활동을 넓혀 갈 수 있었어요.

최은지 저는 유학 시절 경험했던 라이프 스타일에 자극을 받아

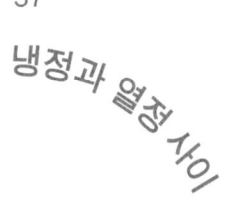

상업 디자이너가 된 경우예요. 〈홈 파티〉가 익숙한 미국 문화의 영향으로 지인들의 집에 방문할 기회가 잦았는데, 해외 인테리어 잡지에서 본 듯한 풍경이 적지 않아 놀랐어요. 공예와 디자인이 자연스럽게 스민 라이프 스타일을 잡지 속 판타지가 아닌 일상으로 경험하니 실생활에서 사용할 수 있는 디자인 제품을 만들고 싶더라고요. 금속 공예도 좋았지만 인테리어와 디자인에 대한 관심은 결국 남편과 함께하는 웨이브 테이블웨어와 (제가 운영 중인) 가구 브랜드 스마일문의 구상으로 이어졌죠. 가구 공예가인 아버지의 영향과 도움이 있었고요.

두 분이 학교에서 만나 현재까지 20여 년의 시간을 함께했어요. 두 분이 처음 만났을 때를 기억하시나요?

최은지 학교 축제 때 남편을 처음 봤어요. 그 당시 저는 대학 새내기였고 남편은 복학생이었어요. 조형 대학 안에 여섯 개 학과가 있고 서로 다른 층을 사용했기 때문에 평소에는 다른 과 학생들끼리 마주칠 일이 거의 없어요. 저는 금속 공예, 남편은 도자 공예과라 서로의 존재도 몰랐다가 축제 때 우연히 마주친 거죠. 이후 시간이 흘러 남편과 안면을 튼 일은 조형 대학의 공통 과목을 수강했을 때였어요. 디자인학과 정원은 마흔 명 정도 되는데 도자 공예와 금속 공예과는 스무 명 남짓으로 상대적으로 적어 합반 형태로 수업을 진행했거든요.

문연욱 술을 좋아하는 금속 공예과 분위기와 달리 도자 공예과 친구들은 다소 조용하고 서로 뭉치는 경향이 덜 했어요. 술을 좋아하는 친구들끼리 학과 층을 넘나들며 금속 공예과 친구들과 자주 어울렸는데 그때 아내와 마주치는 일이

잦아지고 점차 호감이 생겨 연인이 되었어요.

두 분이 졸업 후 바로 결혼을 한 것으로 알고 있어요.

문연욱 사실 둘 다 결혼을 하기에는 어렸죠. 결혼을 진지하게 생각할 만큼 철도 들지 않은 채 부부가 되었어요. 저희 부모님이 밀어붙이다시피 하셨거든요. 일반 회사원과 다른 길을 염두하고 있는 만큼 이른 결혼이 작가로서의 삶에서는 안정적일 거라고 생각하셨던 것 같아요. 하지만 개념이나 성찰이 부재한, 또래보다 이른 결혼은 철부지 같은 연애의 연장선이었죠. 결혼하고 약 1년 후 둘이 함께 유학을 가지 않았다면 헤어졌을 거라고 지금에 와서도 입을 모아 이야기해요. (웃음)

최은지 대학에 입학을 한 성인이었지만 둘 다 부모님의 그늘에서 벗어나지 못한 아이였으니 결혼 생활은 하루아침에 다른 세상에 던져진 느낌이었어요. 시부모님의 입김으로 결혼을 한 만큼 경제적 지원을 받고 출발했지만 일상을 독립적으로 꾸려 나가는 것은 또 다른 이야기였어요. 끼니를 챙기고 청소를 하는 등의 일상의 일과, 그리고 가족이라는 울타리 안에서 서로 지켜야 할 예의와 약속 안에서 충돌해 언성을 높이는 일이 잦았죠. 갈등을 해결하는 방법을 몰랐어요. 싸우면 각자 밖에서 친구들과 술을 마시고 귀가하는 등의 회피가 반복되니 근본적인 문제 해결이 되지 않았어요. 대화다운 대화를 하기 시작한 것은 유학을 떠나 아는 사람이 없는 곳에 둘만 떨어졌을 때였어요. 서로를 의지하고 이해하려는 노력을 할 수밖에 없는 환경이었죠. 저희에게는 유학 생활이 작업은 물론 삶의 시각과 태도를 바꾸게 해준 터닝 포인트였어요.

유학을 고집했던 이유가 있을까요?

문연욱 도자 공예과 특성상 교수의 꿈을 가지고 있지 않는 이상 유학을 잘 가지 않아요. 한국이 도자 분야에 경쟁력이 높고 기술도 좋아 굳이 유학이라는 선택을 잘 하지 않기 때문이죠. 실제 대부분의 해외 학교 도자 공예 커리큘럼도 한국 대학의 것과 크게 다르지 않고요. 그럼에도 제가 유학을 가고 싶었던 것은 시야를 넓혀, 보다 객관적인 시각에서 제 작업을 보고 싶었던 이유였어요. 유학했던 학교에는 열 개 학과가 있었는데 경계 없는 수업을 진행했던 분위기 덕분에 페인팅 학과 학생의 영상 작업이나 다른 물성과 재료로 만든 금속 공예 학과 학생의 작품에서 자극과 영향을 받았어요. 전공 분야로 점차 폭을 좁혀 깊게 연구하는 것도 중요하지만 어느 시점에서는 다시 사고를 확장하는 때도 필요하죠.

최은지 아직도 남편에게 고마운 점은 유학을 계획할 때 저를 고려해 준 점이에요. 남편은 저를 만나기 전부터 졸업 후에 유학을 떠날 로드 맵을 부모님과 공유한 상태였어요. 그래서 시부모님이 결혼을 언급하셨을 때 저와 함께 외국에서 공부하는 조건으로 결혼하겠다고 했거든요. 제가 내조나 살림을 위해 남편의 유학길에 함께하는 건 경력 단절과도 같다면서요.

유학 생활이 두 분의 작업과 삶에 어떤 영향을 주었을까요?

최은지 일주일에 한 번, 작품 비평 시간이 있었어요. 한국에서는 비평 수업이 전무했을 뿐더러 비평에 익숙하지 않은 분위기라 다각도로 작업을 바라볼 기회가 없었어요. 간혹

비평을 개진의 기회로 삼기보다 비난으로 변질되기도 했는데, 토론이나 비평에 익숙하지 않은 한국 문화 특성상 성숙한 비평 문화가 자리 잡지 못했던 이유이기도 해요. 작품에 부정적인 피드백을 받으면 존재를 부정당하는 기분이라 감정적으로 대응하기 마련이잖아요. 비평에 익숙하지 않던 우리도 굉장히 날카롭고 열띤 분위기에서 의견을 전달하는 것조차 조심스럽고 어려웠는데, 수업을 거듭하며 작품과 현상 자체로만 생각을 주고받는 법을 배웠고 나아가 부부 생활에서도 대화를 곡해하지 않고 받아들이는 훈련이 되었어요.

문연욱 수업 방식과 더불어 유학 생활에서 흡수한 것은 새로운 삶의 양식이었어요. 예술과 디자인이 삶 속에 있는 라이프 스타일이요. 저희가 유학을 했을 때가 약 20여 년 전이었는데 그때만 해도 한국은 공예를 일상에서 사용하는 것을 즐기고 집중하던 문화와 정서가 아니었어요. 유학 생활에서 예술과 삶을 분리하지 않는 라이프 스타일을 보면서 작업을 대하는 태도와 방향을 재고하게 되었죠.

최은지 일반화할 수는 없지만 재력의 과시를 위한 소비가 대세였던 한국과 달리 삶의 전반적인 균형을 중시하는 태도를 발견했어요. 예를 들면 (저희가 따르던) 한 교수님의 집은 그 자체가 그 사람을 보여 주는 공간이었어요. 테이블 하나, 의자 하나, 시계 하나 그 사람을 닮았죠. 소비의 기준이 가격이 아니라 취향이었어요. 새것과 빈티지, 값이 높은 것과 낮은 것, 모든 선택이 자신이 중요하게 생각하는 기준에 따른 것이었죠. 〈우리 스스로 누구인가〉, 〈우리는 무엇을 좋아하고 창조하고 싶은가〉에 대한 질문과 철학을 쌓아 갈 수 있는 시간이었어요.

두 분의 작업은 경계를 넘나드는 느낌이에요. 실용적인 물건에서 〈예술적 터치〉가 느껴지기도 하고 예술 작품에서 대량 생산품의 분위기도 느껴져요.

문연욱 둘 다 공예를 전공했지만 미술과 디자인 분야에 꾸준했던 관심이 〈크래프트맨〉보다는 〈아티스트〉라는 타이틀에 가까운 작업으로 이어진 것 같아요. 저의 작업 중 키덜트kidult 취향을 도자기로 표현한 〈몬스터〉라는 제목의 아트 토이나 공공 미술 작업은 스케치인 2D를 3D로 변환하는 작업인 거죠. 이런 작업을 공예보다는 미술과 디자인 필드에서 활동하는 친구들이 무척 흥미롭게 보더라고요. 도자 공예라고 하면 일반적으로 떠올리는 물레 성형 작업과 다른 형태에서 팝 아트 같다는 평도 많고요.

최은지 아이 침대를 만들며 시작한 가구 브랜드 스마일문 역시 〈실용성을 갖춘 아트 오브제〉라는 콘셉트에서 출발했어요. 아이들의 시선을 끄는 형태와 디자인, 미술관에서 경험하는 것 같은 상호 작용이 스마일문이 추구하는 가치죠. 초창기 테이블은 계단을 타고 오를 수도 있도록 만들었는데 글을 쓰고 책을 읽는 테이블 기능에 멈추지 않고 다채로운 활동을 끌어내는 가구가 되길 바랐어요. 사다리 모양의 의자 역시 아이들의 상상을 더하면 재미있는 장난감이 되죠. 그래서인지 작품 같은 가구라는 이야기를 많이 들어요.

경계를 나누는 것이 촌스러운 시대이지만 영역을 자유로이 넘나드는 게 말처럼 쉬운 건 아니에요.

문연욱 〈경계를 없애겠다〉는 선구자적 기질보단 성격이 작업에 반영되는 것 같아요. 제가 겉보기와는 다르게 장난기가

다분해요. 예를 들면 간혹 전시장에서 끈으로 묶은 부푼 모양의 도자기 작품을 두고 관객의 작은 소곤거림을 들을 수 있어요. 〈풍선이다, 아니다〉, 〈눌러 봐라, 안 된다〉. 이리저리 살펴보다 손가락이나 신발 끝으로 툭 눌러 보는 상황이 펼쳐지곤 해요. 관람 수칙을 어길 만큼 궁금증을 못 참았던 거죠. 전 그런 상황을 즐기고요. (웃음) 재치 있게 관객을 속였다는 희열, 그리고 이질적인 재료의 배치를 통한 긴장감이라는 주제를 잘 전달했다는 안도감이 동시에 들죠.

최은지 다양한 영역에 촉수를 뻗치고 있지만 관심을 전문적으로 펼쳐 보이는 건 다른 이야기라고 생각해요. 호기심이 많은 제가 스스로 경계하는 부분이기도 하고요. 웨이브 테이블웨어는 도예 전공인 남편이 있어 가능했고, 스마일문은 반평생 가구 사업을 해오고 계신 친정아버지가 있어 가능했어요. 시각적인 아름다움의 바탕에는 전문성이 기본이어야 하죠. 오히려 저에게는 〈작품〉과 〈상품〉의 영역을 구분하는 것이 숙제였어요. 가구에 지나친 애정과 감정 이입으로 작품처럼 공들여 생산성을 떨어뜨리거나, 고객의 작은 불만에도 상처받는 등 생산자로서의 균형을 맞춰 나가는 시간이 필요했거든요. 사고는 경계 없이 유연하되 역할에 있어서 어느 정도의 영역 구분은 필요하다는 걸 스스로 터득해 가고 있어요.

부부가 서로 유사한 분야에서 일을 하는 장점이 있을 것 같아요.

문연욱 우리가 서로의 작업을 대하는 방식은 유학 시절 체득한 성숙한 토론 문화의 연장선 같아요. 비평을 비난으로

받아들이지 않는 태도를 바탕으로 솔직하게 조언하고 담백하게 수용하죠. 시간이 흐를수록 비슷해지는 취향이 각자의 작업에 투영되는 점도 신기해요.

최은지 서로의 예민함을 이해할 수 있다는 점이요. 그리고 비평을 공격으로 받아들이는 생각을 많이 깨우쳤고 비평의 자세도 배웠어요. 서로에게 아주 냉정한 비평가이자 따뜻한 관람자의 관계를 쌓아 가고 있어요.

두 분의 작업에서 공통점은 풍부한 색이에요. 색이라는 요소가 어떤 의미일까요?

문연욱 시각적 유희가 제 작업의 중요한 요소예요. 관람객이 표면 너머에 담긴 의미를 파악하도록 만들려면 미적인 요소가 선행되어야 한다고 생각해요. 작품 앞까지 관람객을 인도하기 위한 장치가 색이에요. 색은 직관적이고 본능적이고요. 관람객의 흥미를 끌기에 충분하죠. 더불어 의도적으로 과감하고 풍부한 색을 사용하는 것은 도자의 고정 관념을 탈피하려는 시도예요. 제가 공부하던 2000년대 초·중반까지만 해도 대중이 도자에 기대하는 것은 청자와 백자로 대변되는 감성적인 접근이었거든요. 〈색〉은 〈도예도 쿨하고 유쾌할 수 없을까?〉라는 질문에 대한 답이었죠. 제 작업이 소재나 크기에서 이목을 확 끌 수 없기 때문에 시각적으로 넣을 수 있는 재미있는 요소를 고민한 것이 색이었어요. 최근 도자기에 색을 쓰는 작업이 눈에 많이 띄는데 10여 년 전만 해도 흙 본연의 성질을 드러낸 작업이 주류였어요. (일반적으로) 물레 성형에 쓰이는 흙은 색을 내기 힘들거든요. 색의 사용을 위해 안료를 자유롭게 섞어 사용할 수 있는 다른 종류의 흙을 사용했고, 섞고

틀의 사용이 용이한 흙에 맞춰 슬립 캐스팅 방식을 주로 쓰기 시작했어요. 저만의 〈작업론〉이 형성되면서 색은 작업에 빠질 수 없는 요소로 자리 잡았어요.

최은지 키즈 가구로 출발한 스마일문에게 색이란 〈홍미〉와 〈취향〉이에요. 기본 도형과 원색은 아이들이 본능적으로 좋아하는 요소이거든요. 같은 물건이라도 색이 있는 제품에 홍미와 친숙함을 느끼죠. 길거리를 지나다 본 붉은 벽돌집과 초록 나무의 조화, 영화 속 한 장면에서 본 강렬한 색의 대비 등 어린 시절의 기억에는 항상 색이 있어요. 가구를 만들 때 제 어릴 적 기억이 투영되었고 자연스럽게 색을 적극적으로 사용했어요. 색의 즐거움을 전하고 싶어 스마일문은 사용자의 취향을 가구에 더할 수 있도록 컬러 커스텀 주문 방식을 고수하고 있고요. 생산 효율은 떨어지지만 개인의 취향을 반영하는 가구 브랜드가 하나쯤은 있으면 좋지 않을까요.

공예라는 이름 안에서의 듀오

2023년 여름, 아트사이드 갤러리에서 열렸던 두 분의 공동 전시에 대한 이야기를 듣고 싶어요. 예술과 상업 디자인이 유쾌하게 어우러진 전시라는 생각이 들었어요.

최은지 남편의 소속 갤러리인 아트사이드 갤러리의 제안으로

시작된 전시였는데요. 남편의 공예 작업과 제 디자인 가구를 함께 보여 주는 시간이었어요. 남편과 전시를 하고 싶다는 막연한 구상이나 바람은 있었지만 늘 그렇듯 각자 해야 할 일이 바빠 엄두도 못 내던 일을 갤러리 덕분에 실현할 수 있게 되었죠. 우리를 보는 외부의 시각 역시 예술과 상업에 각자 발을 걸치고 있지만 다른 한 발은 서로 리본을 묶고 뛰고 있는 것처럼 보인다는 게 신기했어요.

문연욱 아내가 가구 디자인을 하고 있다는 걸 알게 된 갤러리 큐레이터가 오랜 시간 가구를 관심 있게 봐주셨어요. 상업 디자인이지만 실용성을 갖춘 아트 오브제라는 콘셉트가 전시로 이어질 수 있다고 생각했었나 봐요. 영역은 다르지만 작업의 결에서 비슷한 면이 있다고 생각했는데 예술과 상업 디자인의 경계를 아우르는 신작 전시와 협업하는 과정이 저희에게도 꽤 흥미로운 시간이었어요. 각자 작업했다면 나올 수 없었던 거울 등의 오브제가 개인적으로도 애착이 가요.

전시 타이틀인 〈미러드 하우스〉는 어떤 의미인가요?

최은지 갤러리에서 전시 미팅 때 제안한 타이틀이었는데 듣자마자 둘의 정체성이 잘 반영된 제목이라고 생각했어요. 서로를 투영하고 서로의 작업이 마주 본다는 의미를 잘 담고 있어요. 전시를 위한 신작을 전개할 때 〈나열〉과 〈연속〉, 그리고 〈반복〉을 주제로 한 형태의 조명과 거울 등을 제작했는데 유기적으로 연결되어 영향을 주고받는 우리를 투영했어요.

각자 활동하는 영역도 공동 작업처럼 서로 닮아 있어요.

최은지 저희 둘은 서로를 동일시하는 면이 좀 강해요. 삶의

가치관이나 아이를 키우는 교육관, 옷을 입고 음악을 듣는 것 등 많은 부분의 취향이 굉장히 겹쳐 있어요. 동전의 양면처럼 서로 다른 지점의 이면에 담긴 비슷한 삶의 방식이 작업에 자연스럽게 묻어나고 섞이는 것 같아요.

문연욱 같이 지낸 시간이 거의 20년 가까이 되다 보니 서로 닮아 가는 점도 있지만 유학 시절의 학교 영향이 가장 커요. 특히 작업의 결이 유학 후 한국에 들어와서 더욱 비슷해졌어요. 서로의 비평가로 작업에 대한 의견을 둘이 나누는 일이 익숙해지면서 영향을 더 주고받는 것 같아요.

공동 전시를 제안받았을 때 어땠나요?

최은지 마음 한편에 작가로서의 커리어를 이어 가지 못한 것에 대한 아쉬움이 있었다는 걸 알았어요. 스마일문의 제품은 일상에서 쓰는 가구에 예술적인 터치를 가미한 디자인이라는 이야기를 많이 들어요. 공정 역시 직접 테이블 상판을 도색하는 등 기성품과 생산 과정이 다르기도 하고요. 일상의 제품을 제작하지만 만들고 대하는 태도는 작품의 영역에 걸쳐 있어요. 정체성이 분명한 작업으로 브랜드를 엮어 가고 있는 것이 제가 작가의 커리어를 놓으면서 남겨진 미련, 그 어딘가에 있었다는 생각이 들어요. 그래서 갤러리에서 제안을 받았을 때 공예에 가까운 디자인 가구를 선보일 수 있는 기회라서 반가웠어요.

전업 작가의 끈을 놓으려고 했던 이유가 무엇일까요?

최은지 유학 시절 경험했던 라이프 스타일의 영향으로 상업 디자이너가 되고 싶었고, 또 제 성향이 전업 작가의 길을 걷기에는 어려울 것 같다는 인식도 있었지만, 방향을 정한 것은

현실적인 이유였어요. 제가 단칼에 작가가 되기를 포기할 수 있었던 계기는 유학 생활을 시작하면서였어요. 앞으로 〈자녀를 키우고 생활하려면 우리 둘 다 작가 생활을 할 수 없다〉라고요. 실질적으로 당장 돈을 벌 수 있는 직업이 아니기 때문에 누군가는 현실적인 문제를 해결해야 할 거라고 생각했죠. 그래서 우리 중 한 명이 작가가 되어야 한다면 〈남편이 맞다〉고 생각했어요. 남편은 완전 몰입해서 작업만 하고, 또 작업만 생각해요. 작업에 피드백이나 평가가 긍정적이지 않더라도 자신의 자리로 돌아와 다시 묵묵히 작업을 하는 회복 탄력성도 굉장히 좋아요. 저는 작업만 하고 살기에 생각이 많고 세속적인 사람이기도 하고요.

두 분의 프로젝트 그룹인 4:44에는 함께 운영하는 웨이브 테이블웨어가 있어요.

문연욱 우연히 시계를 확인할 때 4시 44분이라는 숫자를 자주 보거든요. 문득 그게 신기하고 재미있어서 우리 4:44으로 〈그룹명〉 하나 만들자고 해서 생긴 이름이에요. 딱히 활동 계획을 없었지만 이름이 있으면 무언가를 할 수 있는 단초가 될 것 같아 가볍게 만들었죠. 4:44 안에 웨이브 테이블웨어도 있고, 공동 작업도 있고, 또 앞으로 새로운 아이디어가 떠오를 때 이 이름 안에서 전개할 수 있겠죠.

최은지 각자의 영역은 있지만 은연중에 둘이 함께 무언가를 할 수 있겠다는 생각을 항상 가지고 있어요. 언젠가 구현화될 공동 작업을 염두하기도 했고요. 떨어졌다 붙었다, 이 안에서 활동할 수 있는 확장성이 큰 것 같아요.

〈색〉은 〈도예도 쿨하고
유쾌할 수 없을까?〉라는
질문에 대한 답이었죠.
제 작업이 소재나
크기에서 이목을 확
끌 수 없기 때문에
시각적으로 넣을 수 있는
재미있는 요소를 고민한
것이 색이었어요.
— 문연욱

4:44

2016년부터 6년간 이끌어 온 웨이브 테이블웨어에 대해 이야기 나누고 싶어요. 두 분이 식기 분야의 브랜드를 시도하게 된 이유가 궁금해요.

최은지 〈하나의 오브제가 될 수 있는 생활용품〉이 브랜드의 시작이었어요. 우리가 매일 사용하는 생활과 밀접한 물건이라는 이유도 있고요. 때마침 유학 시절 〈컵 세일〉에 출품했던 남편의 컵이 브랜드로서의 가능성을 확인할 수 있는 기회였어요. 교수와 학생 대상으로 컵을 만들어 파는 일종의 〈펀드레이징fundraising〉 행사였는데, 판매 수입으로 멕시코 필드 트립을 다녀올 만큼 인기가 높았으니까요. 그래서 한국에 돌아오자마자 남편에게 함께 브랜드를 해보고 싶다고 제안했어요. 웨이브 테이블웨어는 저에게 중요한 의미가 있고, 애착이 가는 브랜드예요. 전업 작가의 길이 아닌 상업 디자이너가 되겠다고 결심한 후의 첫 결과물이었어요.

문연욱 웨이브 테이블웨어는 〈색을 입은 쿨하고 젊은 도자기〉에 대한 이야기예요. 담백한 형태에 색을 앞세운 웨이브 테이블웨어는 도자 색채 실험이자 유희죠. 사용자에 따라 오브제로서 생활 속 작은 예술품이 될 수 있는 브랜드로 자리 잡으면 더할 나위 없이 좋을 것 같아요. 주로 전시를 위한 평면 작업이나 공공 미술을 다루고 있지만 일상생활과 가까운 공예를 만든다는 점에서 또 다른 즐거움이죠.

웨이브 테이블웨어만의 담백하면서도 독특한 아름다움이 있어요. 컵에서 입이 닿는 부분을 뜻하는 〈전〉의 울퉁불퉁한 모양처럼요.

문연욱 언뜻 보면 플라스틱 같은 간결한 형태, 그리고 매끈한

표면과 대비되는 흙의 성질을 담고 싶었어요. 기계가 아닌 손으로 만든 물건이라는 반전에서 오는 유쾌함 같은 거요. 식기를 흙물에 담갔다 뺀 상태 그대로 말리는 과정에서 만들어진 굴곡이 수작업의 표식이자 〈브랜드 시그니처〉가 된 거죠. 웨이브 테이블웨어라는 이름도 굴곡에 입이나 혀가 닿았을 때의 재미있는 질감과 일렁이는 파도 모양에서 붙여졌어요.

두 분의 작업에서 어떻게 분업화하나요?

최은지 웨이브 테이블웨어의 경우, 남편이 도예 작업을 제가 생산 외 필요한 촬영, 홍보 등의 운영을 담당해요. 브랜드의 골자인 철학과 콘셉트, 제품군 등은 함께 의논한 후 역할에 맞게 일을 진행해요. 그 외의 남편의 개별 작업에서는 제가 컴퓨터 도면 작업 등에 도움을 주고 있어요. 이번에 합동 전시를 하면서 느낀 것은 제가 스케줄링에 상당히 취약한 사람이라는 점이었어요. 머릿속 아이디어는 많은데 그걸 처리해 나가는 방식이 좀 정신없다고 해야 할까요. 그것들을 효율적으로 처리하게끔 체계적으로 정리하는 남편을 보며 시간을 효율적으로 경영하는 능력이 전업 작가로 살아갈 수 있는 자질 중 하나라고 생각했어요.

문연욱 전시는 마감과의 싸움인데 전시 설치일 전에 모든 세팅을 끝내는 작가가 손에 꼽는다는 얘기를 들었을 때 좀 의아했어요. 저는 대부분의 작가가 저 같다고 생각했거든요. (웃음) 작업에서 색은 둘에게 중요한 요소예요. 웨이브 테이블웨어를 포함한 둘의 공동 작업에서 긴 시간을 두고 함께 이야기해요.

서로에게 아주 냉정한
비평가이자 따뜻한
관람자의 관계를 쌓아
가고 있어요.
— 최은지

서로 다른 점이 생활과 작업에 영향을 주는 부분들이 무엇인지 궁금해요.

문연욱 치밀하고 촘촘한 계획형 인간인 제가 아내와 부딪쳤던 부분은 즉흥적이고 기분에 따르는 아내의 성향이었어요. 저는 작업은 물론 일상에서도 계획적이고 주변의 모든 물건들은 제자리에 가지런히 착착 정돈되어 있어야 해요. 아내가 지나간 자리에 허물처럼 벗어 놓은 옷이나 제자리를 벗어난 물건을 보면 정말 피곤했죠. 반면 추진력이 좋고 항상 아이디어가 샘솟는 아내 덕분에 작업 구상에 실마리가 되는 자극을 받기도 해요.

최은지 남편은 꼼꼼하고 세심하지만 익숙함에 벗어나지 않으려는 성향이 있어요. 그래서 음식이든 문화든 새로운 것에 대한 도전을 제안해요. 결혼 초기, 서로의 〈다름〉에 하루가 멀다 하고 다투며 괴로워했는데, 너무 비슷하면 오히려 힘들었을 것 같다고 생각해요. 다르기 때문에 불편한 점도 있지만 보완하며 앞으로 나갈 수 있었고, 시간이 흐르며 비슷해지는 점도 신기하고 좋아요.

가족이라는 이름 안에서의 둘의 하루

두 분은 하루를 어떻게 보내세요?

문연욱 아침 6시 30분에 일어나 아침밥을 차리는 것으로

하루를 시작해요. 아이와 함께 식사를 하고 학교에 데려다주고 나서 바로 작업실로 향해요. 별다른 약속이나 야간 작업이 없으면 아이 하교 시간에 맞춰 귀가해 숙제를 봐주는 등등의 일과를 보내죠. MBTI 같은 성향 테스트를 잘 믿는 편은 아닌데 결과에 의하면 계획적인 면이 잘 맞는 것 같더라고요. 아침 식사를 제가 맡으면서 식단을 정하고 식단에 맞는 식재료도 체계적으로 준비하려고 장도 제가 보게 되었는데 막상 하다 보니 제가 요리에 소질이 있더라고요. 아이를 키우면서 새로운 면을 발견하는 점이 스스로 신기해요.

최은지 아침에 일어나 수영을 하고 바로 출근해요. 업무를 보고 저녁에 집으로 돌아와 가족들과 함께 시간을 보내죠. 일과의 큰 틀은 정해져 있지만 남편이 전시 준비로 바쁘거나 제가 제품 출시로 바쁘면 서로 스케줄에 맞춰 육아와 가사를 유동적으로 분담하죠. 여는 부부와 마찬가지로 육아를 하며 역할 분담에 분쟁이 생길 수밖에 없는데, 우리가 비교적 안정적인 관계로 들어서게 된 것은 서로의 다름을 바꾸려 하지 않고 인정하는 점이었어요. 그리고 바꿀 수 없는 일은 상대에게 바라지 말고 스스로 하자는 것이었죠. 그 〈인정〉을 하기까지 정말 오랜 시간이 걸렸어요.

문연욱 제가 집안일의 대부분을 맡고 있는 것 같아 오해의 소지가 생길 수도 있는데, 아내가 전적으로 육아와 가사를 분담했던 시간이 있었기에 그 부분을 참 고맙게 생각해요. 그리고 제가 작가로서 꾸준히 활동할 수 있도록 아내가 경제적인 부분을 해결하려고 노력하고 있고요. 각자 할 수 있는 방법으로 가정의 틀을 지키고 가꿔 가려는 노력이 있기에 지금까지 올 수 있었어요. 결혼도 인생의 터닝 포인트이지만

육아는 새로운 세계로 접어드는 변곡점이에요. 한국에 들어와 몇 년 후 아이가 생겼는데 양육을 하면서 아내는 커리어를, 저는 작가로서 포기해야 할 시간들이 있었죠.

포기하는 과정이 쉽지 않았을 것 같은데 어떠셨어요?

문연욱 한국에 오자마자 열었던 첫 번째 개인전의 반응이 예상보다 좋았어요. 여러 미디어에서 관심을 보이고, 개인전을 통해 많은 작가들도 알게 되었고요. 다음 스텝을 준비하며 본격적으로 활동을 하려는 시점에 아이가 태어났고, 아내도 가구 브랜드 스마일문 론칭을 준비했어요. 초반에 아내가 육아의 많은 부분을 담당했지만 계속 그 상태를 유지할 수 없었고, 아내의 브랜드가 주목을 받으며 저도 제 작업에 대한 시간만 요구할 수 없었죠. 작업 시간이 줄어들어, 전적으로 작업에 집중할 수 없을 땐 너무 화가 나서 싸우곤 했는데 어느 순간 포기하니 쉽더라고요. 처음에는 제 시간에 대한 포기가 안 됐거든요. 개별적인 인간에서 부모로서 지켜야 하는 책임감의 합의가 이루어지는 과정이었죠. 아이를 키우며 저도 아내도 이제서야 어른이 되어 가고 있어요.

최은지 결혼 초반과 유학 시절에는 감사하게도 시부모님의 경제적 지원을 받았지만 귀국해서는 저희 힘으로 가정을 꾸려야 한다고 생각했고 그렇게 했어요. 어떻게 보면 한국으로 돌아오면서 우리 둘의 진정한 독립이 시작된 거죠. 〈너〉와 〈나〉로 구분 짓던 시간을 지나 지금은 〈우리〉라는 모종의 개념으로 접어들었어요.

문연욱 한동안 소셜 네트워크를 보지 않았어요. 함께 작업을 시작했던 작가들이 활발하게 활동하는 모습을 보기

힘들었어요. 하루 종일 쏟아야 할 작업 시간을 쪼개서 사용하니 신작을 내는 속도가 느릴 수밖에 없었거든요. 다른 작가의 전시 오프닝이나 모임을 참석하는 횟수도 점차 줄고 고립되는 느낌이랄까요. 사람이니까, 느낄 수 있는 복잡다단한 감정들이었죠. 그러던 어느 날 갑자기 아트사이드 갤러리에서 제 작업을 보고 싶다는 연락을 받았어요. 작업실에 큐레이터가 왔던 날, 바로 전시 날짜가 잡혔고 전시 후 소속 작가 계약까지 일사천리로 진행되었어요. 작업을 놓지 않고 꾸준히 걸어온 인내에 대한 보상 같았죠.

두 분이 일과 삶의 균형을 위해 공통으로 노력하는 부분이 있는지 궁금해요.

문연욱 하루에 단 한 시간이라도 둘만의 시간을 가지려고 해요. 아이를 재우고 가볍게 술 한잔하면서 이런저런 이야기를 해요. 예전엔 대화를 하면 싸움으로 번져서 누구든 먼저 말 섞는 것을 피했는데, 생각해 보니 각자 불만이나 긴요한 이야기를 해야 할 때만 대화를 했더라고요. 그게 아니면 아이를 재우고 각자 다른 방에서 개인의 시간을 보내니 공유하는 것이 점점 줄어들더라고요. 그래서 대화의 주제나 기술을 바꾸기 시작했어요. 하루 일과를 마치고 보통의 일상을 나누는 거죠. TV를 보면서 맛집 얘기도 하고, 재미있었거나 황당했던 에피소드도 이야기하고, 아이 친구들 이야기도 하고요. 시답잖은 얘기를 나눈 것, 사소한 일과를 나누는 것만으로 서로에게 위로를 줄 수 있더라고요. 일상의 공유가 부부 관계에 정말 중요했어요.

최은지 아이가 어렸을 땐 서로 여유가 없고, 또 일도 바쁘다

보니 삶을 대하는 태도가 둘 다 너무 비장했던 것 같아요. 그래서 항상 해결해야 하는 문제나 심각한 일로만 대화를 섞었고요. 어느 순간 얘기 좀 하자는 말이 긴장과 스트레스가 된 거죠. 일과 가정 모두 잘해 내려는 욕심을 조금씩 내려놓는 노력이 균형을 맞추는 일이라는 걸 깨달아 가는 중이에요. 아이가 손이 많이 가는 시절엔 둘 다 참 힘들었지만 육아를 함께 하니 아이에 관한 대화에서 전혀 이질감이 없는 것도 좋아요.

모든 삶이 그렇듯 작가 생활이 계획대로 이루어지지 않았던 부분에 대한 아쉬움도 있을 것 같아요.

문연욱 한국에 돌아와 그렸던 청사진대로 작업이 착착 진행될 수 있는 환경이 주어지지 않았을 때 심적으로 힘들었어요. 담담한 척했지만 굴을 파고 들어가던 시절도 있었죠. 어찌할 수 없는 일에 포기하는 법을 배운 것은 〈내가 가장 중요하게 생각하는 것이 무엇인가〉에 대한 자문이었어요. 작업을 사랑해도 가족이 없다면 의미 없는 행위였고 그래서 나의 속도에 집중했죠. 한국에 돌아왔을 땐 열정이 충만했던 시절이라 스스로 좀 급했던 것도 같고요. 지나 보면 힘든 시간이었지만 결국 일과 삶의 균형을 잘 맞춰 왔고 그래서 아쉬움이 없어요. 내 속도를 인정하고 맞춰 왔기 때문에 갤러리 소속이 되기도 했고요. 모든 것에는 때와 흐름이 있다는 말이 맞는 것 같아요.

최은지 둘이 서로의 커리어만 중시하고 앞으로만 달려 나갔다면 분명히 가족의 근간이 흔들리는 위기가 왔을 거예요. 모든 부모에게 아이는 소중하겠지만, 우리에게 아이는 우리의 성장과도 같은 큰 의미예요. 욕심을 내려놓을 줄 알고, 공감과

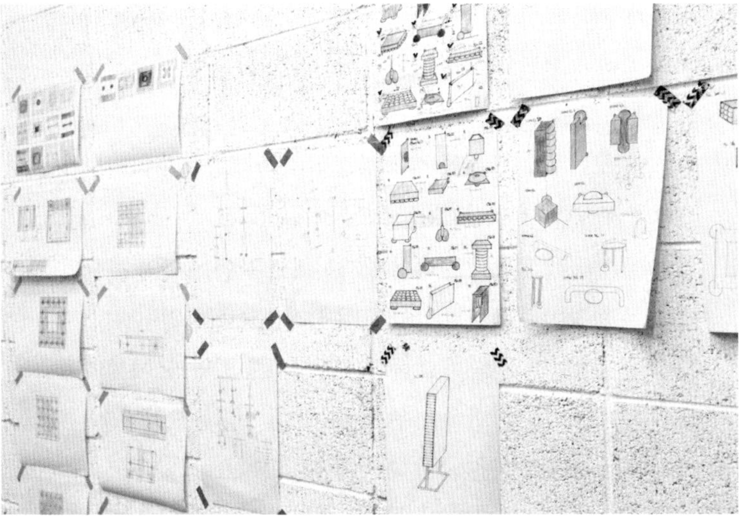

포용력을 넓히는 과정을 아이를 키우며 배워 가고 있으니까요.

두 분의 목표가 궁금합니다.

문연욱 물레와 가마를 놓아야 하는 도예 작업장은 대부분 넓은 편이라 여름에는 덥고 겨울에는 참 추워요. 모든 작가의 꿈은 작업하기에 좋은 작업장을 갖는 것이 아닐까요. 여름에는 시원하고 겨울에는 따뜻하게 작업할 수 있는 포근한 작업장을 갖는 것이 꿈이자 목표예요.

최은지 저는 남편이 경제적인 걱정 없이, 하고 싶은 작업을 마음껏 했으면 해요. 내가 이 사람을 위해 온전히 희생한다는 개념은 아니지만, 제가 운영하고 있는 사업이 사실 남편이 꾸준히 작업할 수 있는 〈수단〉이라는 의미도 내포되어 있어요. 유학 때 남편을 보고 느꼈던 충격을 항상 기억해요. 식음을 전폐하고 몰입할 만큼 작업을 사랑하는 남편을 보고 〈작가란 이런 사람이 해야 하는 구나〉라고 생각했던 지점이요. 저는 작가가 되기에는 생각이 많은 사람이에요. 현실과 이상을 저울질하고 예술과 상업 사이에서 계산하죠. 저는 다양한 방식으로 저의 미적 갈등을 해소할 수 있을 것 같거든요. 현재 하고 있는 일 외에 다른 분야도 도전할 수 있지만 남편은 작업 외에 다른 길을 고려한 적이 없는 사람이에요. 매일 수양하듯 꾸준히 작업하는 모습을 봐왔기 때문에 일종의 팬심과 지지를 보내고 싶은 마음이에요.

문연욱이 생각하는 도예의 매력, 최은지가 생각하는 가구의 매력은 무엇인가요?

문연욱 굽기 위해 가마에 들어간, 제 손을 떠난 작업물은 더

이상 어찌할 수 없다는 것이 도예의 매력이자 절망적인 부분이에요. 애증이죠. 불을 견디지 못해 깨져 나오거나 예상과 다른 미흡함이 저를 더욱 겸손하게 해요. 재료를 배려하고 꾸준한 수행을 요하는 도예의 치밀함이 제 성격과 잘 맞아요.

최은지 유일무이한 미술 작품은 특정 소유자의 것이지만 가구는 대중이 즐길 수 있다는 점에서 저에게는 공공 미술 같아요. 쓰는 사람의 라이프 스타일, 그리고 놓인 공간에 따라 다르게 해석되는 것도 가구의 매력이죠.

일과 작업을 지속 가능하게 하는 힘은 무엇인가요?

문연욱 작업에 대한 순수한 즐거움과 애정이요. 작업이 완결되는 순간만큼 작업 과정 역시 정말 즐거워요. 작업을 좋아해 〈업〉이 된 거죠. 전시장에서 마주하는 관객 반응과 SNS 속 작업 사진에 반응하는 〈좋아요〉 숫자 역시 작업을 지속하게 하는 즐거움이죠. 저도 무척 만족스러웠던 공공 미술 작업 피드에 반응이 특히 좋았는데 흥행의 희열이 이런 게 아닐까 어렴풋이 느낄 수 있었죠. (웃음)

최은지 기꺼이 비용을 지불한 제품에 대한 긍정적인 고객 후기만큼 뿌듯한 건 없어요. 생각보다 소비자는 냉정해요. 디자인과 내구성, 그리고 실용이라는 삼박자를 납득해야 지갑을 열거든요. 시즌과 트렌드에 맞춰 구매하는 옷과 달리 가구는 충동구매가 거의 없는 카테고리예요. 고심해 고른 가구와 그 가구에 대한 기분 좋은 후기가 브랜드를 지속하게 만드는 힘이 되는 것 같아요.

4:44

4:44은 공예 작가 문연욱과 가구 디자이너 최은지의 프로젝트 그룹이다. 공예과 출신의 부부 듀오로 따로 또 함께 개인 작업과 공동 작업을 선보이며 취향의 교집합을 다채로운 작업으로 풀어낸다.

뉴모던서비스

기묘한 기획

시대에 따라 직장과 근로 문화의 형태는 꾸준히 변모해 왔다. 회사라는 조직 문화에 소속되지 않고 개별 형태로 일의 필요와 쓸모에 따라 협업하는 방식이 이 시대의 효율성을 반영하기도 한다. 각기 다른 색을 지닌 둘이 만나 새로운 색을 만드는 듀오, 뉴모던서비스는 유연한 활동을 지향하며 기획을 바탕으로 하는 프로젝트 팀이다. 한국과 미국에서 공학도와 빈티지 가구 딜러로 생활해 온 제이미. 벨기에와 프랑스에서 그래픽 디자인을 공부하고 한국에서 아트 디렉터로 활동하는 유벵. 국적과 분야를 종횡무진 넘나들며 활동해 온 이 둘이 손을 잡고 흥미로운 공간과 그 흐름을 만들어 낸다. 뉴모던서비스는 촘촘한 기획을 바탕으로 브랜딩과 공간 디자인, 전시 등으로 확장하며 이 시대가 요구하는 〈명민한 협업〉의 모습을 보여 준다.

유벵

제이미

NEW MODERN SERVICE

기획이라는 이름의 직조를 짜는 듀오

뉴모던서비스의 간략한 소개를 부탁드립니다.

유벵 뉴모던서비스는 기획자 듀오로 구성된 프로젝트 팀으로 브랜딩, 공간 디자인, 전시, 행사 등의 다채로운 활동을 하고 있습니다. 기획을 구현하고 시각화하는 곳이 주로 오프라인 공간이다 보니 인테리어 작업을 다수 진행했는데 알려진 프로젝트로는 〈호텔 더일마〉, 〈노티드 안국〉, 〈애니오케이션〉, 〈키마스시〉, 부산의 〈그랜파〉 등이 있습니다.

제이미 저희가 진행했던 공간 프로젝트는 상업 공간에 기대하는, 색다른 경험에 초점을 맞춘 명확한 콘셉트가 특징입니다. 〈애니오케이션〉은 노티드와 다운타우너를 만든 F&B 전문 기업인 GFFG와 함께 미 육군 PX라는 콘셉트로 전개한 레스토랑이에요. 창고를 고쳐 만든 공간에 LA에서 공수한 가구와 소품으로 스타일링에 심혈을 기울였고, 와인과 시푸드seafood를 즐기는 비밀스러운 지하 벙커 느낌을 구현했죠. 카페 노티드 안국, 리뉴얼 작업 역시 한옥이라는 공간적 특성에 MZ 세대의 트렌드를 접목한 공간으로 바꾸었어요. 대중은 상업 공간을 볼 때 일상의 지루함에서 벗어난 신선함과 〈엔터테인먼트〉적인 요소를 기대하고 요구한다는 점에

주목했어요.

기획자라는 직업은 명료하게 설명하기 어려운 부분이 있어요.

제이미 간혹 저희를 공간 인테리어 팀으로 불러 주시는 분들이 있는데 인테리어는 우리가 기획을 구현하는 여러 가지 일 중 하나예요. 지금까지 해왔던 인테리어 작업도 단순히 공간 디자인만 진행한 곳은 없어요. 브랜드의 개념을 정리하고, 이야기를 구성하며 맥락을 만들어 낸 후 그것을 시각화하는 작업으로 완결하죠. 브랜드의 네이밍, 아이덴티티, 음악, 유니폼, 조경 등에 이르는 모든 요소를 동일한 맥락으로 설명되도록 기획하고 방향을 설계해요. 오프라인 공간의 이미지에 맞춘 온라인 숍의 이미지 구성이나 판매 제품군을 제안하기도 하고요. 편집자나 디렉터 역할이라고 설명하면 직업적 이해도가 높아지는 것 같아요.

듀오로 활동하면, 기획을 구현하기 위한 인력은 어떤 방식으로 꾸리게 되나요?

유벵 뉴모던서비스의 강점은 다양한 분야의 전문가를 꾸릴 수 있는 인맥의 범위와 분야가 넓다는 거예요. 실제화하지 못한 기획은 상상에 그칠 뿐이죠. 기획은 거창한데 실제적인 결과물은 그에 미치지 못하거나 조악한 것을 극히 경계해요. 촘촘하고 강력한 〈섭외력〉을 바탕으로 지금까지 각자의 영역에서 활동하며 함께 일을 하거나 알게 된 다양한 분야의 실력 있는 친구들을 프로젝트에 투입시켜요. 프로젝트의 이해도가 높은 그래픽 디자이너, 패션 디자이너, MD, 음악

프로듀서 등의 친구들과 함께 공간 디자인부터 매장에서 사용할 음악, 직원용 유니폼 제작, 식기 제작까지 완성해 기획에 근접한 결과물로 완벽하게 서비스하는 것이 뉴모던서비스가 잘할 수 있는 일입니다.

제이미 프로젝트마다 어울리는 팀을 섭외하고 프로젝트 단위로 함께할 수 있는 객원 멤버를 영입해 일을 진행해요. 조직 안에서 일을 꾸리는 방법과 일에 따라 유동적으로 조직을 꾸리는 방법이 있다면 저희는 후자라고 할 수 있습니다.

지금까지 함께했던 프로젝트 중에 가장 기억에 남는 프로젝트를 꼽는다면요.

제이미 기획으로 보여 줄 수 있는 모든 요소가 망라된 프로젝트 〈호텔 더일마〉가 기억이 남습니다. 패션 브랜드 일마의 쇼룸이자 레스토랑으로 변모한 공간인데 처음 들어왔던 의뢰는 창고 건물로 쓰던 곳을 쇼룸으로 바꿔 달라는 거였어요. 전체 120평 공간 중 일부인 30평을 쇼룸으로 만드는 제안이었는데 현장을 보니 주변 상권 없이 큰 건물만 하나 덩그러니 있는 환경이라 쇼룸 비즈니스에 적당한 곳이 아니었어요. 쇼핑만 하러 오기에는 애매한 공간이라서 쇼룸의 목적과 의미를 재고하게 되었어요. 고객이 찾고 일정 시간 머무를 수 있는 콘텐츠가 있어야 꾸준히 사랑받을 수 있다는 판단에서 30평 쇼룸을 제외한 나머지 공간을 레스토랑으로 오픈하는 것으로 제안했죠. 쇼룸을 이야기했는데 갑자기 요식업까지 제안하니 클라이언트는 당연히 황당한 반응이었죠. 요식업에 뜻도 경험도 없는 분을 결국 설득해 냈고 메뉴, 레시피 개발부터 식기까지, 저희가 꾸린 인력으로 하나씩 구조를 만들어 가니

점차 저희를 바라보는 클라이언트의 눈빛이 달라지더라고요.

유벵 〈호텔 더일마〉는 백화점을 포함한 오프라인 매장의 확장성을 염두하고 공간과 메뉴 구성의 기획까지 참여한 프로젝트였어요. 해외 도버 스트리트 마켓의 로즈베이커리나 메종키츠네의 카페 〈키츠네〉와 같은 개념으로요. 일상을 여행하듯 찾는 이들의 감성을 자극할 수 있도록 120평 규모의 공간을 쇼룸, 커피 바, 그리고 브런치 카페, 이렇게 세 가지로 나누어 각 공간의 용도에 맞는 조도와 가구를 구성했어요. 또 기억이 남는 공간은 〈프라이빗〉한 선물용 디저트를 파는 아틀리에폰드입니다. 고급스러우면서 섬세한 브랜딩과 어울릴 만한 공간을 만들기 위해 깊은 고민을 한 곳이에요. 별도의 문 없이 병풍을 친 듯한 비밀스러운 야외 파사드와 내부는 월넛 소재 홈 바를 활용하고, 곡선 디자인의 바닥 대리석과 이탈리아 거장의 조명과 가구들로 매칭해 작지만 힘 있는 공간으로 마무리했어요. 같은 F&B 브랜드라도 규모와 상권에 따라 차별점을 두어야 하는데 그 차이를 풀어내는 과정과 결과가 뉴모던서비스가 어떤 팀인지 잘 보여 준다고 생각합니다.

제안받은 업무를 넘어선 영역까지 프로젝트를 확장하는 이유가 궁금합니다.

유벵 우리의 기획으로 만들어진 것들이 많은 사람에게 오래 사랑받았으면 좋겠거든요. 제안받은 것, 이상의 가능성이 보인다든지 혹은 제안받은 방향으로는 긍정적인 결과가 보이지 않는다고 생각하면 클라이언트를 끈질기게 설득해요. 〈휘리릭〉 만들고 사라지는 프로젝트는 좀 슬픈 것 같아요. 그리고 둘 다 주어진 업무와 조건 안에서만 생각하는 성향이 아니고요. 〈호텔

더일마〉는 현장 스케치를 하러 갔을 때 쇼룸과 레스토랑이 이어지는 그림이 딱 그려지는 공간이었어요. 사람들에게 압도함과 웅장함을 주는 절대적인 사이즈라는 요소가 있는데, 이곳이 딱 높은 층고와 여유 있는 스케일을 갖춘 곳이었죠. 설득의 과정은 힘들었지만 그만큼 저희를 믿어 준 클라이언트였기에 잘 완성된 프로젝트에요. 결코 쉽지 않았던 설득의 순간과 실제적으로 풀어낸 일련의 과정을 복합적으로 봤을 때 저희의 기획을 100퍼센트 보여 준 프로젝트라고 해도 과언이 아닌 것 같습니다.

제이미 설득이 반영될 수 있었던 것은 월 매출 대비 지속 가능한 수익까지 산출해 제안했기 때문이었어요. 상업 공간은 운영에 필요한 매출이 나와야 하는 곳이라 단순히 시각적으로 멋진 곳만이 공간의 목적이 될 수 없거든요. 현실적인 운영에 기반해 설득하니 클라이언트가 저희에 대한 믿음을 보여 주셨고, 실제 오픈 후 좋은 성과를 보이며 현재까지도 좋은 파트너로 인연을 유지하고 있어요.

뉴모던서비스의 기획은 대부분 오프라인 공간을 기반으로 작업이 완결되는데, 오프라인의 매력은 무엇일까요?

유벵 인스타그램 앱에서 손끝으로 트렌드를 보는 세상이지만 그럼에도 불구하고 사람은 결국 직접 맛보고 듣고, 느끼고 만져 보는 것을 갈구할 수밖에 없는 정서를 가지고 있어요. 그래서 〈크래프트〉의 가치는 시간이 흐를수록 더 높아질 거라는 입장이고요. 팬데믹 때 많은 오프라인 공간이 정리되면서 정말 잘하는 브랜드와 공간만 남았어요. 그런 면에서 개인적으로는 오프라인을 더욱 밀도 높게 잘 챙기고

실제화하지 못한 기획은
상상에 그칠 뿐이죠.
기획은 거창한데
실제적인 결과물은 그에
미치지 못하거나 조악한
것을 극히 경계해요.
— 유벵

싶은 마음이 있어요. 그래서 앞으로 뉴모던서비스와 프로젝트로 손을 잡는 크루 역시 〈크래프트맨십〉에 가까운 사람들이었으면 좋겠고, 크래프트의 가치와 방향을 무게감 있게 표현하는 사람들이 함께했으면 좋겠어요.

제이미 지금까지 해왔던 일들이 실제로 보고 만져 볼 수 있는 것들을 다루는 영역이라 〈오프라인에 자신 있다〉는 점도 있지만 사람은 어쩔 수 없이 현장성에 끌리는 감각을 지니고 있어요. 예를 들면 F&B 영역에서 가장 중요한 것은 음식이지만 어떤 공간에서 어떤 음악과 함께 음식을 맛보는 일은 경험의 영역이잖아요. 음식을 잘라 입에 넣었을 때 보이는 풍경, 공간에 들어갔을 때 시선과 함께 이어지는 동선은 소셜 네트워크상의 글과 사진으로 음식을 전시하는 흐름과 다른 차원이죠. 그런 경험을 만들고 그 경험에 대한 피드백을 받는 것을 기쁨으로 느끼기 때문에 오프라인을 사랑하는 것 같아요. 그리고 저희가 잘하는 분야가 온라인보다는 오프라인이라 자신 있는 것을 하고 있는 거죠.

뉴모던서비스를 한 가지 키워드로 표현한다면?

유벵 영어 단어 중에서 〈기묘한〉이라는 뜻의 〈위어드weird〉가 뉴모던서비스를 정의할 수 있는 한 단어 같아요. 그 기묘함이라는 것은 어떤 사람에게는 신선함으로 다가갈 수도 있고, 또 불편함을 줄 수도 있는 복합적인 감정과 요소를 담고 있어요. 개인적으로는 디지털과 아날로그가 만났을 때 상충하는 분위기를 좋아해요. 차가움과 따뜻함이 공존하는, 한 가지 단어로 명료하게 정의할 수 없는 양가적인 감정이요. 영화 「블레이드 러너」 같은 아날로그 시대에 미래를 상상하고

만들었던 1980~1990년대 SF 영화를 좋아해요. 마음에 닿아 따뜻한 감정이 공존하는 공간을, 현대적인 이미지를 그려 나가는 걸 좋아해요.

제이미 저는 뉴모던서비스가 〈위트〉를 잘 담는 팀이라고 생각해요. 예를 들면 어떤 물건이 있어야 할 자리를 벗어나는 것에서 오는 의외성이 있는데 그런 예측과 벗어난 것들이 주는 즐거움이 있거든요. 그런 의외성이 담긴 작업을 추구하는 것 같아요. 삶에 있어 작은 의외의 사건이나 현상 때문에 큰일이 벌어지는 건 아니잖아요. 작은 재미를 주거나 신기하게 생각할 수 있는 요소를 작업에 〈터칭〉하는 것이 뉴모던서비스의 〈시그니처〉 같아요.

티키타카의 연결 고리

두 분은 어떻게 만나게 되었나요?

제이미 제 소속은 두 곳이에요. 빈티지 가구를 소개하는 회사인 〈컬렉트〉와 기획을 기반으로 한 〈뉴모던서비스〉. 유벵을 만난 건 컬렉트의 팝업 브랜드인 〈위클리캐비닛〉의 행사 때였어요. 제가 〈컬렉티스마인드〉라는 이름의 팝업을 기획할 때 당시 유벵 씨가 브랜딩을 맡았던 라이프 스타일 브랜드도 참여 업체 중 하나였고 이를 계기로 안면을 트게 되었죠.

유벵 저는 젠틀몬스터에서 아트 디렉터로 근무했었어요. 이후 회사를 나와 다양한 업체의 브랜딩 및 행사 기획을

유진금속(주)

진행했고요. 젠틀몬스터에서 주로 담당했던 실무가 스타일링과 오브제 제작이라 콘셉트에 맞춰 가구와 기물을 제작하는 일에 익숙했죠. 위클리캐비닛 행사로 제이미와 서로 하는 일에 대해 가볍게 이야기를 나눴는데 둘이 하는 일과 관심사에서 공통점이 있다 보니 대화가 자연스럽게 이어지더라고요.

제이미 뉴모던서비스를 결성하는 목적이 처음부터 인테리어는 아니었어요. 둘 다 기획을 바탕으로 확장하는 일을 하고 있고, 당시 제가 아트 퍼니처 쪽에 관심을 둘 때라 주목할 만한 한국의 젊은 디자이너와 가구 협업을 하기도 했었어요. 이런 관심사들을 모아 뉴모던서비스라는 이름으로 해보면 좋을 것 같았죠. 빈티지 가구의 커스텀 개념으로 새로운 작품을 만드는 등, 둘의 아이디어가 빛을 발할 것 같았어요.

유벵 빈티지 가구를 새롭게 해석하거나 다채롭게 소개하려고 뉴모던서비스를 결성했는데 공간 디자인 의뢰가 끊임없이 들어와서 저희도 좀 의외이긴 했어요. 결성 후 2년 만에 완성한 공간 프로젝트가 10개가 훌쩍 넘었으니 굉장히 정신없이 달려왔죠. 저희가 기획 팀이기 때문에 공간 디자인 분야에 저희를 강력하게 홍보하지도 않았는데 꼬리에 꼬리를 물고 연락이 오는 것을 보면서 저희만의 색을 스스로 확인하는 시간이기도 했어요.

뉴모던서비스라는 이름으로 팀을 만들게 된 계기가 궁금합니다.

유벵 기획이 빠듯하게 진행되는 젠틀몬스터에서 일을 오래 하다 보니 같은 팀원끼리 한 주제를 놓고, 이른바 〈티키타카〉가 되는 궁합이 정말 중요하다는 걸 알아요. 제이미가 아직 낯설 때

서로 얘기를 하는데 티키타카가 정말 잘되는 거예요. 하나의 주제로 논쟁을 하는데 내가 〈A〉라고 얘기한 것을 〈A〉로 받아쳐 줄 수 있는 파트너면 앞으로 손을 잡고 어떤 일이든 하면 참 좋겠다고 생각했죠. 더불어 저는 아티스틱한 성향이 베이스지만 상업적인 걸 좋아하는 사람이고 반대로 제이미라는 사람은 상업적인 성향이지만 아티스틱한 걸 좋아하는 사람이라는 점도 흥미로웠죠. 저도 제이미도 각자의 필드에서 나름 좋은 감도와 감각으로 경력을 쌓았기 때문에 결과물에 대한 보장도 어느 정도 가늠할 수 있었고요.

제이미 행사를 계기로 통성명을 한 후 오가며 신기할 정도로 마주침이 잦았어요. 이 정도 인연이면 커피 한잔 해야지 않겠느냐고 따로 시간을 잡아 만난 것이 뉴모던서비스의 시작이었어요. 커피 한잔을 두고 대화하며 성향과 취향의 접점보다는 생각하는 방향의 교집합을 발견했죠. 저는 미국에서 개인 사업을 해왔던 시간이 일의 질을 높여 줄 경험치를 쌓아 왔다고 생각하거든요. 유벵이라는 친구를 만났을 때 저와 같은 부분을 봤고 그게 우리 둘이 손을 잡은 이유죠. 서로 다른 취향이 논의라는 터널을 통과해 매력적인 색을 낸다는 점이 조화를 잘 이루는 것이라고 생각해요. 두 명 모두 만족스러운 결과라면 시너지가 발생하는 〈만남〉, 아닌가요.

제이미 님은 상업적인 것을 추구하는 성향인데 아티스틱한 것을 추구한다는 점이 흥미롭습니다. 이전의 이력이 궁금해요.

제이미 공대 출신으로 한국에서 전자 관련 회사에서 근무하다 공부를 좀 더 하려고 미국으로 넘어갔어요. 가족들이 미국에

HEVROLET

거주하고 있기도 하고요. 그렇게 미국에 공부하러 갔지만 엉뚱하게 자영업을 하게 된 케이스예요. 우연히 일본인 파트너를 만나 사업을 하게 되었거든요. 도쿄에서 빈티지 사업을 하는 친구였는데 제품 〈바잉〉차 미국을 자주 드나들던 때였어요. 이 친구를 만나며 자연스럽게 빈티지 가구 시장에 발을 들이게 되었죠. 이전에 전혀 알지 못했던 시장이었는데 상당히 매력적으로 다가왔어요. 15년 전 당시만 하더라도 한국의 빈티지 시장은 엔틱 가구가 대세여서 미드 센추리 모던 시대의 가구가 흥미로웠죠. 일본의 빈티지 가구 바이어들이 미국으로 건너와 만나는 딜러 중 한 곳이 저희였어요. 출장차 미국으로 온 바이어들은 제한된 시간 동안 제품을 선별하고 구매해야 하기 때문에 어느 정도 정돈되어 있는 상태의 물건을 보고 싶은 거죠. 저희가 다리 역할이 되거나 일본을 포함한 미국 외 시장에 직접 판매하는 일을 했죠. 그러다가 한국에 미드 센추리 모던이 유행하면서 빈티지 가구 업체가 일시적으로 늘어났고 한국에서 연락이 오기 시작했어요. 몇몇 한국 업체와 파트너십을 맺고 일을 하던 중 자영업 10년 차가 됐을 때 한국에 들어오게 되었어요. 빈티지 가구업체인 컬렉트의 팝업 브랜드 〈위클리캐비닛〉이라는 공간에서 디렉터로 활동했는데 미국에서는 수익에 중점을 두고 일을 했다면 한국에서는 제 경험치를 바탕으로 즐거운 일을 벌여 보고 싶은, 일종의 개인적인 욕심을 풀어내고 싶었죠.

빈티지 가구 카테고리 중에 미드 센추리 모던 디자인을 주력으로 했던 이유는 무엇이었나요?

제이미 수익을 목적으로 한 사업은 수요가 늘어나는 시장

쪽으로 눈길을 돌릴 수밖에 없어요. 미드 센추리 모던 카테고리가 다른 빈티지보다는 접근성이 쉬운 시장이에요. 글로벌 마켓과 시장 가격이 꽤 명확히 형성이 되어 있기 때문에 근거 없이 가격을 매기는 것이 아니라 시세에 맞춰 움직여 안정적이거든요. 사업적으로 문턱이 다소 낮은 영역이라 빈티지 가구업을 시작하는 분들이 가장 먼저 건드리는 영역이기도 해요. 제가 미국에서 딜러를 하다 한국에 들어온 이유는 한국에 빈티지 시장에 다채로움을 시도해 보고 싶어서였어요. 일본과 미국, 유럽은 빈티지 시장이 대중적으로도 자리를 잡고 또 즐기는 수요도 두텁기 때문에 연대별로 섞고 조합하는 시도가 자유롭거든요. 유연한 시장 분위기 속에서 한국을 봤을 때 아직은 시장이 경직되고 트렌드도 한쪽으로 치우쳐 있다고 느껴서 그런 쪽을 건드려 봤으면 좋겠다는 바람이 있었어요. 그래서 컬렉트에서 한국 시장에 생소했던 〈피스〉를 소개하고 팝업으로 재미를 더하는 방향을 기획했죠.

유벵 님의 이력도 궁금해요.

유벵 저는 벨기에에서 그래픽 디자인을 전공했어요. 유학지를 벨기에를 선택하고 왕립 학교에 입학한 건 이 나라에 애정을 품었다거나 학교의 네임 밸류 때문은 아니었어요. 저는 주변의 사람들과 영향을 주고받으며 일을 만들어 내거나 성장하는 걸 좋아하는데 당시에는 프랑스 친구들이 그런 존재들이었어요. 벨기에에서 유학하기 전 프랑스의 순수 미술 학교에서 수학했는데 학생도 수도 적고 미술 학과는 하나밖에 없는 학교였거든요. 설치 미술을 주로 다루는 학과라서 영상을

베이스로 하는 친구들을 주로 사귀었어요. 제가 외향적이다 보니 학교 밖에서도 다양한 친구들과 교류가 잦았는데 그때 사귄 친구들이 스위스에서 그래픽 디자이너로 활동했어요. 자연스럽게 그 친구들과 어울리면서 그래픽 디자인이라는 영역에 관심을 두게 되었고, 그 영향을 학교 내에서는 아트와 접목해 작업했어요. 제 작업을 본 교수님이 순수 미술 쪽보다는 디자인 학과로 전향하는 것을 권유했고 다른 학교를 알아보게 되었죠. 마음 같아서는 스위스 친구들이 다니는 학교를 가고 싶었는데 물가가 비싸 고민하며 학교를 알아보던 중 벨기에의 브뤼셀에 위치한 왕립 학교를 알게 되었고 자연스럽게 옮겨 갔어요. 학교를 다니며 그래픽 디자인을 공부하는 친구들과 교류하며 전시 기획도 했는데 당시 다뤘던 그래픽 디자인의 바탕이 스트리트 문화 기반의 작업이라 스케이트보드에 아트워크를 하거나 〈오피넬〉이라는 아웃도어 브랜드와 협업을 하는 등 시대의 문화를 그래픽과 접목하는 활동을 했죠.

작업 과정에 있어서 사람과의 교류가 많은 부분을 차지하는 것 같아요.

유벵 저는 사람과의 교류에서 시너지를 받는 성향이고 또 다채로운 사람들이 만나 생성하는 에너지를 좋아해요. 여러 사람과의 브레인 스토밍 과정에서 도출되는 예상하지 못한 결과, 혹은 긍정적 도출이 경의롭기도 하거든요. 고등학교 졸업 후 유럽으로 건너가 다양한 국적의 친구들을 만나 흡수했던 문화가 지금의 작업에 큰 지분을 차지해요. 프랑스, 벨기에, 베를린, 네덜란드 등의 다국적 그래픽 디자인, 서브 컬처, 스트리트 컬처에 이르는 복합 문화가 서로 뭉치고 굴려져서

커다란 눈 뭉치로 만들어진 느낌이에요. 한국에서 공학도로 일하다 미국에서 빈티지라는 다른 분야에서 일을 해왔던 제이미를 만났을 때도 하나의 층으로 설명할 수 없는 흥미로움이 배어 나왔어요.

1+1=3을 만드는 시너지

두 분의 작업 안에서 역할의 경계가 있을까요?

제이미 기획이라는 공통 업무로 시작한 팀이기도 하고 또 둘이 끌어가는 팀이라 경계가 희미해요. 물론 계약서, 견적서 등의 페이퍼 작업이나 디자인 설계 등의 일에서는 업무 분장이 확실하게 나눠져 있긴 해요. 기획은 둘에서 출발하지만 유벵이 그래픽과 디자인을 전담해 진행하고 견적서 등의 서류 작업은 제가 하고 있어요. 하지만 결국 일이라는 게 무 자르듯 딱딱 나눌 수 없거든요. 둘 외의 인력은 외부에서 섭외하다 보니 일의 중간쯤부터는 다시 업무가 모아져서 마감 일만 향해 정신없이 달리다 보면 프로젝트가 완성되어 있어요.

주 분야가 아닌, 인테리어 작업을 할 때 만나는 어려움은 없나요?

유벵 젠틀몬스터에서 6년 동안 공간 기획을 하면서 설계, 시공 팀 친구들과 밀접하게 일을 해왔기 때문에 공간 작업의

작은 재미를 주거나
신기하게 생각할 수
있는 요소를 작업에
〈터칭〉하는 것이
뉴모던서비스의
〈시그니처〉 같아요.
— 제이미

STAMP DECANTER

과정이 몸에 배어 있어요. 현장의 전 과정을 확인하고 검수하는 디렉터 경험이 있어서 뉴모던서비스에서 공간 작업의 실무를 맡았을 때 익숙했던 것 같아요. 어려웠던 점이 있다면 3D 모델링 설계를 해야 하는 업무였는데 막상 하다 보니 극복이 되더라고요.

제이미 좋은 시공 팀이 있어 가능한 것 같아요. 인테리어에서 함께 손발을 맞추고 있는 목공과 금속 기술자는 경력 20년 이상의 베테랑 분이에요. 프로젝트마다 적재적소에 맞는 인력을 꾸리고 매끄럽게 진행되도록 끌어가는 것이 뉴모던서비스의 자산이라고 생각해요. 기획을 완벽하게 구현해 줄 사람이 없다면 상상에 존재하는 구상일 뿐이거든요.

유벵 음악 프로듀서와 비슷한 것 같아요. 작곡가와 작사가가 곡을 만들면 음악으로 완성해 줄 연주자 혹은 가수가 있어야 하고요. 〈같은 곡을 어떤 가수가 부르는가〉에 따라 다른 분위기로 해석되기도 하죠. 그런 것처럼 저희는 프로듀서의 역할로 프로젝트마다 맞는 팀과 함께 움직이며 영향을 주고받죠. 저희가 제작 혹은 커스텀을 하는 가구나 기물도 그 배경에 정통한 작가나 업체와 함께 일하기 때문에 밀도 높은 작업으로 완결될 수 있어요.

두 분의 서로 다른 성격과 역할이 일에 영향을 주는 부분이 궁금해요.

제이미 유벵과 함께 일을 했을 때 시너지가 난다고 느꼈던 부분이 첫 번째 클라이언트 미팅이었어요. 저에게는 없는 능력을 유벵에게서 발견하는 순간이라고 할까요. 유벵과 저는 대화의 화법과 방식에 차이가 있어요. 클라이언트와의 일은 결국 설득의

영역이에요. 기획부터 진행, 견적까지 클라이언트와 끊임없는 줄다리기가 필요하죠. 특히 비용이 들어가는 견적에서는 〈왜 이런 견적이 나왔고〉, 〈왜, 이 비용이 필요한지〉에 대한 근거나 계산을 확실하게 전달하고 설득해야 하는 시점과 마주하게 되는데, 결국 클라이언트를 납득시키는 유벵의 단호하고 명확한 대화의 기술이 굉장히 큰 재능이라고 생각해요.

유벵 한마디로 저는 나쁜 역할이고 제이미는 착한 역할이에요. (웃음) 제가 엄마처럼 〈이렇게 하면 망합니다, 이렇게 하면 승산이 없습니다〉 등등 신랄하게 잔소리를 죽 늘어놓고 나면 제이미가 아빠처럼 〈기획대로 풀면 결국 잘될 겁니다〉라는 따뜻한 말 한마디로 마무리하는 거죠. 기획을 처음 의도대로 구현화하려면 어느 정도는 클라이언트에게 견적에 대해 강력하게 설득을 해야 할 시점과 마주하게 되는데 합의점을 잘 찾기 위해서는 저의 비장함과 제이미의 따뜻함이 잘 어울려져야 하거든요.

뉴모던서비스만의 설득의 기술이 궁금해지는 대목입니다.

유벵 신선한 시도를 해보려는 노력만큼 작업 과정에서 매번 클라이언트를 설득해야 되는 부분이 많아요. 클라이언트는 저희를 전적으로 믿고 따라야 하는 믿음, 그리고 경험하지 않았던 것에서 오는 불안함 그 둘 사이에서 갈등하는 거고요. 그렇기 때문에 클라이언트를 설득하기 위해서는 확신을 갖고 밀어붙이는 면도 있어야지, 행여 조금이라도 흔들리는 모습이 읽히는 순간, 기획한 방향으로 가기 어렵다고 생각해요. 150퍼센트 확신하는 태도로 설득을 해야 클라이언트도 우리를

믿고 맡길 수 있어요. 대신 저희에게 뒤따르는 리스크도 분명히 있지만 그 리스크는 저희가 떠안아야 되는 부분이에요. 다수가 시도했던 길을 가면 쉽게 갈 수 있지만 새로운 길을 가려면 당연히 쉽지 않죠. 쉬운 길을 가려고 하는 것은 우리 둘의 성향이 아니에요.

제이미 공간 디자인 작업을 예로 들면 저희는 프로젝트를 공간에 한정해 생각하지 않아요. 클라이언트가 우리에게 작업을 맡긴 것은 작업의 감도나 기획력을 떠나 수익을 발생시켜야 하는 비즈니스를 하기 위해서죠. 우리 역시 비즈니스를 성공시키기 위한 요소로서 〈공간〉에 접근해야 하는 것이 맞고요. 공간과 그 안에 설정한 콘텐츠가 클라이언트의 사업에 어떠한 방식으로 도움이 된다는 것을 전제로 설득합니다. 저희는 지금까지 상품 판매를 하기 위해 기획했던 사람인 거잖아요. 빈티지 가구 딜러로서, 그리고 젠틀몬스터의 아트 디렉터로서 명확한 상품을 기준으로 두고 판매와 브랜드 가치를 고려한 세련된 이미지 구축 방식을 고민해 왔죠. 우리가 하는 것은 단순히 무엇인가를 보기 좋게 생산하거나 구축하는 기획 방식이 아니라는 점을 고려해 전달하니 클라이언트가 납득하고 믿어 주시는 것 같습니다.

뉴모던서비스가 생각하는 〈좋은 공간〉이란 무엇일까요?

유벵 대중이 오래 꾸준히 찾아 주는 공간이요. 반짝이고 멋진 공간은 하루에도 몇 개씩 새로 생겨요. 하지만 〈롱런〉은 다른 얘기죠. 그래픽이 공간의 무드와 상충하거나, 오너가 처음 기획대로 공간과 브랜드를 가꿔 나가지 못하거나, 〈핫

플레이스〉로 단시간에 소비되어 휘발되거나 하죠. 아무리 좋은 공간도 삼박자가 맞지 않으면 한여름 밤의 꿈처럼 사라져 버려요. 지금 남은 오프라인 공간은 팬데믹을 지나오면서 많은 브랜드가 문을 닫거나 온라인으로 전환했을 때도 살아남은 정말 잘하는 곳이에요. 갈수록 대중도, 클라이언트도 똑똑해졌어요. 단순히 예쁜 공간과 좋은 가구에 현혹되지 않아요. 무엇을 담는지 그 알맹이가 중요하다 보니 결국 저희도 클라이언트와 함께 탄탄한 스토리텔링으로 풀어내지 않으면 한때 반짝하고 빛을 잃어버리는 공간으로 전락하게 되는 것 같아요.

제이미 새로 생긴 흥미로운 공간이나 기획에 대한 대화를 자주 나누거든요. 각자 경험한 좋은 공간에 대해 이야기를 나누다 보면 빠지지 않는 감정이 〈편안함〉이에요. 상업 공간의 특성상 대중의 시선을 끌어야 하는 자극적인 요소를 배제할 수는 없겠지만, 전체적으로 편안함을 느낄 수 있는 공간 구성에 방점을 둡니다.

유벵 저는 젠틀몬스터에서 보통 1년 주기, 짧으면 6개월마다 공간을 바꾸는 일을 해왔어요. 항상 감각의 촉수를 세워야 하는 환경이 주는 긴장과 즐거움도 있었지만 반면 공간의 변화 주기가 짧다는 데에서 느끼는 노이로제가 있었어요. 개인적으로는 사람이든 물건이든 공간이든 나이를 들어가는 것에 대한 환상이 있거든요. 시간이 잘 깃든 옷, 물건, 사람이 주는 색과 깊이가 있어요. 서울이라는 도시도 트렌드의 속도가 빠른 편이라 세월이 멋지게 깃든 공간에서 희열을 느끼기가 어려워졌어요. 그래서 뉴모던서비스를 통해 제이미와 하고 싶었던 것은 세월의 깊이를 풀어 보는 것이었어요. 제이미는

빈티지 딜러로서 오래된 가치 있는 물건을 다루는 일을 했던 사람이고 직업에서 오는 다른 시선이 공간을 만들 때나 기획을 할 때 당연히 담길 거라고 생각했어요. 우리가 공간을 기획할 때 공통으로 염두하는 점은 〈시간이 흘러도 괜찮은 공간〉에 대한 부분이에요. 트렌드나 시간의 흐름에 상관없이 오랜 시간 찾는다는 것은 편하고 다정함을 기반으로 해요. 지나치게 반짝이고 매끈한 것은 묘한 불편함과 위화감을 주죠. 우리가 공간을 만들 때 의도적으로 사용감이 있는 집기를 배치하거나 사용감을 표현하는 것은 사람들에게 자연스럽게 편안한 분위기를 전달하고 싶어서예요.

디자인할 때 가장 중요하게 생각하는 것은 무엇인가요?

제이미 기획 단계부터 공간 브랜딩까지 모든 맥락이 흔들리지 않게 프로젝트를 진행하는 데 집중합니다. 뉴모던서비스로서 우리가 가장 자주 하는 대화의 주제는 〈온전한 우리만의 것〉을 만드는 것이에요. 기획부터 완결까지 흔들리지 않는 신념이 필요하죠.

동업의 장점은 무엇인가요?

유벵 사람은 혼자 살아갈 수 없어요. 당연히 일도 혼자 할 수 없고요. 상호 작용과 도움을 주고받아야 합니다. 하물며 천재도 교류 없이 혼자만의 세상을 고수한다면 발전 없이 고립되니까요. 저는 저에 대한 확신이 100퍼센트 있다고 말할 수 있으면서도 동시에 100퍼센트 확신이 없다고도 말할 수 있어요. 결국 어떤 오류나 단점은 누군가가 잡아 줘야 되니까요. 그게 파트너 역할이라고 생각해요. 둘 다 100퍼센트 상업을

추구하는 것도 100퍼센트 예술을 추구하는 것도 아닌 그 중간 지점의 균형을 추구해요. 그 베이스가 서로 맞아서 함께 일을 할 수 있는 거고요. 돈만 바라보고 하면 절대 할 수 없는 작업이라서 결과에 대한 성취감이 우리로 하여금 클라이언트를 설득하고 정진하게 해요.

제이미 동업은 서로에게 부족한 부분을 채워 줄 수 있는 관계로 설명할 수 있어요. 지금까지 동업을 여러 번 해봤지만 지금까지 제가 해왔던 동업과 뉴모던서비스와의 가장 큰 차이는 〈역할론〉 쪽으로 좀 달랐어요. 기본적으로 제가 텐션이 높거나 작업 속도가 빠른 편은 아니에요. 그런데 이전의 파트너들과 비교하면 제가 더 빠른 쪽이었어요. 그런데 뉴모던서비스 안에서는 유벵이 저보다 추진력과 즉각적인 실행력이 빠르다 보니 이전에 파트너들에게 가졌던 고민이 지금은 없어요. 저의 성향에 반해 주도적인 역할을 해야 했던 지점에서 느껴지는 버거움과 맞지 않는 속도를 맞춰야 하는 것에서 오는 〈엇박자〉들이 있었거든요. 유벵이 저보다 더 빠르게 프로젝트를 확장하며 펼쳐 가고 저는 그에 맞게 백업하는 일의 손발이 잘 맞아요. 동업은 연애랑 많이 비슷한 것 같아요. 연인에게만 보여 줄 수 있는 모습이라는 게 있어요. 제가 평소에 목소리가 그렇게 높아지는 스타일이 아닌데 치열하게 기획이나 일에 대해 이야기하다 보면 서로 목소리가 높아질 때가 있어요. 근데 그런 모습은 유벵이라는 사람이 저를 그런 치열함까지 끄집어낼 수 있는 친구라는 거잖아요. 스스로도 몰랐던 모습을 끌어내고 보여 주는 과정에서 점점 서로의 대한 이해도가 쌓이는 것 같아요. 뉴모던서비스를 하면서 새로운 저의 모습이 낯설기도 했지만 스스로의 한계도 넘어서며, 어떤 사람을

만나는 것에 대한 힘을 알게 되었어요.

서로 의견 조율이 안 될 때는 어떻게 하나요?

제이미 유벵과 제가 카페에서 싸우는 모습을 봤다면서 어느 날 갑자기 지인에게 전화가 왔어요. 저와 유벵이 한남동의 한 카페에서 프로젝트를 두고 논의하는 모습을 보고 오해를 한 거죠. 저희가 기획의 합의점을 찾지 못하거나 풀리지 않는 부분이 있으면 앉은 자리에서 3~4시간 동안 끊임없이 얘기해요. 저희는 대화를 하고 있는데 외부에서는 싸우고 있다고 생각할 만큼 정말 치열하게 논의하는 거예요. 근데 뭔가 풀리지 않거나 만족하지 못하는 기획을 두고 상대가 하는 이야기에 무조건 수긍을 하다 보면 결국 일을 진행하는 내내 일의 명분을 찾지 못하게 돼요. 서로 납득이 되지 않는 기획의 면면을 하나씩 풀어 나가다 보면, 접점을 찾는 부분이 있고 또 결국 기획의 높은 완성도로 연결되죠. 그래서 뭔가 오늘은 대화가 길어질 것 같으면 옷도 따뜻하게 입고 밥도 든든하게 먹고 만나요. (웃음)

유벵 둘 다 신랄하게 언쟁을 해도 개인의 감정으로 연결하지 않기 때문에 논의가 가능해요. 이 사람에 대한 믿음이 바탕에 깔려 있기 때문에 모든 프로젝트에 집중을 하죠. 개인적으로 저는 관심 없으면 얘기도 안 하는 스타일이기도 해요. 아마 저희 부모님보다도 저를 더 많이 아는 사람이 제 파트너인 것 같아요. 물리적으로 함께하는 시간도 길다 보니 아마 제 여자 친구보다도 저를 더 많이 아는 사람도 제 파트너인 것 같고 그러니까 서로 인간적인 모습과 비즈니스적인 모습을 다 보잖아요. 저에 대해 이 정도까지 보여 줄 수 있는 사람이

살면서 사실 몇 명이나 될까 싶죠.

앞으로 뉴모던서비스 혹은 개인적으로 하고 싶은 일이 있다면 무엇일까요?

제이미 한남동에 있는 뉴모던서비스 작업실이자 쉼의 공간에서 재능 있는 사람들의 작품을 전시하거나 브랜드를 소개하는 팝업 스토어를 여는 등 다양한 형태의 기획을 계획하고 있어요. 〈따로 또 같이〉라는 지향점으로 뭉친 자유로운 프로젝트 팀인 만큼 뉴모던서비스라는 이름 안팎에서 보다 제한 없는 활동을 하고 싶습니다.

유벵 공간 디자인 외에 다양한 형태의 기획을 보여 주고 싶어요. 저희가 일을 맡을 때 브랜드 하나를 새로 만든다는 각오로 프로젝트에 임하거든요. 언젠가는 저희의 브랜드를 만들고 싶다는 욕망도 있죠. 개인의 개성이 분명한 프로젝트 팀인 만큼 개별의 활동이 팀의 활동으로 시너지를 내는 다채로운 일을 하고 싶어요. 특정한 한 분야에 묶이지 않고 우리가 가진 능력으로 다양한 〈이야기〉를 시각적으로 흥미롭게 풀어 나가고 싶습니다.

뉴모던서비스

뉴모던서비스는 두 명의 기획자 유벵과 제이미로 구성된 프로젝트 팀이다. 뉴모던서비스는 기획이라는 바탕에 각자 다른 경험치를 올려 브랜딩, 공간 디자인, 행사 기획 등의 활동으로 국내외 트렌드에 다채로움을 더하고 있다.

NEW MODERN

메종엠오

마음을 채우는 디저트

섬세한 미식 트렌드에서 수준 높은 감각으로 오랜 시간, 한자리를 지키는 매장이 있다. 방배동의 조용하고 한적한 주택가 코너에 자리 잡은 디저트 숍 메종엠오는 〈집〉을 뜻하는 프랑스어 〈메종〉에 부부의 이니셜 〈엠M〉과 〈오O〉를 붙인 이름처럼 부부의 철학이 오롯이 담긴 곳이다. 프렌치 디저트의 정통성을 이어 가면서 〈컨템퍼러리 프렌치 디저트〉의 철학과 독창적인 디저트 컬렉션을 선보여 디저트 애호가들의 입에 오르내리는 곳이기도 하다. 소량을 생산하더라도 다양한 취향을 충족시키는 다채로운 메뉴, 흔들림 없이 한결같은 품질과 맛, 설렘의 정서를 자극하는 인테리어와 서비스는 까다로운 애호가와 호기심 많은 대중 모두를 사로잡는다. 〈파티시에〉로서 같은 목표를 향해 8년의 시간을 함께 빚어 온 오늘. 개장 한 시간 전부터 고객의 기나긴 행렬이 이어지는 디저트 숍 메종엠오의 주인공 이민선과 오츠카 데츠야 부부를 만났다.

이민선

오츠카 데츠야

도쿄와 서울로 이어진 듀오

메종엠오는 디저트 애호가들에게 이른바 〈성지〉와도 같은 파티스리예요. 메종엠오를 처음 만나는 독자분을 위해 소개를 부탁드려요.

이민선 메종엠오는 컨템퍼러리 프렌치를 테마로 하는 디저트 브랜드로 2015년 서울 방배동에 매장을 열었어요. 메종엠오를 열었던 당시 한국은 미식이 아직 디저트 분야까지 다채롭게 꽃을 피우기 전이라 오픈하자마자 예상을 뛰어넘는 관심을 받았어요. 매장을 연 지 8년이 지났지만 여전히 개장 시간에는 메종엠오의 대표 디저트를 구매하기 위해 찾아 주시는 분들로 붐빌 만큼 사랑받고 있어 감사할 따름입니다. 매장 방문이 어려운 고객층을 위해 백화점과 온라인 플랫폼 등의 유통 채널을 확장해 메종엠오의 대중적인 메뉴인 마들렌 등의 구움 과자와 쿠키를 선보이고 있어요. 외식 공간의 기획과 컨설팅으로도 고객과 만나고 있는데 대표적으로 서울 명동 레스케이프 호텔의 라운지 카페였던 르살롱과의 협업으로 메뉴 기획을 진행했었고, 서울 성수동 센터커피와의 협업으로 아꼬떼뒤파르크를 운영했었어요. 그리고 글로벌 커피 브랜드인 블루보틀 코리아와의 파트너십으로 오픈 때부터 현재까지 블루보틀에서 판매하는 모든 제과, 제빵은 메종엠오에서 제공하고 있어요.

메종엠오는 브랜딩이 탄탄하고 정교한 소규모 가게의 표본이라고 생각했어요.

이민선 일본은 비단 큰 기업뿐 아니라 작은 가게도 브랜딩의 개념이 익숙하고 깊게 자리 잡혀 있어요. 일본에서 약 10년 정도 거주하며 브랜딩을 생활과 경험으로 체득했고, 항상 머릿속에 독립할 브랜드에 관한 이미지를 그려 왔어요. 메종엠오를 준비하며 당연하고 자연스럽게 그동안의 생각들을 차근차근 구현했고요. 설렘의 정서를 건드리는 디저트는 맛뿐만 아니라 공간 인테리어, 로고 디자인, 패키지까지 모든 요소가 적절히 어우러져야 해요. 귀국 전 한국 트렌드를 잘 아는 잡지사에서 근무하는 친구를 통해 몇몇 인테리어와 그래픽 디자이너를 소개받았고, 운이 좋게 합이 좋았어요. 당시 인테리어를 맡았던 디자이너분이 첫 미팅 때 〈어떤 음악을 좋아하시나요?〉라는 질문을 건넸는데 취향을 기반으로 이미지를 그리려는 의도가 느껴져 결과물이 잘 나오겠다고 확신했죠.

매장 크기로만 본다면 언뜻 작은 가게로 보이지만 메종엠오는 체계적으로 탄탄하게 규모를 늘려 왔어요.

이민선 식품 전문 온라인 쇼핑몰 마켓컬리에 입점한 계기로 메종엠오가 대중적으로 널리 알려졌는데, 메종엠오를 오픈했던 해인 2015년에 마켓컬리에 입점했으니 발 빠른 대응이었죠. 입점을 하자마자 판매가 좋아 제조실을 추가로 구축하고 대표 상품군인 마들렌을 포함한 구움 과자 외에 쿠키 등으로 입점 상품군을 늘려 갔어요. 바뀐 식품 위생법에 대처하기 위해 2년간 잠시 방배동 매장 운영을 중단하고 더 큰 제조사로 이전해 백화점 입점도 했고요. 백화점과 온라인 유통 채널 외에

오프라인 매장을 늘리지 않아 외형적으로는 작은 가게의 형태를 유지하고 있지만 내실은 꾸준히 커졌죠.

2015년부터 같은 자리를 지켜 온 메종엠오는 주택가와 참 잘 어우러지는 매장이에요.

이민선 매장 자리를 찾기 위해 서울의 여러 동네를 많이 다녔는데 저희가 생각했던 정돈된 이미지와 부합하는 동네를 찾기 어려웠어요. 그러다 문득 서래마을이 떠올랐어요. 한국에 거주하는 프랑스인의 40퍼센트가 거주하는 지역으로 프랑스식 레스토랑과 와인 바 등 프랑스 문화와 친숙해 우리가 전개하는 프렌치 디저트와 맞닿는 부분이 있으니까요. 서래마을 중심부는 지나치게 번잡한 분위기라 다른 곳을 둘러보려던 차에 중심부에서 떨어진 주택가를 추천받았는데 차분하고 조용한 분위기가 좋았어요. 저희는 일상적으로 이용하실 수 있는 동네 가게의 이미지를 그렸거든요. 지하철 역과 너무 멀지 않고 주변에 약간의 상점이 있었으면 좋겠다는 의외로 까다로운 조건이 있었지만요. 무엇보다 매장 앞 골목은 차량이 지나갈 만큼 비좁지 않으면서 전면이 넓어 보여 눈에 잘 띄는 코너 자리를 원했고요. 위화감을 주지 않고 주변과 잘 어울리지만 은은한 존재감이 있는, 참 까다로운 조건을 모두 만족시킨 자리였어요. (웃음)

두 분이 일본에서 만나 결혼 후 한국에 오신 것으로 알고 있어요. 두 분의 첫 파티스리를 한국에서 시작한 이유가 있다면요?

이민선 한국 생활이 예상보다 길어질 줄 몰랐고 당시에는 둘 다

좀 가벼운 마음으로 결정했어요. 연애 시절 남편이 몇 번의 한국 여행을 다녀온 후 비즈니스를 한국에서 시작하는 것도 흥미롭고 재미있을 것 같다고 말하더라고요. 좁고 보수적인 일본 디저트 업계의 속박에서 한발 떨어져 한결 자유롭게 작업을 해보고 싶었던 것 같아요.

오츠카 데츠야 파티시에로서 직업 셰프와 독립 사이에서 선택의 순간이 오는데 저에게는 10년 차가 되었을 때 제가 원하는 과자를 만들어야겠다는 일종의 〈타이밍〉으로 느껴졌습니다. 언젠가는 도쿄로 돌아간다는 전제가 있었고, 동네마다 파티스리가 있을 정도로 도쿄는 이미 디저트 숍이 포화 상태라 결정에 오랜 시간이 필요하지 않았어요.

두 분이 처음 만난 이야기가 궁금합니다.

이민선 저와 남편이 만난 것은 2011년 피에르에르메 도쿄 지점에서였어요. 당시 남편은 수석 파티시에를 거쳐 총괄 셰프 파티시에로, 저는 직원으로 근무했는데 위계질서가 엄격한 주방에서 가까이하기 힘든 상사 중 한 명이었죠. 당시만 해도 외국인이 사원으로 일하는 게 흔한 케이스는 아니어서 저를 관심 있게 봤나 봐요. 이성으로서가 아닌 다른 문화권에 관한 관심으로요. 남편을 포함한 동료들과 함께한 식사 자리에서 언젠가 서울에 디저트 숍을 내고 싶다는 미래 계획을 나누기도 했는데 그때 서울의 환경과 트렌드, 문화에 흥미를 갖고 귀 기울여 듣더라고요. 이후 한국에서의 계획과 숍에 대한 콘셉트를 구체적으로 이야기하며 조언이나 도움이 필요할 때 연락해도 되냐고 물으니 흔쾌히 연락하라고 하더라고요. 그 후에 우리가 교제하는 단계로 발전하고 결혼을 생각하면서

서울에서 먼저 자리를 잡게 되었어요.

두 분의 원래 전공은 제과와 전혀 다른 분야였다고 들었어요.

오츠카 데츠야 음식에 관심이 높은 집안 환경과 학창 시절 유행하던 음식 만화나 요리 TV 프로그램의 영향으로 어릴 때부터 외식 산업과 요리에 지속적인 관심이 있었습니다. 처음부터 진로가 음식 문화와 연결되지 못했던 것은 일반 대학 진학을 희망하는 집안 분위기와 당시 학문으로서의 선(禅) 사상의 매료되어 불교학을 전공한 이유였습니다. 불교학은 꽤 흥미로웠지만 대학을 입학하며 시작한 도쿄 생활에서 보다 다채로운 식문화를 접하며 어릴 적부터 품어 왔던 요리의 끌림이 더욱 강렬해졌습니다. 대학 졸업을 앞두고 앞으로의 직업과 일을 진지하게 고민하게 되었고, 결국 대학 졸업 후 츠지 제과학교에 다시 입학하는 결정을 내렸습니다.

이민선 서울에서 영화학을 전공하고 관련 일을 하다 그만두고 도쿄로 갔어요. 중학교 동아리 활동 때부터 친구들과 캠코더로 영화를 찍고 편집하는 등 취미로 단편 영화를 제작하곤 했는데 고등학교 친구와 찍은 영화로 수상하면서 영화를 진로로 정하게 되었어요. 고등학생 때는 온라인 영화 커뮤니티 활동으로 단편 영화를 제작하는 친구들과 교류도 하고 영화계 어른들과의 접점으로 다양한 경험을 했어요. 하지만 다소 일찍 엿볼 수 있었던 영화계의 단면과 인간 군상, 학교 문화 등이 부조리하게 느껴졌고 정작 대학생 때 모든 부조리를 이겨 내서라도 이뤄 내고 싶을 만큼 영화감독에 뜻이 있지 않다는 사실을 깨달았어요. 목적을 잃은 후에는 학교조차 잘 나가지

않게 되었는데 주변 친구들의 도움으로 겨우 졸업 작품을 찍고 졸업장은 받을 수 있었죠. 제가 영화인으로서의 길을 접은 이유가 영화계를 향한 환멸인지 재능에 대한 불확신인지 알 수 없을 만큼 복잡했을 때 새로운 환경에서 스스로에 대한 답을 찾아보고자 평소 흥미가 있었던 일본으로 건너갔어요.

다양한 음식 분야 중 제과를 선택한 계기는 무엇이었나요?

오츠카 데츠야 음식을 다루는 다양한 장르 중에서도 제과, 즉 파티시에를 직업으로 선택한 건 스스로를 객관적으로 들여다본 결과였습니다. 거친 분위기나 다툼을 싫어하는 성격이 다소 전투적인 분위기의 요리 현장과 맞지 않았고, 무엇보다 살아 있는 야생의 날 것을 다루는데 저항감을 느꼈습니다. 반면 설계적인 구조로 생각하고 고안하여 제품을 만드는 제과의 요리 과정이 제 성향과 잘 맞아 제과인의 길을 선택하게 되었습니다. 불교학으로 대학을 졸업하고 제과라는 새로운 분야로 다시 출발했기에 고등학교를 졸업했거나 혹은 전문 학교를 들어간 뒤 파티시에로 활동하는 동료보다 나이도 많고 시작도 늦은 편이었습니다. 이를 따라잡기 위해 항상 생각을 게을리하지 않고 노력해서 빠른 성장을 이뤄 낼 수 있었습니다.

이민선 일본 생활에서 매일 접하는 식생활은 정말 흥미로웠는데, 그중에서도 디저트는 한국과의 격차가 매우 크게 느껴졌어요. 떠올려 보면 학창 시절 먹거리나 과자에 호기심이 많아 새롭고 맛있는 제품을 발견하면 친구들과 공유하는 걸 좋아했어요. 특히 디저트 문화가 발달한 일본에서 혼자 맛보기 아쉬울 만큼 다채롭고 아름다운 디저트를 많이

접했어요. 일본 디저트의 매력에 한창 빠져 있을 때 일본어 학교에서 체험 학습으로 동경제과학교에 방문해 처음으로 과자를 만들어 봤어요. 운명처럼 끌렸고 진지하게 공부해 보고 싶었죠. 일본의 다양한 디저트 문화를 즐기는 소비자 입장에서 한발 나아가 직접 한국에 소개하고 싶다는 동기가 생겼어요. 고백하자면 중학생 때부터 대학생 때까지 10년이라는 시간 동안 영화감독을 꿈꿨지만 정작 목표에 몰입하지 못했어요. 남들에게 그럴싸하게 보이는 목표에 도취되어 결실을 맺지 못하고 흘려보낸 시간이었죠. 후회를 반복하지 않는 선택을 위해 구체적인 목표와 실행에 집중하게 되었고 한국에서 활약하는 분들의 경력을 참고해 동경제과학교에 입학했습니다. 그리고 졸업 후 피에르에르메에 입사해 파티시에로 근무했어요.

파티시에의 매력은 무엇인가요? 또 두 분의 어떤 성향이 이 직업과 잘 맞다고 생각하나요?

오츠카 데츠야 디저트는 일상의 과자입니다. 일상의 여러 장면과 함께할 수 있는 먹거리죠. 남녀노소, 국적을 넘어 다양한 사람들을 과자 하나로 기쁘게 하는 일이 가능한 매력적인 직업입니다. 특히 축하의 자리에는 빠질 수 없는 것이 과자죠. 디저트는 살아가는데 반드시 필요한 음식은 아니지만 삶의 유희를 충족시키기 위해 필요한 존재이기에 파티시에는 무척 의미 있는 직업이라고 생각합니다. 메종엠오를 통해 삶의 기쁨을 더하는 섬세한 터치의 디저트를 제공합니다. 과자를 만든다는 것은 오감을 작동시키는 일입니다. 관찰력이 좋아 작은 변화도 잘 잡아내는 저의 능력은 파티시에게 요구되는

자질과도 부합합니다.

이민선 배를 채우기보다 마음을 채우기 위해 먹는 것이 디저트예요. 과자 한 조각으로 삶이 풍성해지는 경험을 제공할 수 있는 파티시에는 일상에 풍요를 더한다는 점에서 참 멋진 직업입니다. 저는 타인을 기쁘게 하는 걸 좋아해요. 특별한 날이 아니더라도 친구들에게 소소한 선물을 하고, 맛있는 음식을 나누곤 하죠. 그래서 고객에게 즐거움을 전달하는 방식을 고민하고 만들어 가는 일이 즐겁습니다. 신선한 감각과 기쁨을 만끽할 수 있는 맛과 메뉴, 그리고 설렘을 담은 근사한 포장을 생각하는 점이 항상 즐겁고 이 직업과 잘 맞는다고 생각하는 부분입니다.

클래식과 동시대를 연결하는 맛의 인상

메종엠오만의 특별한 〈맛의 인상〉이 있어요.

오츠카 데츠야 심플한 형태에 복잡한 맛의 구성을 갖춘 디저트를 추구합니다. 단맛, 신맛, 짠맛, 향기, 식감의 균형을 의식해 맛이 단조로워지지 않도록 설계해요. 복잡한 맛의 구성으로 프랑스 고전 과자가 지닌 이미지의 해체와 재결합의 재미를 찾을 수 있는 요소를 레이어 층층에 숨겨 놓는 것이 메종엠오의 색입니다. 프랑스 제과 기법으로 프랑스 전통의 고전 과자를 판매하는 메종엠오에서 발견할 수 있는 반전의

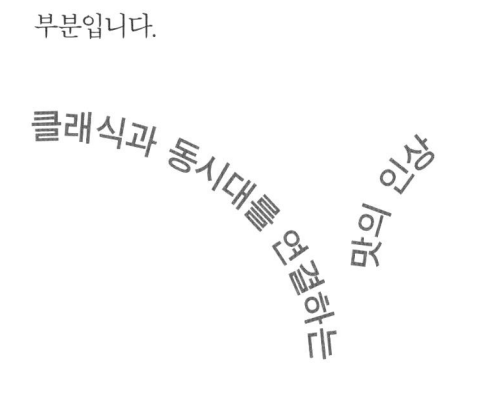

맛이죠.

이민선 메종엠오가 중시하는 맛의 균형에 과거의 경험, 기억, 추억을 담아 하나의 제품으로 출시해요. 메종엠오의 색을 좋아하는 고객은 우리의 제품을 〈아는 맛인 듯, 새로운 맛〉으로 표현합니다. 하나의 작은 디저트에서 펼쳐지는 다채로운 맛과 향, 그리고 식감으로 연결되는 깊이를 알아봐 주시는 것 같습니다.

메종엠오가 이야기하는 〈컨템퍼러리 프렌치〉, 즉 맛의 동시대성과 연결되는 이야기 같아요.

오츠카 데츠야 우리가 현재 음미할 수 있는 〈지금의 맛〉은 시대에 따라 조금씩 변화한 결과입니다. 시간이 흐르면서 생각에 변화가 생기듯 미각도 주변 환경과 더불어 동시대성을 흡수해 현대적으로 재구성됩니다. 과거의 맛에 계속 머물러 있기 어렵습니다. 이런 이유로 동시대의 맛에 의도적으로 초점을 맞추지 않더라도 시대 흐름에 변화한 미각이 자연스럽게 제품에 변화를 가져오는 동시대성을 담는다고 생각합니다. 많은 셰프들이 시대에 따라 조금씩 레시피를 변화시킵니다. 동일한 레시피의 표현 방법을 바꾸기도 하고요. 프렌치 정통의 레시피를 그대로 재현하든 전통을 자신만의 필터로 해석하든 이 시대를 살아가며 맛을 낸다는 것은 본인이 원하지 않더라도 이 시대의 미각으로 표현할 수밖에 없죠. 어떤 창작물이든 현대와 동시대성을 반영합니다. 정통 방식 그대로도 좋지만 현대의 식성이나 라이프 스타일에 맞춰, 먹기 좋게 바꾸는 것이 〈현대적인 맛〉이라고 생각합니다.

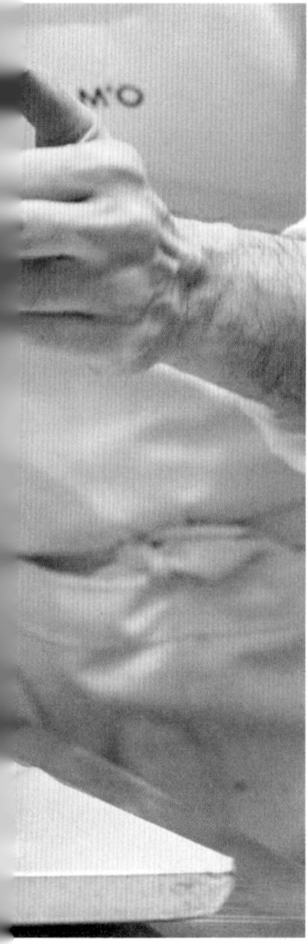

디저트는 살아가는데
반드시 필요한 음식은
아니지만 삶의 유희를
충족시키기 위해 필요한
존재이기에 파티시에는
무척 의미 있는
직업이라고 생각합니다.
— 오츠카 데츠야

제과계의 피카소로 불리는 〈피에르에르메〉에서 일하며 받은 영향력이 궁금합니다.

오츠카 데츠야 피에르에르메 총괄 셰프로 근무하며 두려움 없이 소재를 대담하게 사용하는 방법을 배웠습니다. 경영적인 면에서는 대량 생산에도 품질을 유지하고 관리하는 법을 익혔고요. 일본 내 약 10개 점포로 제공되는 디저트의 동일한 품질과 수익의 경계선을 유지하면서 생산하는 법은 메종엠오가 온·오프라인으로 판로를 넓혀 가는데 큰 도움이 되었습니다. 전반적으로는 파티시에로서의 〈저〉라는 사람을 형성하는 데에 큰 바탕이 되었습니다. 이론과 기술을 넘어선 미각적인 기준을 배울 수 있었죠. 〈맛있다는 것〉의 기준에 도달하기 위해서 이론과 테크닉은 뒷받침되어야 하는 수단이지 맛보다 선행되어서는 안 된다는 가르침이 그것입니다.

한국 시장을 위해 준비한 품목이 있을까요?

오츠카 데츠야 한국인의 취향을 관찰했을 때 케이크보다는 빵류의 선호가 높았습니다. 디저트에서 한국인의 취향과 겹치는 부분은 구움 과자라고 생각해 마들렌, 휘낭시에 등을 소개했습니다. 메종엠오가 추구하는 맛의 철학은 확고하기 때문에 맛의 타협이 아닌 품목의 선별로 메종엠오의 맛을 소개하고 있습니다.

이민선 한국은 층이 다채로운 맛보다는 직관적인 맛을 선호하는 경향이 있어요. 미식에 다소 보수적이라는 인상이 있죠. 맛의 실패 경험, 혹은 취향과 맞지 않을 때에 대한 걱정으로 결국 익숙한 맛을 선호하더라고요. 높은 완성도의 새로운 맛을 경험하면 선택의 폭이 확장됩니다. 저희가 시식을

적극적으로 권했던 이유도 새로운 맛의 취향을 발견하는 즐거움을 소개하는 방법 중 하나였어요. 메종엠오 품목의 가격대가 낮은 편이 아니라서 도전보다 안전한 선택을 하는 다수의 고객, 그리고 새로운 식재료나 낯선 메뉴를 선보였을 때 실패를 앞서 생각하는 고객들을 보며 시식으로 선택의 도움을 드리고자 했던 이유예요.

두 분이 맡고 있는 업무는 어떻게 되나요?

이민선 초창기에는 상품 논의와 제조 등 일의 영역이 겹치는 부분이 많았지만 사업의 규모가 점차 커지면서 둘의 역할이 점차 분업화되었어요. 남편이 상품 개발, 제조, 교육 등에 대한 실무를 담당하고 저는 제조에서는 손을 떼고 현재는 유통, 마케팅 등의 매니지먼트 역할을 담당하고 있어요.

브랜드가 지속 가능하게 유지되기 위해서는 〈제품력〉과 더불어 운영이 중요할 것 같아요.

이민선 영화 일을 그만두고 새로운 분야에 도전했을 때 쓸모없을 줄 알았던 이전의 모든 경험이 융합된다는 점이 정말 신기해요. 영화 연출 전공은 일종의 매니지먼트와도 같아요. 영화 한 편을 위한 작은 조직을 꾸리고, 예산과 일정을 짜던 일이 지금의 운영에 큰 도움이 되어요. 파티시에로서의 경력이 이어지지 못한 점이 다소 아쉽지만 메종엠오를 운영하며 저의 능력과 성향을 재발견하게 되었어요. 창의적인 결과물을 만들기보다 기획과 운영에 재미를 찾는 사람이라는 걸 알게 된 후로 제 역할에 굉장히 만족스러운 시간을 보내고 있습니다.

오츠카 데츠야 님은 한국에서 꽤 오랜 생활을 하셨는데 한국에서의 삶, 그리고 비즈니스에 대한 생각이 궁금합니다.

오츠카 데츠야 일본이 미식의 도시라 특히 도쿄에서는 원하는 재료를 세분화된 단위로 쉽게 구할 수 있는 것에 비해 필요한 재료를 모두 구하기 힘든 서울에서의 작업 환경은 조금 아쉽습니다. 하지만 제약 덕분에 새로운 발상을 할 수 있고 주어진 환경 안에서 창의성을 발휘하는 즐거움이 있습니다. 정서나 문화적으로 한국 생활에 적응이 어려운 부분이 아직 있긴 하지만 한국의 빠른 변화와 대담함은 저에게 긍정적인 자극을 줍니다.

〈대담함〉으로 표현하는 부분이 흥미롭습니다.

오츠카 데츠야 일본인의 시각으로 한국인은 긍정적이고 또 자신 있게 스스로를 표현해요. 감각적이고 위트가 있는 〈누데이크〉 같은 디저트 브랜드들도 일본에서는 쉽게 찾아볼 수 없는 대담한 발상이라고 생각합니다. 보수적이고 장인 정신에 입각한 정통을 중시하는 일본과 대비적으로 한국은 틀에 얽매이지 않은 새로운 시도를 대담하게 펼쳐 나가는데 그 점이 저에게는 큰 자극이 됩니다.

이해와 수용이라는 방정식

동반자이자 동업자로서 삶과 일의 밸런스는 어떻게 유지하시나요?

이민선 메종엠오가 곧 우리의 삶이기 때문에 일상과 일을 분리하지 않는 편이에요. 일이 정말 재미있어서 사적인 생활도 결국 일과 관련된 흐름으로 생각해요. 직업적 만족도가 높아 일이 곧 〈놀이〉이자 〈여가〉인 거죠. 각자의 시간이 필요할 때면 남편은 작업실에서 창의적인 활동을 하는 것으로, 그리고 저는 친구를 만나거나 다도, 명상 등의 여가 생활을 합니다.

문화적 차이는 어떻게 조율을 하시나요?

오츠카 데츠야 부부는 작은 세계 같아서 문화보다는 성향의 차이에서 더 영향을 받는 것 같습니다. 물론 살아온 환경으로 형성된 정서와 문화적 차이에서 오는 불편함이 있을 수 있지만 저에게 결혼은 다른 시각의 가치관을 받아들이며 세계관이 넓어지는 과정이었습니다. 갈등이 없는 완벽한 관계는 존재하지 않습니다. 반면 상대의 단점보다는 장점을 바라보는 방향으로 확장하면 성장하는 관계가 되지요.

이민선 창작자로서의 남편을 신뢰하고 존경하는 마음이 부부 사이로도 이어져요. 일을 하며 애정을 쌓아 온 관계라 저의 능력 안에서 남편의 재능을 더 펼쳐 낼 수 있는 방법과 고민을

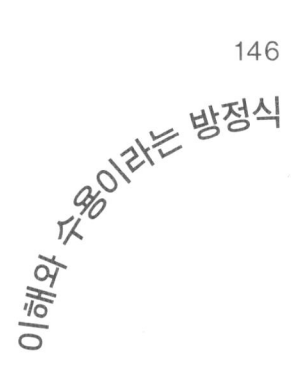

합니다. 여느 부부처럼 가사 일로 티격태격 할 때도 있지만 남편의 가장 큰 장점은 〈들어 주는 힘〉이에요. 남편에게 불만을 이야기하면 바로 시정하는 편이기도 하지만 일단 상대방의 이야기를 잘 들어 주는 면이 불만을 키우지 않는 좋은 태도 같습니다. 의견을 수용하는 것을 떠나 이야기를 들어 준다는 건 타인을 존중하고 수용하는 의미라고 생각해요.

언어의 차이로 오는 어려움은요?

이민선 모국어가 아니기에 간혹 세심한 표현까지 전달되지 않을 때도 있지만 오랜 일본 생활과 남편의 영향으로 일본어 사용이 편해요. 그래서 언어보다는 정서적인 차이를 더 느끼는 편이에요. 예를 들면 일본과 한국의 드라마 속 인물만 봐도 한국인은 감정 표현이 정확하고 확실하다면 일본인은 감정 표현이 다소 평탄하죠. 격앙된 상황에서도 말투가 조금 세다고 느낄 정도이지 폭발하듯 소리를 지르는 상황은 거의 본 적이 없어요. 그러니 제 목소리에 변화가 생기면 남편이 제 상태를 딱 알아채더라고요.

오츠카 데츠야 아내의 목소리 톤이 높아지고 빨라지는 순간이 〈바로 뭔가 잘못됐구나〉라고 알아챌 수 있는 신호죠. (웃음) 그럼 귀를 열고 겸허히 들을 준비를 합니다.

살아온 환경이나 라이프 스타일이 결과물에 미치는 영향이 있을 것 같습니다.

오츠카 데츠야 대학 때 전공이었던 불교학이 라이프 스타일과 지금의 일에 큰 영향을 줍니다. 주변의 흐름에 신경 쓰거나 좌우되지 않고 내면에 집중한다는 면에서 불교학은 저를

강하게 만들어 준 학문입니다. 반복과 숙달에서 오는 매너리즘에 관한 질문을 자주 받는데, 매일 같은 작업이지만 매일이 다릅니다. 파티시에는 반복 속에서도 다름이 있다는 그 작은 차이를 알아차리지 못하면 지속하기 어려운 〈직업군〉입니다. 체력적으로 힘에 부칠 때는 있지만 매일의 일이 지루하다고 생각한 적이 없고 수양과 같은 생활이 〈파티시에다움〉을 만들어 줍니다.

이민선 일반화하기는 조심스럽지만 유학 당시 일본에서 생활하면서 스스로에게 들었던 생각은 일본인의 신중함과 달리 한국인 특유의 과감한 실행력이 제 DNA에 각인되어 있다는 거였어요. 바로 고개만 돌려도 모든 게 완벽히 준비되어야 실행하는 남편과 달리 저는 민첩하게 실행하고 빠르게 수정하는 행동력이 있거든요. 맛을 완성하는 남편의 정교한 기술과 저의 적극적인 행동력을 기반으로 한 운영 방식이 메종엠오를 작지만 탄탄한 브랜드의 힘을 갖추게 한 요소인 것 같습니다.

파트너이자 동반자로서의 서로에 대해서 어떻게 생각하시는지 궁금해요.

이민선 객관적인 시각으로 어떤 성향인지 판단하고 자신이 잘할 수 있는 일과 교감을 한다는 점이 남편의 가장 큰 장점이에요. 잘할 수 없는 것을 무리해서 좇지 않는다는 것은 내면적인 부분을 성찰하고 장점을 키우려고 할 때 가능한 일이죠. 남편은 확실한 기준과 목표에 따라 움직여요. 새벽 5시에 일어나 하루를 준비하고 일정 외의 약속 역시 확실하게 지켜요. 남편의 삶을 옆에서 지켜보며 꾸준함의 힘을 생각해요.

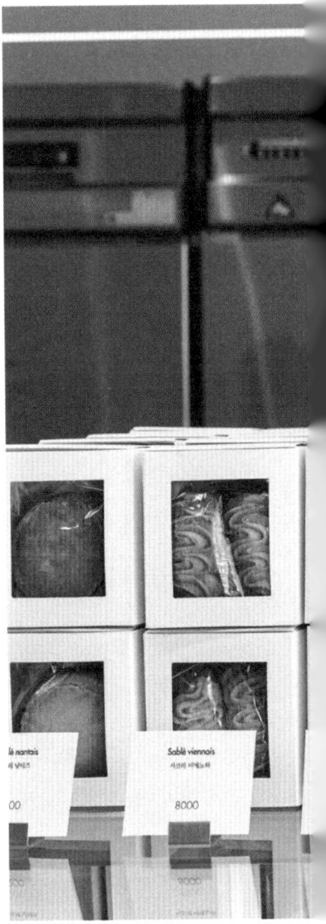

배를 채우기보다
마음을 채우기 위해
먹는 것이 디저트예요.
과자 한 조각으로
삶이 풍성해지는
경험을 제공할 수 있는
파티시에는 일상에
풍요를 더한다는 점에서
참 멋진 직업입니다.
— 이민선

Sablé passion yaourt
8300
Sablé au chocolat
7800
Sablé rose
7800
Tuiles aux pistaches
8600
Feuilleté fromage
7500

어떤 일을 잠깐 잘하는 것은 누구나 가능하지만 꾸준히 지속하는 건 다른 차원의 얘기죠. 반면 남편의 단점을 꼽자면 말수가 굉장히 적어요. 물론 저랑 있을 땐 말수가 많은 편인데 미팅이나 모임 등 외부적으로는 지나치게 과묵해져서 제가 해야 될 몫이 많아지거든요. (웃음)

오츠카 데츠야 파티시에의 역할 외에 메종엠오의 대부분 일은 아내가 맡아 오고 있다는 점에서 감사한 마음입니다. 아내가 한국 상황이나 문화, 그리고 언어가 익숙한 이유이기도 하죠. 우리가 일을 하고 살아가는 터전이 한국이 유일할 거라고는 생각하지 않습니다. 이후에 일본에서 제 2의 챕터를 열게 된다면 아내에 대한 감사함을 보답하게 되는 때가 오지 않을까요?

이민선 남편이기에 앞서 존경하는 셰프님과 같이 일할 수 있다는 게 정말 큰 영광이자 즐거움이에요. 동경제과학교를 졸업하고 운이 좋게 피에르에르메에 입사해 이 분야에서 손꼽는 멋지고 대단한 선배들과 일을 할 수 있었던 것도 좋았는데, 그중 한 분과 사업을 꾸려 나갈 수 있다는 것이 행복합니다. 덕분에 다양한 맛의 시도를 해볼 수 있었고 짧지 않은 시간에 메종엠오를 안정적으로 꾸려 갈 수 있어 즐겁습니다.

두 분의 일과가 궁금합니다.

오츠카 데츠야 매장을 운영하지 않는 월, 화, 수요일에는 운영을 위해 집중해야 되는 시간입니다. 시간을 두고 제품 개발과 연구를 하고요. 매장을 여는 목요일부터 일요일까지는 오전 5시에 출근해 매장 오픈을 위한 작업을 하죠. 일주일

단위의 일정은 꽤 단조롭지만 일과는 매우 촘촘합니다.

이민선 저는 월요일에서 수요일 사이 운영에 필요한 서류 작업을 몰아서 해요. 목요일부터 일요일까지는 남편과 함께 매장 운영 준비를 하죠. 매장 근처에 있는 제조실과 매장 사이를 이동하며 제품을 검수하고 직원 관리를 합니다. 매장을 열지 않는 날에도 온라인 판매 제품을 확인하거나 처리하는 일들이 있다 보니 일주일 동안 딱히 쉬는 날은 없어요. 막간을 이용해 산책이나 마실을 나가는 것이 외부 활동의 대부분이에요.

메종엠오를 지속 가능하게 만들기 위한 방법은 무엇일까요?

이민선 고객과의 접점 방식을 다양하게 확장해 왔어요. 초창기 고객과의 만남이나 커뮤니케이션의 창구가 본점 한 곳이었다면 백화점과 자사 몰, 그리고 마켓컬리 등의 온라인 채널로 대면과 비대면 방식의 다양화를 꾀하고 있어요. 지속 가능하도록 운영하기 위해서는 수익이 안정적으로 늘어야 해요. 제가 영화 일을 할 당시에는 열정 페이를 강요받는 분위기가 만연했었어요. 좋아하는 일을 위해 희생을 강요받는 상황을 부조리하게 생각했고요. 이후 일본으로 건너와 파티시에로 취업했을 때 가장 좋았던 점은 월급이나 휴가 등 노동의 가치를 제대로 인정하고 지급한다는 것이었어요. 메종엠오를 오픈하고 안정적인 수익을 기반으로 체계적인 운영을 갖추고 싶었던 이유도 함께하는 직원들에게 좋은 근무 환경을 제공하기 위해서였죠.

오츠카 데츠야 판매 방식을 변화하고 확장한 만큼 더욱 엄격하게 맛의 품질을 유지하는 것에 집중합니다. 더불어

위에서 언급한 것처럼 빵을 좋아하는 한국인의 기호를 고려한 구움 과자의 소개, 매장 진열 방식 등 제품을 보여 주는 방식에 많은 고민을 했습니다. 단순히 배를 채우기 위한 음식이 아닌 디저트의 특성상 오감을 자극할 수 있는 맛과 더불어 외적인 부분도 고객이 메종엠오를 꾸준히 찾도록 하는 요소니까요.

메종엠오의 앞으로 방향이나 계획이 궁금합니다.

이민선 일상에서 디저트가 주는 기쁨이 굉장히 큰 이유는 달콤한 맛이 주는 즐거움뿐만 아니라 공간과 서비스를 포함한 모든 경험이 설렘의 정서로 연결되기 때문이에요. 과자 가게에 문을 열고 들어와 쇼핑백을 들고 문을 나설 때까지의 두근거림이 굉장히 중요하다고 생각해요. 그래서 그 부분을 꾸준히 가다듬어 보고 싶어요. 더불어 앞으로도 외형적인 크기보다는 내적인 밀도를 높여 가고 싶고 이 부분이 곧 지속 가능한 브랜드와 연결된다고 생각해요. 과자를 만나는 즐거움을 다채롭게 경험할 수 있도록 협업 등의 기획도 방법 중 하나가 될 수 있겠죠. 고객 경험에 필요한 부분이라면 매장을 늘릴 수 있겠지만 저희가 중시하는 건 단순히 지점을 더 늘리는 것이 아닌 다채로운 경험을 위한 방법론입니다.

메종엠오

메종엠오는 피에르에르메 도쿄 지점에서 부부의 연을 맺은 오츠카 데츠야와 이민선 파티시에가 운영하는 파티스리이다. 메종엠오에서는 프랑스 전통 과자의 클래식한 레시피를 메종엠오만의 감성으로 풀어낸다.

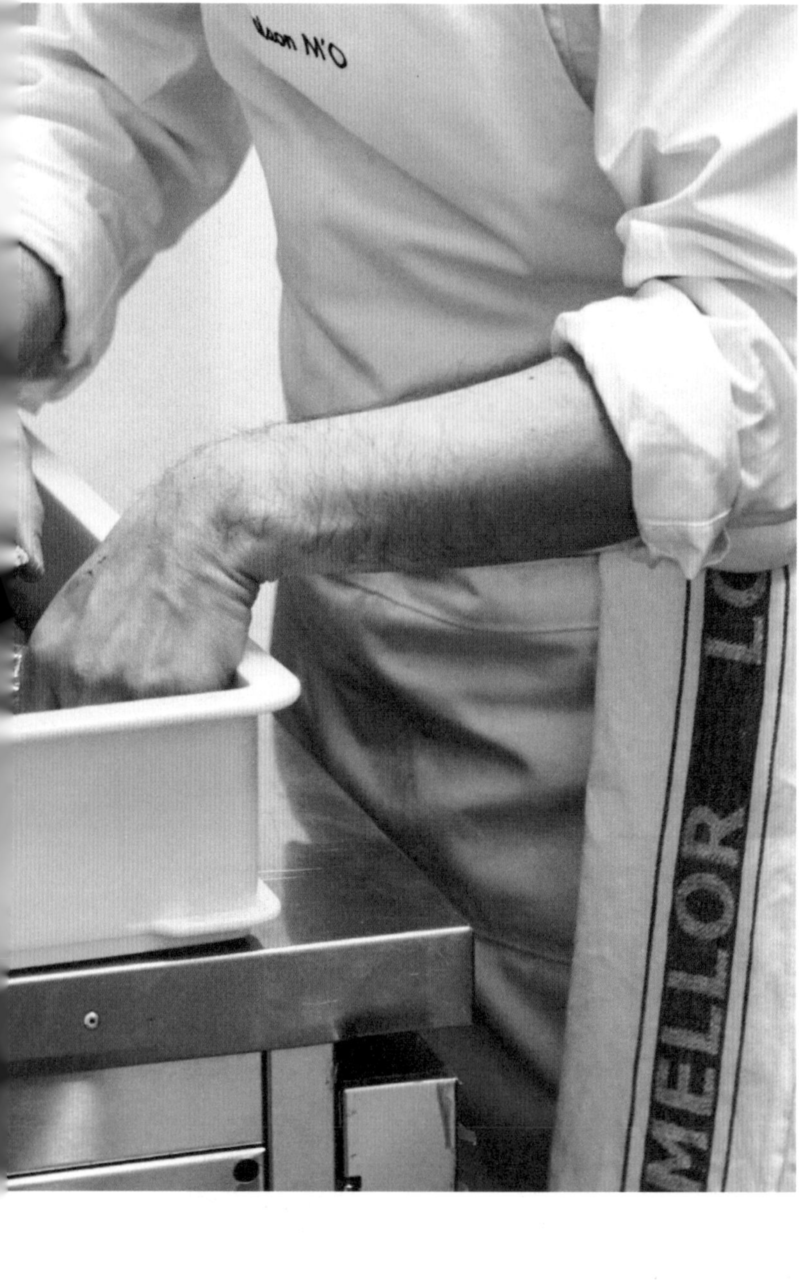
Maison M'O
MELLOR

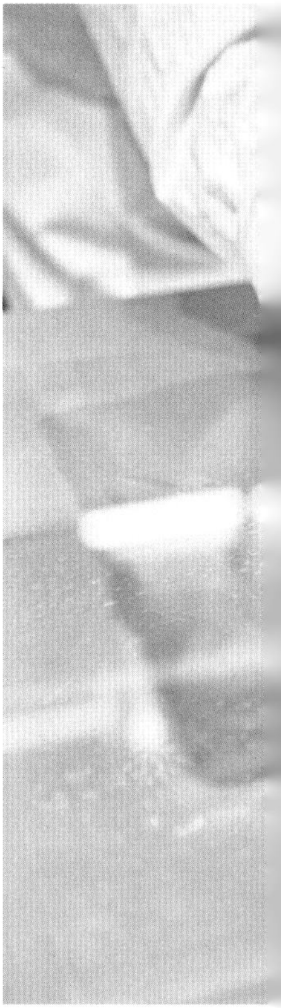

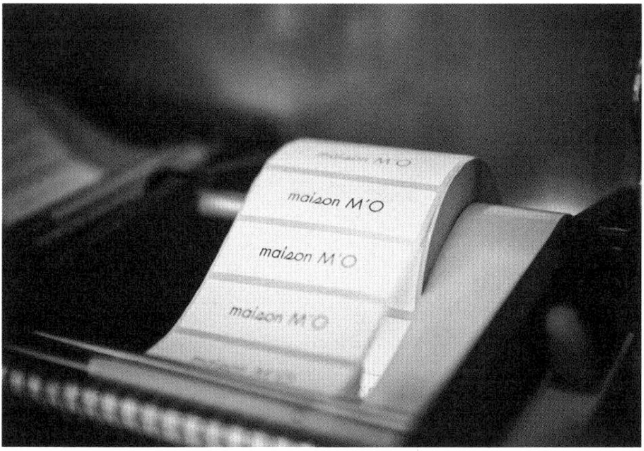
maison M'O
maison M'O
maison M'O

원오디너리맨션

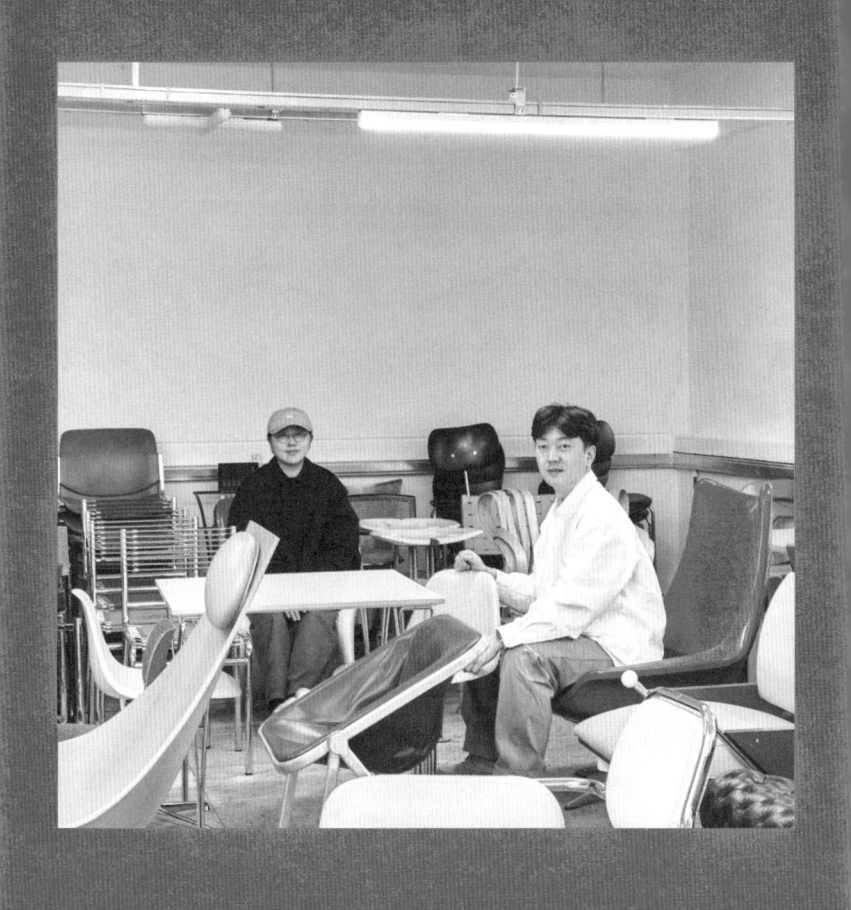

판매를 넘어
문화를 꿈꾼다

원오디너리맨션은 2세대 빈티지 가구 시장의 대표 주자로 손꼽힌다. 시장이 원하는 것을 정확히 알고, 더불어 시장과 타협하지 않는 취향을 적절하게 제시하는 균형이 돋보인다. 대중적인 빈티지 가구의 중심에 있던 북유럽 가구부터 하이엔드 빈티지 가구로 인도하는 이탈리아, 독일, 프랑스의 작품까지. 원오디너리맨션은 다채로운 제품군으로 확장해 가구가 삶에 더하는 긍정적 영향과 즐거움을 알리고 있다. 원오디너리맨션을 함께 운영하는 김성민, 이아영 듀오는 서로의 장점으로 각자의 단점을 보완하는 듀오의 좋은 사례이자 함께 일하는 부부의 파트너십을 엿볼 수 있는 표본이다. 영문학과와 전자 공학도 출신으로 각자의 필드에서 일을 하다가 〈빈티지〉라는 분야로 새로운 도전을 한 김성민, 이아영 듀오. 매년 유럽 전역을 돌며 트렌드를 수집하고 역사를 공부하는 둘의 치열한 노력은 순환의 의미를 확장하며 성숙한 빈티지 문화를 만들어 내고 있다.

김성민

이아영

새로운 교집합으로 들이 문법을 만들기까지

원오디너리맨션의 시작이 궁금합니다.

이아영 번역 대학원을 준비하며 진로를 고민하던 중 공부보다 사업을 좀 더 해보라는 가족의 조언에 마음이 기울었어요. 원오디너리맨션을 하기 전에는 영어 학원을 운영했었어요. 영어 개인 교습으로 인연을 맺은 한 교수님이 저의 수업 방식이 꽤 마음에 드셨는지 선뜻 사업 제안과 투자를 해서 시작한 일이었죠. 수익도 좋고 해서 보람도 있었지만 저를 끊임없이 소진하는 기분이었고, 〈남의 돈으로 사업하는 것은 쉽지 않다〉는 말을 실감했어요. 쉼이 필요해 학원 운영을 그만두고 프리랜서로 번역 일을 하며 대학원 진학을 고려했지만 결국 다시 사업에 촉수가 서더라고요. 아버지와 친오빠 모두 사업을 하는 집이라 사업 감각이 자연스레 각인된 것도 같고요. 그렇게 원오디너리맨션을 구상했고 〈킨다블루〉라는 카페 겸 디자인 편집 숍으로 출발했어요. 소소하게 하나둘 모은 빈티지 가구와 디자인 소품을 판매한 공간이었죠.

경력과 연결 고리가 없는 가구의 영역을 새로운 사업으로 결정한 이유가 있을까요?

이아영 남편과 제가 빈티지에 관심을 두게 된 건 20대 초반

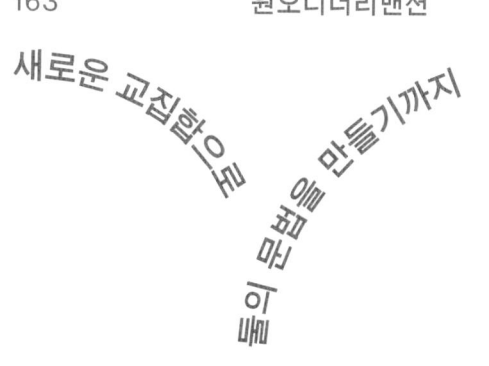

둘이 캐나다에서 유학하며 또래보다 빠르게 저희만의 공간을 마련했을 때였어요. 비교적 독립이 느린 한국 문화에서 20대 초반에 직접 쓸 가구를 선택하는 일이 흔하지 않잖아요. 교제 후 양가 부모님의 허락하에 함께 외국으로 건너가 빈티지나 중고 시장이 대중적으로 생활화된 환경에서 직접 가구를 사고 쓰면서 우리의 취향을 발견했거든요.

김성민 유학생들은 보통 싼 값에 부담 없이 쓸 수 있는 이케아 등의 조립 가구를 선호하거나 이전의 유학생이 쓰던 가구를 그대로 받아 쓰잖아요. 저희는 그렇게 사용하는 것이 싫었어요. 플리 마켓을 돌며 탁자와 의자, 조명등을 세심하게 골랐어요. 가볍게 쓰고 처분하게 될 물건이라도 매일 손에 닿고, 눈에 보이는 것을 대하는 마음이 달랐던 것 같아요. 현대에는 생산되지 않는, 쉽게 볼 수 없던 모양과 기능의 물건을 고르는 즐거움도 있었고요. 둘 다 본능적으로 새것보다 시간의 흔적과 온도가 담긴 물건에 가슴이 뛰는 취향의 교집합이 있어요.

이아영 취향이 사업으로 연결된 것은 친오빠의 역할도 컸어요. 덜컥 좋은 매장 자리를 계약해 이곳에서 너가 좋아하는 걸 해보라는 적극적인 독려와 지원이 단초였어요. 어렸을 적 우표 수집을 하거나 유학 시절 넉넉하지 않은 돈을 아껴 가며 빈티지 가구나 카메라를 모았던 제 취미와 수집욕이 타인의 시선으로도 사업 가능성이 보였나 봐요.

사업 초기에는 두 분이 함께 운영을 하지 않았던 것으로 알고 있어요.

이아영 당시 남편은 회사에 다녔고 제가 사업을 시작했지만 초기부터 둘의 취향을 켜켜이 쌓아 왔어요. 킨다블루라는 숍에

카페를 함께 운영했던 것은 로스팅 공부를 할 정도로 커피에 진심인 남편의 취향을 반영한 부분이 있거든요.

김성민 회사에서 퇴근하면 바로 매장으로 달려가 커피를 내리거나 로스팅을 하고, 매장 집기를 옮기는 등 일을 도와주었는데 회사 밖에서 새로운 활력소를 발견한 것처럼 매장에서 하는 일들에 행복을 느끼고 즐거웠던 시간이었어요. 아내도 저의 도움을 필요로 했기에 실제적으로는 둘이 운영하는 것과 다름없었죠.

이후 언제부터 본격적으로 두 분이 함께 사업을 하게 되었나요?

이아영 저희는 자연스럽게 함께 일을 할 수밖에 없는 상황으로 흘러왔어요. 가구업에는 크고 무거운 물건을 들고 나르는 일이 많아 물리적으로 힘이 센 남편에게 많이 의지했어요. 직원 한 명 없이 매장을 오픈하기 위해 무거운 가구를 옮기거나 높은 천장에 램프를 달고 배선하는 일, 배송 부피를 줄이기 위해 분리되어 배송된 가구 조립 등을 남편에게 부탁할 수밖에 없었거든요. 당시 회사에 다녔던 남편 입장에서는 당장 아내가 할 수 없는 부분이 눈에 보이니 업무를 마치면 자연스럽게 매장으로 달려왔고 점차 퇴근 후 함께하는 시간이 늘었죠. 남편이 워낙 손재주도 좋고 공대 출신이라 기기나 물건을 잘 다루거든요.

김성민 원오디너리맨션을 함께 운영하기 위해 회사를 그만둔 것보다는 시기가 잘 맞았던 것 같아요. 제 성향과 능력이 당시 직업과 잘 맞았지만 해외 발령으로 1년의 반 이상, 한국을 떠나 생활하는 삶이 이어지며 지치기도 했고, 회의감을 느껴 1년간

퇴직 계획을 잡고 있었어요. 사업 아이템을 찾고 고민하던 시기에 구조 조정이 있었고 희망퇴직으로 사업 자금을 마련할 수 있겠다는 판단에 회사 생활을 정리했죠. 제가 퇴사 후 다음 스텝을 준비하고 있다는 걸 알고 있는 아내가 함께 사업하는 쪽을 제안했어요. 퇴직금을 받아, 둘이 유럽 전역의 빈티지 가구 시장을 돌며 〈바잉〉의 수량과 범위를 키우고 넓혔어요.

서로 다른 영역에서 일을 하다 빈티지 가구를 매개체로 〈동반자〉에 〈동업자〉라는 관계가 더해졌네요.

이아영 고등학교 3학년 때부터 교제를 시작해 약 20년의 시간을 함께해 온 우리는 부부의 인연 이상의 서로에 대한 깊은 의리가 있어요. 제가 만족스러운 수입과 미래가 보장된 영어 강사라는 직업을 그만두고 원오디너리맨션을 만드는 시간까지 남편의 묵묵한 응원과 도움이 있었고, 저 역시 남편이 안정적인 직장을 퇴사할 수 있기까지 이해하고 독려했어요. 어쩌면 우리 둘은 회사에 묶여 있기에는 크리에이티브한 면이 강하다는 걸 서로 알았던 것 같아요. 그래서 서로를 응원할 수 있었고요.

원오디너리맨션이 고객층의 지지를 받는 이유는 대중성과 예술성을 넘나드는 가구의 선택 폭이라고 생각해요.

이아영 저희는 일상에서 쓰던 옛 물건인 〈세컨 핸즈〉의 애정으로 사업을 시작했어요. 확고한 철학이나 두터운 지식이 있는 빈티지 컬렉터로 출발하지 않았기 때문에 8년간 사업을 끌어오며 잦은 취향의 변화를 겪었어요. 저희야말로 대중에서 하이엔드 빈티지 가구 컬렉터로 확장된 취향을 보여 주는 바로미터라고 할 수 있죠. 처음 시작했을 땐 좋아하는

디자이너나 사조에 대한 개념이 없었고 그저 빈티지 무드가 좋았어요. 사업을 시작했을 때 제 나이가 30대라 이제 막 집 꾸미기에 관심을 둔 30대 여자를 페르소나로 잡고 가구를 셀렉했어요. 빈티지 가구 입문 단계에 적당한, 어떤 공간에 두어도 이질감이 없는 생활 가구가 주를 이뤘고 중간중간에 〈아이코닉〉하고 〈포토제닉〉한 가구를 섞었어요. 우리가 좋아하는 것들을 이른바 〈빌드 업〉 하는 시기였죠. 운영을 하면서 시간의 흐름이 스민 물건에서 한 발짝 더 나아가 심오하고 다양한 빈티지 가구의 세계를 알게 되었고, 하나의 〈피스〉에서 읽을 수 있는 디자인 역사에 매료되어 셀렉의 범위를 확장하고 있어요. 취향을 학습하다 보면 어떤 영역이든 자연스럽게 하이엔드 분야로 넘어가게 되는 것 같아요.

원오디너리맨션이라는 네이밍의 의미가 궁금해지는 대목입니다.

이아영 우리가 사업을 하기 전에 느꼈던 빈티지 가구의 이미지는 문턱이 높은 마니아층의 문화였어요. 그래서 부담스럽지 않게 문턱을 편안하게 넘어올 수 있는 수요층을 떠올렸죠. 우리처럼요. 위화감 없이 편안하게 빈티지에 다가갈 수 있는 그런 매장을 그림으로 그렸어요. 〈원 앤 온리〉 피스라는 특수성을 역설적으로 표현하는 〈어느 평범한 집〉이라는 원오디너리맨션이라는 이름을 붙인 이유예요.

역사성을 가진 피스에 관심을 두고, 공부를 더 하고 싶은 욕구가 생겼던 지점이 궁금해요.

이아영 가구 바잉을 위해 유럽 곳곳을 돌아다니면서 우리가

다루는 가구에서 현대 디자인을 이야기하는데 빼놓을 수 없는 역사성을 발견했고, 어느 순간 단순한 물건 이상으로 가구를 공부하고 싶은 욕구가 생겼어요. 가구 디자인에 담긴 디자인 사조가 건축과 음악, 문화 모든 방면에 영향력을 준다는 점이 동기 부여가 되었죠. 공부를 거듭하며 원오디너리맨션의 정체성을 중고 가구 유통 업체가 아닌 제대로 된 빈티지를 소개하고 취급하는 브랜드로 만들어 가겠다는 철학을 정립했어요.

김성민 둘 다 완벽주의 성향이 강한 데다 일에서 실수하거나 허점 보이는 걸 싫어해요. 이런 저희의 성격상 어떤 영역으로 사업을 했더라도 진지하게 바라보는 태도는 동일했을 거예요. 저희를 신뢰하고 찾는 고객이 늘어나며 일종의 책임감도 느꼈고요. 감도 높은 안목과 정확한 전문성으로 선택과 제안을 하는 것이 판매자로서 요구되는 우리의 역할이기 때문에 시대를 구분하거나, 진품과 복제품을 구분하는 법을 세심하게 공부했죠.

빈티지 가구를 진지하게 바라보는 태도와 더불어 원오디너리맨션의 철학을 정립하게 된 계기가 있을까요?

이아영 빈티지를 구매하는 이유는 각기 다양해요. 새것보다 상대적으로 저렴한 중고 가구로서, 또는 중고차 한 대 가격인 특정 생산 연도의 에디션을 소장하기 위해 선택하기도 해요. 판매자의 방향이나 목적이 고객이 그 브랜드를 찾는 이유가 되는데 처음 우리에게는 그 방향이 없었어요.
원오디너리맨션의 초창기 시절, 한 손님이 〈피에르잔느레〉 피스를 보유하고 있냐고 문의를 했어요. 가구에 조금이라도

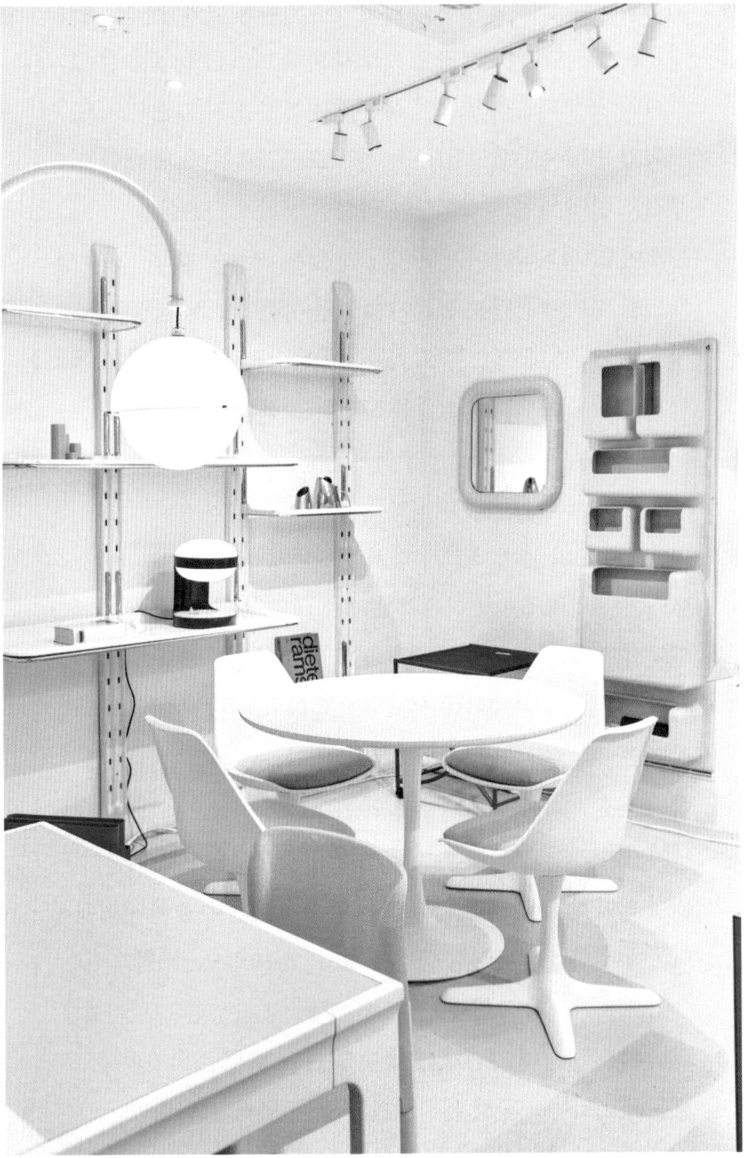

관심이 있는 사람에게는 (지금은 대중적으로도) 잘 알려진 이름이지만 당시에 제가 그 디자이너 이름도 알아듣지도 못할 정도로 무지했어요. 당황한 채로 대화를 마쳤는데 그날 밤 그 상황이 자꾸 떠올라 얼굴이 화끈해서 잠이 오지 않는 거예요. 저희가 빈티지를 팔고 있는지, 중고로 팔고 있는지에 대한 생각도 없이 일을 시작했다는 사실이 어쩐지 자존심이 상했어요. 시작하자마자 운이 좋게 많은 관심을 받았지만 운영 태도를 바꿔야 한다는 결심이 들었던 사건이었죠. 다양한 이유로 가구를 구매하는 고객들을 만나고 다채로운 〈니즈〉를 들으며 점차 브랜드의 철학을 고민하고 정립하게 되었어요.

주로 유럽으로 바잉을 가는 이유가 있을까요?

이아영 제2차 세계 대전과 나치 정권이 군림하며 바우하우스의 예술가들이 미국으로 이주하고 세계 대전 종료 후, 각국의 재건 의지와 함께 미국의 경제 호황과 맞물려 디자인 황금기가 시작되었어요. 1950년대 신소재 개발과 대량 생산 기법의 발달로 유럽 출신의 디자이너들이 이 디자인 황금기를 이끌었죠. 경제 호황으로 유럽의 가구들이 미국으로 많이 넘어가기도 했고요. 이후 미국 시장이 활기를 잃으며 매물이 많이 쏟아져 나왔어요. 간혹 같은 업종에 계신 분들이 저희에게 미국에서 한번에 다양한 물건을 살 수 있는데 고생스럽게 왜 유럽으로 가느냐고 하세요. 그런데 가구가 탄생한 그 나라를 직접 가보면 절대 그렇게 말할 수 없어요. 유럽은 국가마다 보유하고 있는 가구와 분위기가 정말 다 달라요. 국가별 스타일도 있지만 언어별로 묶인 취향이 있거든요. 예를 들어 스위스에서 프랑스어를 같이 쓰잖아요. 그럼 스위스에서

만나는 프랑스 취향은 또 색다른 거죠. 유럽 전역을 돌다 보면 갈 때마다 새로운 점을 발견하게 되어요.

빈티지 가구를 구입할 때 서로 다른 취향의 간극을 어떻게 조율하시나요?

이아영 제가 아름다움을 중점적으로 본다면 남편은 기능을 더 많이 생각해요. 남편이 손재주가 좋고 물건의 구성이나 조합을 저보다 더 잘 이해하기 때문에 기능이나 실용성을 보는 거죠. 새 제품과 달리 복원이나 수리가 필요한 빈티지 가구를 다루기 때문에 일상에서 사용 가능한 가구로서의 상태도 고려하고 예상해야 하거든요. 그런 면에서 저의 시각과 남편의 시각이 더해지면 다소 편협하거나 실패할 수 있는 선택을 줄일 수 있죠.

빈티지 시장이 대중화되며 급격하게 늘어난 업체들 사이에서 판매 방식이나 방향도 고민되었을 것 같아요. 이런 흐름에서 원오디너리맨션은 〈판매〉에서 〈문화〉로 빈티지 시장을 바라보는 관점을 바꾸는 느낌이고요.

이아영 원오디너리맨션이 초창기 많은 사랑을 받았던 것은 일반 가정집에서 쉽게 연출할 수 있는 피스들로 다소 폐쇄적이었던 빈티지 시장의 문턱을 낮췄던 이유였어요. 이 산업이 대중의 눈높이로 올라오며 불과 몇 년 사이에 급격히 늘어난 빈티지 가구 유통 업체들 사이에서 경쟁적으로 비슷한 상품군을 판매하는 분위기가 조성됐어요. 〈원 앤 온리〉 피스라는 빈티지 특성상 지금 바로 내 것이 되지 않으면 다른 사람의 것이 되어 버린다는 심리가 시장에 반영되기도 했고요. 결국 의자 하나를 구매하기 위해 단 한 시간도 고민도 할 수

없을 정도로 시장이 과열되었어요. 지금은 보통의 운영 방식으로 자리 잡았지만, 운영 초기에 일부 불만을 들었던 원오디너리맨션의 예약 방문 방침 역시 충분히 가구를 사유하고 선택할 수 있는 고객의 시간을 보장하기 위한 방법이에요. 당장 필요하지 않은 가구를 충동구매하거나 들여온 특정 피스를 먼저 선점하기 위한 일종의 경쟁으로 번지지 않도록요.

김성민 몇 년간 굴곡진 일련의 흐름을 겪으며 빈티지 가구 문화가 성숙하게 뿌리내리는 데 중점을 두고 싶은 생각이 커지더라고요. 판매를 넘어 문화를 만들고 싶어요. 심도 있는 공부와 다채로운 방식으로 빈티지를 제대로 소개하는 방향을 차근차근 그려 가고 있어요.

순환의 가구, 순환의 문화로 이야기하는 빈티지

원오디너리맨션을 중심으로 사업 영역이 다채롭게 확장되었어요.

이아영 가장 큰 변화는 아파트먼트풀이라는 이름의 서비스가 생겼다는 거예요. 원오디너리맨션이 컬렉션을 소개하고 판매하는 게 목적이었다면 아파트먼트풀은 〈경험〉을 목적으로 하는 서비스예요. 가구를 소장하지 않고 경험하는 단계에 관한 고민의 결과인데 전시, 대여, 스테이 등을 통해 빈티지 감각을

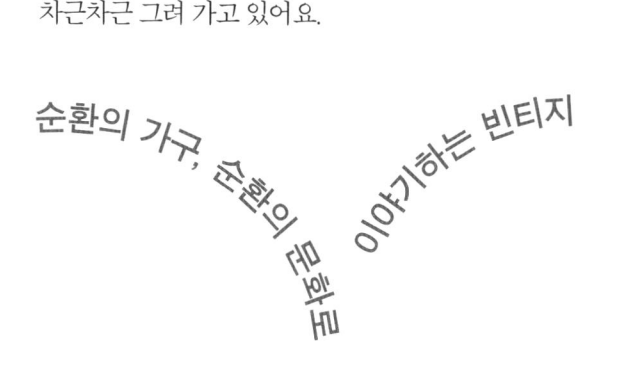

느끼고 경험하는 쪽으로 기획하고 있어요.

판매와 렌털용 가구를 별도로 구분하시나요?

이아영 아파트먼트풀에서 전시와 대여로 선보이는 가구는 저희의 개인 소장용 피스가 대부분이라 보물 창고 개방의 개념으로 설명할 수 있어요. 가구 〈바잉〉을 하며 역사적인 가치를 담거나 앞으로 다시 만나기 힘들 것 같은 가구는 차마 팔지 못하고 보관해 두었거든요. 몇 년간 쌓인 아름다운 가구가 빛을 못 보고 창고에만 있기엔 아까워 다수가 공유할 수 있는 방법을 모색했고 멤버십 형태로 제한적인 기간 동안 경험할 수 있는 서비스로 연결했어요. 더불어 위탁 서비스도 진행하고 있어요. 쇼룸이나 팝업 등 단기적으로 감각 있는 가구 피스가 필요한 분들이 원오디너리맨션에서 구입하고 행사 종료 후에 다시 저희 쪽으로 판매 문의를 해오는 사례가 늘었어요. 따라서 〈리유즈〉와 〈리사이클〉의 개념을 담은 위탁 서비스는 자연스러운 수순이었어요. 이제 순환의 개념을 스테이로 확장하려고 준비 중이에요.

스테이는 어떤 방식일까요?

이아영 공간이 곧 여행의 목적이 되는 숙소가 있잖아요. 아직 한국에는 관광보다는 감각적인 공간에서의 휴식을 선호하는 여행객을 위한 스테이가 없더라고요. 가구 컬렉터의 성지로 여겨지는 코펜하겐의 알렉산드라 호텔은 각각의 방을 저명한 디자이너의 가구로 채우고 방 번호 대신 그들의 이름을 사용했어요. 그 콘셉트처럼 빈티지 가구를 경험할 수 있는 공간을 기획하고 싶었어요. 시즌마다 공간을 바꿔 주면 한 번의

판매를 넘어 문화를 만들고 싶어요. 심도 있는 공부와 다채로운 방식으로 빈티지를 제대로 소개하는 방향을 차근차근 그려 가고 있어요.

— 김성민

경험으로 끝나지 않고, 또 다른 이야기가 시작되거든요. 현재 진행 중인 한국의 첫 번째 스테이를 필두로 파리, 도쿄 등 세계의 랜드마크가 되는 곳으로 경험을 확장하는 것이 계획이에요.

2022년 처음으로 선보인 서울 빈티지 페어를 주최하고 주관한 계기와 스토리가 궁금해요.

이아영 빈티지의 의미는 결국 〈순환의 문화〉를 다양하게 경험하기 위한 일환으로 모아져요. 순환의 개념을 가구에서 패션과 소품으로 확장하고 빈티지를 사랑하는 다양한 사람들과 만나고 싶은 마음에 다채로운 영역의 빈티지 셀러를 모집했어요. 가구를 다루고 있는 저희가 다른 카테고리의 빈티지 판매자를 만나는 것 자체가 자극이 되는 경험이었죠. 서울 빈티지 페어가 열렸던 아파트먼트풀은 〈성수동〉이라는 젊은 감각의 장소성이 더해졌고, 또 다채로운 카테고리의 빈티지 취향을 공유하는 행사가 되어 참 좋았어요.

김성민 빈티지 티셔츠와 소품을 고르고 있는 20대부터 빈티지 가구를 매만지고 살펴보는 60대까지 다양한 세대가 어우러져 하나의 문화를 즐기는 풍경이 빈티지의 힘이라는 걸 보여 준 행사였어요.

빈티지 가구의 〈판매자〉에서 빈티지 문화의 〈소개자〉로, 추구하는 역할이 더 확장된 느낌이 들어요.

이아영 아파트먼트풀을 준비하면서 지금이야말로 콘텐츠에 집중해야 할 단계라고 생각했어요. 빈티지 가구 문화가 성숙하게 뿌리내렸으면 하는 바람, 수많은 빈티지의 업체

속에서 우리가 지녀야 할 경쟁력과 역할에 대한 고민이 현재 우리가 진행하는 일로 하나둘씩 표현되고 있어요. 소셜 미디어 속에서 빠르게 소비되고 휘발되어 어느 순간 트렌드의 흐름에서 〈지난 유행〉이 되어 버리는 피스를 보면 아쉬워요. 오래 두고 사용할수록 아름다움의 가치를 발견하는 것, 알면 알수록 재미있는 빈티지 가구의 세계를 세련된 방식으로 소개하고 싶어요. 확고한 철학이나 배경 지식 없이 꾸준한 공부와 시행착오를 겪으며 안목과 취향을 만들어 온 저희가 할 수 있는 역할이지 않을까요.

텍스트보다는 이미지가 중심인 시대에 어떤 방법으로 콘텐츠를 생산하고 계신가요?

이아영 어렵고 낯선 것도 쉽고 익숙한 주제로 이야기하면 관심이 가죠. 직접적으로 빈티지의 역사, 빈티지 가구의 특징을 설명하는 콘텐츠보다는 인문학을 기반으로 한 콘텐츠를 지향해요. 예를 들어 영화 「카모메 식당」에서 만나 볼 수 있는 가구로 핀란드의 건축가이자 디자이너 알바 알토를 소개하는 거예요. 혹은 대중 매체를 통해 우리에게 친숙한 배우가 집에서 사용하는 가구를 설명하기도 하죠. 다소 어렵게 느껴지는 빈티지에 관한 원론적인 내용으로는 이제 막 빈티지 가구에 관심을 둔 분들의 시선을 잡기 어렵고, 간결하게 핵심을 짚는 최근 콘텐츠의 흐름으로 담아내고자 해요.

순환의 개념에서 확장하게 될 또 다른 스텝은 무엇일까요?

이아영 최근 몇 년 사이 중고 제품, 2차 마켓 플랫폼 서비스가

많이 생겼어요. 빈티지 가구 시장 역시 2차 마켓 플랫폼의 요구가 높아 우리도 이 시장을 다채로운 방식으로 시도하고 있어요. 핵심은 〈우리가 어떤 운영 방식을 취할 것인가〉예요. 최근 이슈인 두 개의 중고 마켓 플랫폼을 예로 들자면 구매자 간의 연결을 목적으로 하는 〈당근〉과 제품의 상태와 진품 여부를 가려 주는 〈크림〉이 있어요. 저희가 추구하는 방식은 크림에 가까워요. 오리지널리티 여부와 가구 상태에 따라 그 가치가 민감하게 달라지는 빈티지 가구는 구매자 스스로 가치를 판단하기 힘든 영역이에요. 그런 관점에서 정말 다양한 빈티지 가구를 접하고 공부해 온 우리가 도움이 되고 또 잘할 수 있는 분야라고 자부해요. 주변에서도 심심치 않게 판매자 말만 듣고 가구를 구입했다가 속앓이를 한 분들의 사례를 보며 빈티지를 제대로 읽어 줄 2차 마켓 플랫폼 서비스의 필요성을 느끼고 준비 중이에요.

지속 가능함을 위한 진중하지만 가벼운 〈발맞춤〉

듀오에서 시작해 꽤 많은 직원을 둔 회사로 성장했어요. 그 시간 동안 업무 분장이나 역할 분담이 명확해졌을 것 같아요.

김성민 듀오로 시작해 팀이 꾸려지기까지 약 8년의 시간은

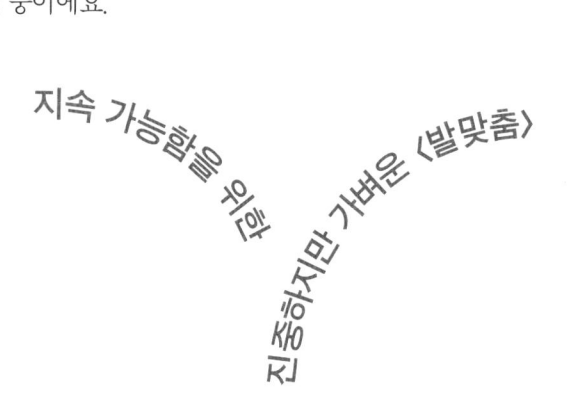

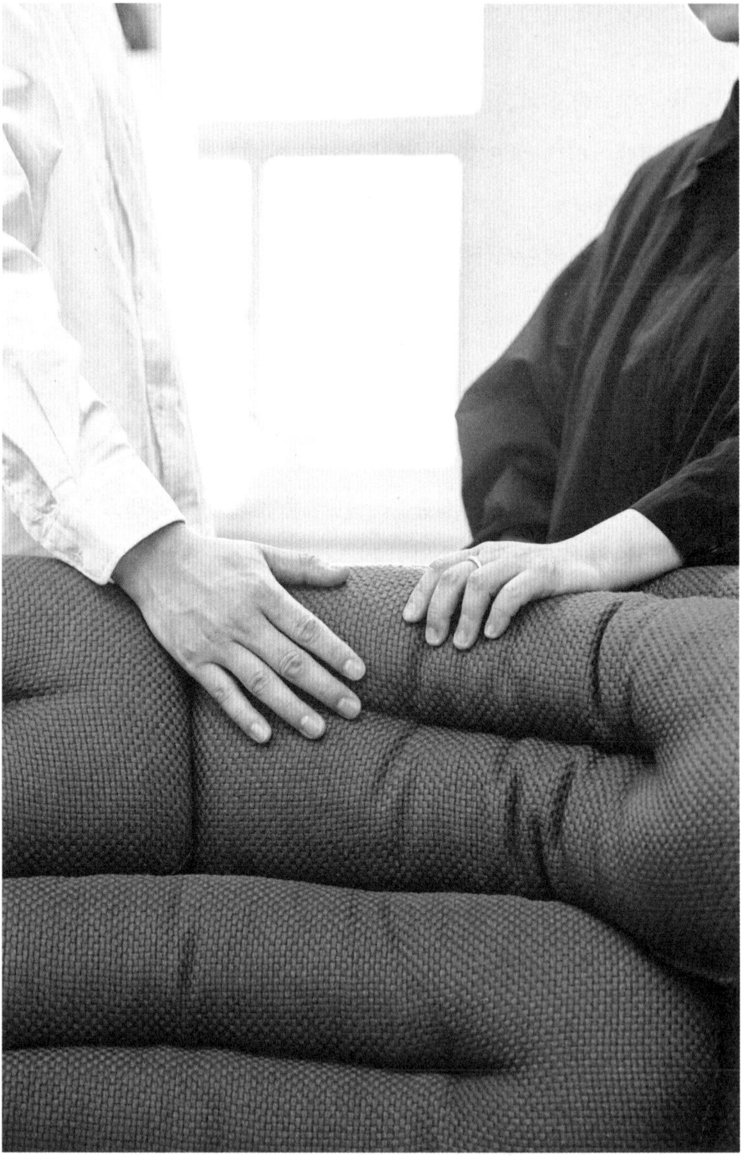

효율적으로 업무를 분리하고 조직하는 시간이나 다름없었어요. 아내가 가구 큐레이션과 콘텐츠 팀으로 세분화된 조직의 전반적인 업무를 이끌고 저는 수입과 회계, 그리고 가구 복원하는 팀을 관리하고 있어요. 아내가 브랜드의 색을 만드는 〈크리에이티브〉한 영역을, 제가 브랜드를 매끄럽게 굴리는 운영을 담당하는 것이 서로의 능력과 성향, 그리고 회사의 성장을 위한 역할로 잘 맞아요. 각자의 능력에 집중하는 방식이죠.

초창기에 직접 가구를 복원하는 〈리스톨링〉을 하셨던 것으로 알고 있어요.

김성민 생활 가구와 수집용 가구는 구분이 되어야 할 필요가 있어요. 가구 수리이자 복원인 리스톨링은 전 세계 빈티지 매장에서 모두 진행하는 절차예요. 리스톨링이 필요한 이유는 가구의 생명, 즉 지속력이에요. 가구 표면에 난 상처를 치료하지 않은 상태로 사용하면 상처가 더 깊어지고 어느 순간 되돌리기 힘든 상태가 되죠. 원오디너리맨션 가구의 대부분이 생활 가구로 판매가 되기 때문에 제가 직접 리스톨링을 배우고 적용해야 했어요. 가구 복원의 명장을 수소문하고 찾아가 하나하나 부딪혀 가면서 배우거나 외국의 사례를 수집해 적용하기도 했고요. 지금은 전문가 인력으로 꾸려진 시스템으로 확장되었어요.

이아영 생활의 흔적이 빈티지의 매력이지만 관리 없이 순환의 역사를 이어 나갈 수 없어요. 일상과 오래 함께하려면 하드웨어의 부실에서 비롯되는 불편함은 개선해야 해요. 기능의 측면에서 살펴보았을 때 생활에서 불편 없이 사용할 수

있을 만한 상태로 올려놓는 작업까지를 복원의 기준으로 두고 있어요. 생활과 역사의 흔적까지 수용하는 수집용 가구와 생활 가구를 구분할 필요가 있다는 말은 이런 의미예요.

부부 사이에 동업을 하려면 서로 깊은 신뢰가 있어야 할 것 같아요.

김성민 저희는 반대로 신뢰가 깊어서 문제가 있던 쪽이에요. 둘 다 완벽주의 성향이라 서로 기대하는 만큼 해주겠다는 믿음이 있는데 기대에 못 미칠 때 잡음이 생겼죠. 지금은 역할이 분리되어 애매한 부분이 없는데 처음에는 서로를 지나치게 신뢰하며 벌어지는 문제 때문에 다투고 또 적응하면서 역할을 분담하기까지 약 5년 정도 걸렸어요.

성향의 다름 때문에 생기는 갈등도 있을 것 같아요.

이아영 저는 못다 한 업무를 집으로 끌고 들어와 마무리하는 스타일이에요. 반면 회사 생활을 오래 했던 남편은 매장 문을 닫고 집으로 들어오는 순간, 업무 스위치를 딱 꺼버려요. 저는 옷도 못 갈아입은 채 컴퓨터를 붙잡고 있는데 안마 의자에 앉아 유튜브를 보고 있는 남편을 보면 속이 막 부글부글한 거죠. (웃음) 둘이 사업을 끌어가던 초기에는 업무 분장에 대한 개념 없이 해결해야 하는 문제를 함께 달려들어 해결해야 했으니 당연히 누려야 할 개인의 쉼마저 얄밉게 보일 정도로 여유가 없었어요. 회사가 점차 조직의 틀을 갖추고 각자의 역할이 분리되니 갈등이 줄었어요. 각자 잘하는 것도 분명하고 또 각자의 업무가 있으니 서운한 부분이 자연스레 사라진 거죠.

반면 성향이 달라 서로 보완되는 점이 있다면요?

이아영 지난 시간을 되돌아보면 회사나 사업 부분을 확장하는 등의 중요도가 높은 결정은 남편의 의견이 늘 맞았어요. 저는 아이디어와 의견이 많은 사람이라 남편에게 열 가지 얘기를 하면 아홉 가지는 묵묵히 내 의견에 따라 줘요. 그런 남편이 분명히 짚고 넘어가야 한다며 강력하게 목소리를 높이는 부분이 있거든요. 그 부분에 대해서 제가 100퍼센트 남편의 선택을 믿고 따라요. 제가 보지 못한 부분을 볼 수 있는 사람이라는 믿음이 있어요.

하루의 긴 시간을 함께 보내는 장단점이 있을까요?

이아영 카페 겸 라이프 스타일 편집 숍 킨다블루를 운영할 때는 제가 무척 속상한 일이 있으면 남편에게 위로를 받을 수 있었어요. 남편에게 툭 털어놓으면 피곤하고 우울한 감정이 상쇄되었어요. 그런데 회사의 대부분을 공유하는 동업자 사이에서는 안 좋은 일을 겪게 되면 서로 위로해 줄 수 있는 여유가 생기지 않더라고요. 안 좋은 일이 있던 어느 날, 퇴근길의 차에서 서로 아무 말 없이 집으로 돌아가는데 문득 마음이 힘들고 서로가 안쓰럽더라고요. 같이 일하는 부부의 어려움인 것 같아요. 좋은 일이 있을 땐 막 좋다가도 힘들 때 서로 보듬어 줄 마음의 여유가 동시에 당기지가 않으니까요.

김성민 부부끼리 일하는 분들과 미팅 등의 업무로 대화를 나누다 보면 어떤 감정을 겪고 있다는 것이 보이고 또 우리의 모습이 겹쳐져 측은하고 또 안쓰러운 기분도 들어요. 그래서 부부가 함께 일하는 분들과는 협업을 할 때도 더 잘해 드리고 싶은 마음과 위안을 주고받는 것 같아요.

일과 일상을 균형을 어떻게 지켜 나가고 계신가요?

이아영 균형이라는 건 없는 것 같아요. 일을 무척이나 좋아해서 일의 성취로 지금까지 달려왔어요. 근데 문득 쉼 없이 달려온 지난 8년을 뒤돌아보니 우리의 삶이 너무 초라한 거예요. 개인의 삶 없이 우리에게 남은 것은 일의 성과뿐이더라고요. 매장은 아름다운 가구로 즐비한데 우리 집에는 편히 누워 쉴 수 있는 제대로 된 소파 하나 없고 건강은 나빠져 이제 조금 여유 있는 자세로 우리의 삶과 건강을 돌보려고 해요. 일주일에 이틀은 꼭 쉬어 가자, 쉴 땐 생각의 끈을 딱 놓아 버리자는 식으로 라이프 스타일을 재정비하고 있어요. 사랑하는 일을 지속 가능하게 유지하려면 우리의 일상도 중요하니까요.

김성민 원오디너리맨션에서 아파트먼트풀까지 다채로운 사업을 전개하며 대중의 관심을 물론 매출로 보이는 성과는 있었지만 건강이 조금 안 좋아지면서 일과 삶에 대한 생각을 해보게 되었어요. 우리가 잠시 멈추고 갈 수 있을 만큼의 사업 영역을 넘어선 것 같아요. 그래서 우리만의 챕터를 나눠서 가고 싶은 생각이 많이 들어요. 사랑하는 일과 개인의 삶을 지속 가능하게 하는 방법에 대해서요.

두 분이 공유하는 일과 삶의 목표가 있을까요?

이아영 우리의 궁극적인 목표는 아파트먼트풀의 성장에 따라 원오디너리맨션의 규모는 점차 줄이는 것이에요. 원오디너리맨션은 우리의 내면이 100퍼센트 투영된 회사예요. 애착이 큰 브랜드죠. 아파트먼트풀을 구상한 이유도 원오디너리맨션을 좀 더 안정적으로 운영할 수 있는 사업체를 염두했기 때문이었어요. 아파트먼트풀의 좋은 서비스로 탄탄한

자금력이 마련되면 트렌드와 운영 상황에 타협하지 않고 타락하지 않는 우리 취향을 고수해 나가고 싶어요.

김성민 원오디너리맨션은 매년 두 배씩 성장해 왔어요. 그런데 회사 규모가 커질수록 저희의 행복 지수는 두 배씩 줄어들었어요. 커진 규모만큼 필요한 인력과 매장을 채워야 할 물건들이 늘어나고 빠르게 팔리면 팔릴수록 우리가 소진되는 기분이었어요. 행복하게 일할 수 있는 방법을 고민할 수밖에 없었죠.

이아영 원오디너리맨션은 지금 매장의 반, 그리고 또 반으로 줄여 나가는 것이 꿈이에요. 진정성 있는 취향을 공유하는 것이 얼마나 어려운 일인지 알아 버렸죠. 어느 파리 골목에서 그림과 가구 수가 10개를 넘지 않는 빈티지 숍을 발견한 적이 있어요. 수는 적지만 그림과 가구 하나 하나에 담긴 취향과 고민의 흔적이 감동을 주었던 밀도 높은 숍이였죠. 원오디너리맨션의 시작을 떠올리게 한 공간이었어요. 주인의 취향이 명확하게 담긴 파리의 작은 숍처럼 10년 후에도 꾸준히 좋아하는 일에 집중할 수 있는 방법을 모색하고 싶어요.

원오디너리맨션

원오디너리맨션을 운영하는 이아영과 김성민 듀오는 한국 빈티지 시장의 세대교체와 대중화라는 성과를 만들었다. 원오디너리맨션에 이어 론칭한 아파트먼트풀은 가치 있는 빈티지 컬렉션을 전시한다. 아울러 순환의 의미를 확장한 렌털 서비스도 선보이고 있다.

빈티지의 의미는 결국
〈순환의 문화〉를
다양하게 경험하기 위한
일환으로 모아져요.
— 이아영

바래

BARE is Duality

한국의 건축계에서 바래는 굉장히 특별한 케이스이다. 우선 이들의 대표작은 주로 미술관이나 비엔날레 같은 전시장에서 만날 수 있다. 건축은 건물로만 존재하지 않으며 전시와 설치가 되기도, 한 장의 연구 결과 보고서가 되기도 한다. 리서치와 실천, 디자인과 메이킹, 가상과 실재, 물질과 디지털처럼 서로 다른 개념을 오가며 시대의 요구에 맞게 건축과 건축가의 역할을 확장하고 지속 가능성을 탐구한 결과이다. 영국의 AA 건축학교Architectural Association School of Architecture에서 만난 전진홍, 최윤희 두 건축가가 해외에서 실무 경험을 쌓고 다시 한국에 돌아와 바래라는 이름의 건축 스튜디오를 만들기까지. 이들은 서로 다른 성향을 존중하며, 마치 캐치볼을 하듯 주고받는 대화를 통해 작은 씨앗을 커다란 실체로 키우는 협업의 원칙과 실천을 확인할 수 있었다. 그렇게 10여 년이 흐른 지금, 바래가 만든 건축적 풍경은 그 어느 때보다 가볍고 똑똑하며 생명력이 넘친다.

전진홍

최윤희

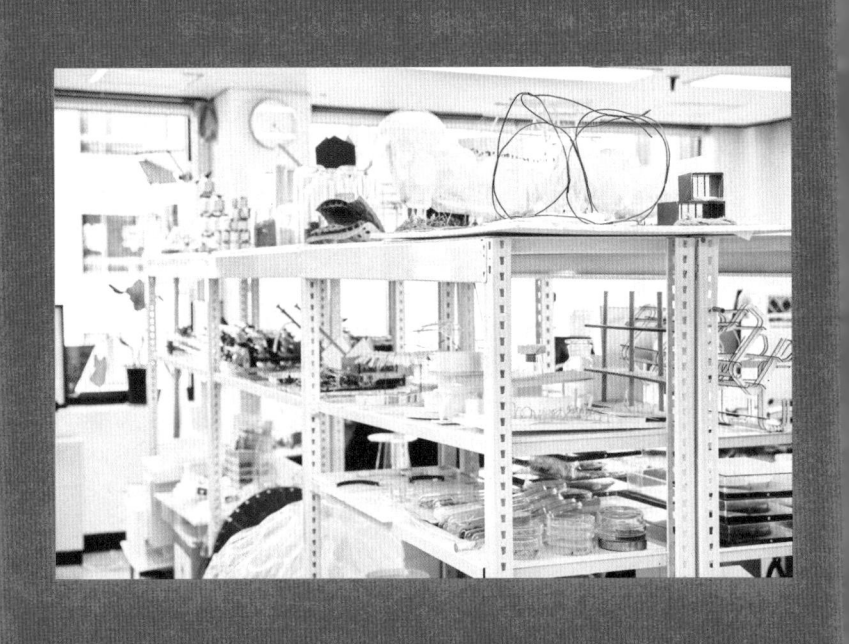

건축가의 역할 선택하기

바래는 리서치를 기반으로 작업하는 건축가로 알려져 있어요. 좀 더 구체적인 설명을 듣고 싶은데요.

전진홍 저희는 건축도 사람들과 소통할 수 있는 하나의 매체라고 생각해요. 그러나 우리나라 풍토에서는 〈건축〉과 〈건물〉을 같은 개념으로 봅니다. 무엇이 〈건물〉이고 또 무엇이 〈건축〉인지, 그 기준이 올바로 서지 않았기 때문이죠. 건물과 달리 건축에는 단순한 용도, 기능 이상의 무엇이 담겨 있어야 하는데 그게 바로 〈생각〉이에요. 생각이 담겨 있어야 소통할 수 있으니까요. 바래의 작업은 리서치와 인스톨레이션, 그리고 프로젝트 순으로 발전하는데 리서치 단계에서 이러한 생각의 힘을 키워요.

최윤희 바래BARE를 설명하는 문구 〈Bureau of Architecture, Research & Environment〉 자체가 건축을 중심으로 하되 우리가 만드는 게 무엇이고, 우리의 행위가 환경에 어떠한 영향을 미치는지 고민해 보자는 의미가 담겨 있어요. 저희에게 있어 건축은 〈어떻게 지을 것인가?〉가 아닌 〈왜 짓는가?〉를 고민하는 일에 더 가까워요. 〈어떻게〉가 아닌, 〈왜〉를 생각하죠. 우리가 왜 이걸 해야 하는지, 또 한다면 어떤 의미가 있는지 스스로 이해할 수 있는 이유를 찾는 게 더 중요해요. 일단 만들면 그걸 만든 사람으로서 책임이 있으니까요. 특히 지금은

그 어느 때보다 인류가 맞이한 환경적 위기에 대한 의식이 고취되는 상황이잖아요. 단순히 건물을 짓는 것으로 끝내는 게 아니라 건축물의 생애 주기에 관한 이해를 바탕으로 어떻게 잘 사라지게 할지 그 죽음까지 고민해야 한다고 생각해요.

우리가 일반적으로 생각하는 건축, 건축가의 시점과 다르군요.

전진홍 건축가로서 하는 〈어떻게 잘 만들 것인가?〉, 그리고 〈잘 사용할 것인가?〉에 대한 고민은 비단 저희뿐만 아니라 많은 분들이 이미 잘하고 계시니까요. 저희는 상대적으로 조명받지 못했지만 변화하는 사회가 필요로 하는, 또 개인적으로 관심이 가면서도 더 많은 사람들과 함께 고민을 나눌 수 있는 부분을 능동적으로 찾으려고 합니다. 그런 측면에서 건축의 〈시간성〉에 대해 좀 더 탐구하려 하고요. 도시는 무한대로 팽창할 수 없기 때문에 단순히 건물을 짓는 일, 공간을 생성하는 일뿐만 아니라 죽음, 소멸까지 이르는 건축의 생애 주기를 고려해야 해요. 흔히 건축이라 하면 커다란 바위처럼 한곳에 오래도록 존재하는 영속적이고 기념비적인 무엇을 떠올리잖아요. 하지만 동시대적으로 접근한다면 짧은 기간, 존재했다가 사라지는 건축도 가능해요. 굉장히 저렴한 재료를 써서 한번 짓고 폐기한다는 게 아니라, 처음부터 잘 만들어서 재활용·재사용 방법을 고민해야 하죠.

최윤희 건물을 짓기 위해서는 많은 자본과 장기간의 노동력이 필요해요. 그 어느 때보다 빠르게 변화하는 현대 사회와 호흡하기엔 태생적으로 불가능한 구조죠. 그런 의미에서 저희가 파빌리온 같은 임시 구조물, 변형과 이동이 쉬운 설치

기반의 작업을 하는 이유 역시 건축의 생산과 경험에 이러한 동시대성을 담아내기 위해서라고 할 수 있어요.

바래의 프로젝트 중에서 예를 든다면 어떤 것이 있을까요?

최윤희 저는 한국과학기술원KAIST과 함께 개발한 조립식 이동형 음압 병동Mobile Clinic Module 〈에어빔 파빌리온AirBeam Pavilion〉이 기억에 남아요. 〈에어빔〉에 공기를 채워 넣으면 단시간에 실내 체육관 크기의 공간을 구축할 수 있기 때문에 코로나19와 같은 감염병 재난 상황에서 각종 설비와 병실을 외부로부터 보호하는 동시에 구조체 역할을 할 수 있었어요. 실제로 2020년 연말, 굉장히 빠듯한 일정이었음에도 이틀에 걸친 짧은 시간 동안 설치를 마치고 6개월가량 시범 운영을 하면서 임시 병동으로 인증받기도 했습니다. 코로나19에 대응하는 사회적 결과물로서 소기의 목적을 달성한 것이죠. 우리의 작업이 미술관, 전시장을 떠나 실생활에서 작동한 사례이기 때문에 더욱 의미 있었어요.

전진홍 바래의 개인전 「어셈블리 오브 에어Assembly of Air」(팩토리2, 2021)에서 선보인 〈에어 빈Air Bean〉 역시 대표적인 작업으로 현재 국립현대미술관에 소장되어 있어요. 2016년에 제작했던 임시 구조물 〈에어 캡 파빌리온Air Cap Pavilion〉의 건축 모듈인 〈에어 캡Air Cap〉 100개를 결합시켜 사람들이 앉고 누울 수 있는 구조체로 만든 것이죠. 에어 캡 자체가 재난 시 머리를 보호할 수 있는 모자이자, 평상시에는 파우치, 가방, 방석 등으로 사용할 수 있는 하나의 제품이에요. 최소 단위를 필요에 따라 다양하게 결합해 벤치, 침대 등의

가구와 보호소와 같은 대형 임시 공간으로도 확장할 수 있고요. 공기이니까 가볍고, 고정된 구조가 아니기 때문에 다양한 조합으로 설치가 가능하죠. 일정한 공기층의 형성은 내부 공간에 단열과 방음의 효과를 준다는 점, 그리고 가구로서 다양한 체형에 맞게 변형되어 안락함을 제공한다는 점에서 가구와 건물 사이의 그 무엇에 대한 관심이 이어진 것이라 할 수 있어요.

최윤희 두 프로젝트는 감염병과 지진이라는 서로 다른 배경 상황에서 시작되었지만, 예상치 못한 상황(재난)이 발생할 경우 어디에나 존재하는 공기를 사용하여 필요한 자원의 이동을 최소화하고 필요한 공간을 신속하게 구축할 수 있는 공통점이 있어요. 이런 일련의 작업들을 통해서 건물로 존재하지 않는 건축, 건축의 생산과 경험, 그리고 순환에 대한 질문을 보다 구체화할 수 있었던 것 같습니다.

바래가 하는 일은 산업 디자이너가 하는 작업과 비슷한 것 같아요. 영상이나 로봇을 만들기도 하고요.

최윤희 어떤 개념만 있는 게 아니라 실제로 만들어서 작동하게끔 한다는 점에서 디자이너, 메이커와 공통분모가 분명히 존재해요. 건축을 제품 디자인, 사물의 관점으로 바라보고 변화 가능한 시스템으로서 디자인하는 것 역시 그렇고요. 그런데 저희는 건축에서 이런 일을 하는 게 당연하다고 생각해 왔어요. 리서치를 기반으로 디자인을 하고 이를 토대로 크고 작은 장치를 제작해서 〈프로젝트화〉하는 것 역시 건축인 셈이죠. 실질적으로 지금 저희 세대 건축가들은 만드는 것에 대한 두려움이 없기도 하고요.

전진홍 3D 프린팅을 하거나 레이저 커팅을 하며 디지털에 존재하던 것을 내 손으로 직접 만들 수 있는 시대이니까요. 피지컬 컴퓨팅physical computing으로 가상과 실재의 간극도 점점 좁아지고 있고요. 과거 건축가들의 가장 큰 덕목이 도면을 잘 그리는 것이었다면, 이제는 직접 만들어 보는 것도 중요해요. 건축의 컨스트럭션construction보다는 메이킹making에 더 가까운 개념인데, 컨스트럭션에서는 설계와 시공이 분리되지만 메이킹은 디자인과 제작이 같이 맞닿아 있기 때문이죠. 손으로 그리는 동시에 만드는 것도 필수인 셈이에요. 특히 바래는 하나의 모듈을 토대로 이를 〈시스템화〉하거나 주로 움직이는 구조물을 만들기 때문에 더욱 그렇고요. 작은 예산과 규모로 직접 제작해 볼 수 있는 프로토타이핑prototyping, 목업mockup 개념이 중요할 수밖에 없어요.

확실히 설계 중심의 건축에서 시야를 넓혀야 가능한 일이네요.

전진홍 바래의 작업에선 디자인과 메이킹도 그렇고, 리서치와 실천, 디지털과 물질까지 이렇게 상호 보완적인 개념과 이 둘 사이의 관계가 중요하게 작용해요. 듀오, 〈듀얼리티〉의 개념이 저희 두 사람의 관계뿐 아니라 작업 전반에 핵심적인 역할을 하기 때문에, 서로 상호 작용이 일어날 수 있도록 대화 구조를 만들려고 하죠. 이 과정에서 설계 외의 방식으로 사고하는 법을 배우게 되는 것 같아요.

최윤희 디자인은 대중 친화적인 분야인 만큼, 사람들과 소통하는 방법이라든지 건축에서 놓치는 부분에 대해서 많은 고민을 할 수 있게 해요. 영상 역시 저희가 리서치한 연구

결과물을 가지고 관객들과 소통할 수 있는 하나의 도구이고요. 건축과 디자인, 예술의 경계를 넘나드는 경험이 서로를 거울로 비추어 주며 긍정적인 영향을 준다고 생각해요.

이제는 통합이 중요하다는 얘기죠? 건축, 예술, 디자인 등 〈모든 분야〉에서요.

최윤희 앞으로 그렇게 될 수밖에 없을 것 같아요. 지난해 노르웨이 오슬로에 북유럽 최대 규모의 국립 박물관이 개관했어요. 회화나 조각뿐 아니라 디자인, 건축, 모두 하나로 통합해 최대 규모로 지어졌는데 이제는 이렇게 경계를 지우는 것이야말로 경쟁력이라고 생각해요. 시각 예술, 디자인, 건축, 무빙 이미지 등 시각 문화 전반을 아우르는 홍콩의 엠플러스 뮤지엄도 마찬가지고요. 각각의 분야를 나누는 대신, 하나의 커다란 보자기로 감싸는 것이죠. 지금의 세계적인 동향이 다 그렇게 가고 있기 때문에 건축도 홀로 존재하기보다는 타 분야와의 접점을 더 많이 만들어 나가야 해요.

전진홍 네덜란드 역시 NAI Netherlands Architecture Institute라는 건축 협회이자 건축 특화 기관이 있었지만 지금은 〈뉴 인스티튜트 Het Nieuwe Instituut〉로 바뀌면서 건축, 디자인, 디지털 문화 등 다양한 분야를 아우르고 있어요. 한동안 유행처럼 번졌던 〈융합〉, 〈통섭〉이 과거에는 단어, 표어로만 존재했다면 이제는 필요에 의해 정말로 해야 하는 겁니다. 이제 곧 세종시에 들어설 국립박물관 단지도 지금은 각각의 박물관이 단계별로 지어지고 있지만, 어느 순간에는 통합을 해서 하나의 큰 기관으로 탈바꿈하리라 생각해요.

건축이 스스로 지속 가능성을 갖는 법

단순히 직업이 같고 부부이기 때문에 듀오로 활동하는 것은 아닐 텐데요. 바래를 시작한 배경이 궁금합니다.

전진홍 저희는 2005년 영국 AA 건축학교에서 처음 만났어요. 〈후크 파크Hooke Park〉라고 불리는 학교 소유의 숲에서 방학마다 워크숍을 진행하는데 같은 그룹의 조원이었죠. 숲속에서 며칠 동안 자급자족하며 건축 과제를 수행하는 프로그램이었기 때문에 전우애부터 쌓았습니다. (웃음)

최윤희 흥미로운 점은 후크 파크 워크숍에서의 경험이 저희 둘에게 무척 중요한 자산이 되었다는 거예요. 보통 어떤 구조물을 만든다고 하면 땅부터 파잖아요. 워크숍에서는 환경에 최소한의 영향만 줘야 했기 때문에, 기존에 심겨 있던 나무 기둥에 기대어 다리를 만들었어요. 나무가 심어진 위치에 맞춰서 재단해 만드는 구조였죠. 건축이 환경에 끼치는 영향에 대한 의식을 일깨워 준 시작이었습니다. 또 당시 저희는 학교에서 디지털로 설계를 하고 〈비주얼 스크립팅〉을 하던 때였기 때문에 숲에선 완전히 반대되는 경험을 한 것 역시 무척 인상적이었어요. 직접 몸으로 땅과 구조를 체감하고 몸을 써서 무엇이 필요한지, 어떻게 해야 할지 전략을 짠 다음, 손으로 실행해서 만드는 경험 자체가 새로웠죠. 워크숍의 목적은

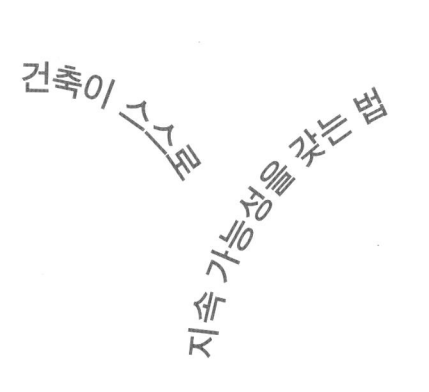

분명했어요. 〈머리로 만들면서 손으로 생각한다.〉 서로 다른 두 가지 개념을 상호 보완적으로 적용시킨 거예요.

두 분의 인생뿐만 아니라 바래의 작업에 있어서도 중요한 시작점이었네요. 함께 일하기로 한 특별한 계기는 없었나요?

최윤희 사귀면서 서로의 졸업 프로젝트를 도왔어요. 둘이 졸업하는 해가 달랐기 때문에 보조로서 서로의 손과 발이 되어 주면서 협업을 간접 경험한 셈이에요. 저희 둘은 성향이 정말 달랐기 때문에 서로가 서로의 부족한 점을 채워 줄 수 있다는 점이 특히 좋았던 것 같아요. 하지만 졸업 후에 바로 함께한 건 아니고 각자 영국과 네덜란드에서 직장 생활을 했어요.

장거리 연애를 했군요.

최윤희 네, 런던과 로테르담을 오갔어요. 저는 영국 런던의 윌킨스 아이어 아키텍츠Wilkinson Eyre Architects와 제이슨 브루지스 스튜디오Jason Bruges Studio에서 일했는데요. 특히 제이슨 브루지스 스튜디오에서의 경험이 바래를 운영하는 일에 큰 도움이 됐어요. 이전까지는 거대한 프로젝트의 톱니바퀴와 같은 역할을 했다면 그곳에선 공공 미술 프로젝트를 진행하며 디자이너, 엔지니어와 협업하고 리서치부터 실제 구현까지 모든 과정을 수행했으니까요. 전체 프로젝트 매니저를 맡아 다른 분야와 서로 협업하며 결과물을 만들었다는 점에서 지금의 바래가 일하는 방식과 비슷해요.

전진홍 저는 네덜란드 로테르담의 건축 사무소 OMA에서 일했어요. 당시 중동 개발 붐이 한창이었기 때문에 세계 거대

자본이 몰리는 대형 프로젝트를 많이 경험했고요. 정말 한 번도 가보지 않은 사막을 인터넷 구글 어스로 찾아보며 디자인했던 기억이 납니다. (웃음) 그런데 때마침 리먼 브라더스 사태가 터지면서 중동 개발 시장에도 금융 위기 여파가 미쳤고 제가 참여했던 프로젝트 역시 중단됐어요. 거대한 자본에 의해 만들어지고 한순간 사라지는, 신기루 같은 건축 세계를 경험했다고 할까요? 이후 한국에 돌아와서 일했던 〈공간건축〉은 법정 관리 위기를 겪었고요.

〈공간건축〉의 법정 관리는 건축계뿐만 아니라 사회적으로도 큰 이슈였어요.

전진홍 한국 현대 건축의 산실과 같은 곳이 법정 관리에 들어갔으니 안타까움이 컸죠. 김수근 건축가가 지은 공간 사옥이 아라리오뮤지엄에 인수되었을 때도 충격이 컸고요. 현재 바래가 건축 설계보다 예술 관련한 프로젝트를 하게 된 이유에도 이 같은 경험이 영향을 미친 것 같아요. 건축 프로젝트는 항상 자본의 논리에 의해 움직이잖아요. OMA에서 겪은 리먼 브라더스 사태도 그렇고, 한국에 돌아와서도 이런 일을 또 겪다 보니 생각이 많아졌어요. 어떻게 하면 건축가가 자본의 논리에 휘둘리지 않고 스스로 서는 지속 가능한 모델이 될 수 있을까, 고민했죠. 자본의 흐름을 좇다 보면 그것에 따라서 좌지우지될 수밖에 없어요. 물론 이런 외부 논리에도 마치 파도를 타듯 흐름을 잘 탄다면 성공할 수 있지만 그보다는 시간이 걸리더라도 주체적으로 내적 논리를 만들고 이를 잘 다지는 것이 중요하다고 생각했습니다.

최윤희 이때는 저 역시 한국에 돌아와 서울에서 실무를 하고

있었어요. 둘이 결혼해서 생활하는데 1년간 남편의 월급이 들어오지 않고, 결국 회사가 부도를 맞는 사태까지 겪으면서 건축의 생리에 대해서 생각하게 됐죠. 무엇보다 규모가 작아도 우리 스스로 할 수 있는 걸 찾아보자는 데에 공감할 수 있었고요. 건축을 스스로 설 수 있게 하는 생각의 힘을 키워야 그게 자산이 되고 가치가 된다고 판단했어요.

바래가 탄생한 배경에는 비즈니스적인 측면보다는 두 분이 하고자 하는 건축, 말하고자 하는 메시지를 찾는 목적이 더 컸네요.

전진홍 처음엔 선택의 기로에 서 있긴 했어요. 클라이언트 중심의 상업 프로젝트를 할 것이냐 아니면 우리의 관심사를 연구하고 생각을 발전시킬 수 있는 능동적인 프로젝트를 할 것인지 고민했죠. 결국 지금 하지 않으면 하기 어려운 일부터 해보자는 데에 의견을 모았습니다.

바래와 같은 모델이 이전에는 없었기 때문에 무엇을 어떻게 할지 막막했을 것 같아요.

전진홍 시간을 갖고 계획해서 독립한 게 아니라 외부 조건, 상황 때문에 시작하게 됐으니 말 그대로 막막했죠. 한마디로 생존 전략이 없었어요. 무엇보다 〈우리는 무엇을 좋아하고, 무엇을 하고 싶고, 앞으로 어떻게 할 것이다〉라는 뚜렷한 계획이 없는 상태에서는 클라이언트가 해달라는 대로 해줄 수밖에 없으니까. 그게 가장 두려웠던 것 같아요. 정보의 접근이 점차 쉬워지며 많은 〈참조점〉들을 요구하는 클라이언트에게 끌려다니지 않기 위해선 어쨌든 우리가 중요하게 생각하는

어떻게 하면 건축가가
자본의 논리에 휘둘리지
않고 스스로 서는 지속
가능한 모델이 될 수
있을까, 고민했죠.
— 전진홍

것이 무엇인지, 어떻게 심화할 수 있을지 고민할 수 있는 시간이 필요했고요. 그렇게 생각의 힘을 좀 키우고 난 뒤 세상과 호흡을 해도 늦지 않다고, 오히려 더 그게 더 건강한 일이라고 생각했죠.

어떻게 보면 내공을 기른다고 생각한 것이네요.

최윤희 조금만 늦었어도 이런 결정을 하기 힘들었을 텐데 당시 저희가 30대 초반이었기 때문에 가능했던 것 같아요. 아이들도 생기기 전이었고요. 또 둘 다 직장 생활을 5년 정도 한 시점에서 뭔가 새로운 시도를 하고 싶었기 때문에 지금이 아니면 할 수 없다는 각오로 시작했어요. 반면 상업 프로젝트는 몇 년 뒤, 〈언제라도 다시 할 수 있다〉는 믿음이 있었고요.

그렇다면 바래는 아직 본격적으로 비즈니스를 시작하지 않은 건가요?

전진홍 엄밀히 말하면 아직 거기까지 도달하지 못했어요. 물론 비즈니스적인 측면에서 고민하고 있는 것들이 많긴 해요. 비엔날레 전체 예산이 상업 프로젝트에서는 한 작가의 예산으로 주어지는 걸 경험하기도 했고요. 또 이제는 미술관이나 기관에서도 저희 작업을 소장하기 시작했으니까요. 지금은 전환기에 와 있는 것 같아요.

최윤희 30대 초반에는 무엇이 됐든 우리가 바라는 걸 열심히 하면 원하는 것을 찾을 수 있다는 믿음이 있었어요. 무엇보다 건축가는 오래 일할 수 있는 직업이잖아요. 실질적으로 은퇴가 없다는 게 장점이에요. 그래서 처음 바래를 시작할 때부터 단계별로 천천히 나아가자고 생각했어요. 우선 처음 10년은 최대한 스스로 역량을 키우는 데에 집중하기로 했는데 그래야

그다음 10년을 바라볼 수 있으니까요. 또 당시엔 저희가 한국 건축의 상황을 잘 몰랐기 때문에 직접 몸을 던져 경험해 보는 일이 중요했고요. 무엇이든 제대로 해내기 위해선 시간과 노력의 투자가 필요한 법이잖아요. 지금 저희가 9년 차인데 10년 정도는 내실을 다져야 비즈니스적으로도 접근하고 뭔가를 논의할 수 있다고 생각했어요.

초석을 다지는 일에 10년의 시간을 투자한다는 것은 굉장히 과감한 결정인데요.

전진홍 무모했던 것일 수도 있어요. (웃음) 하지만 그렇게 할 수밖에 없었던 이유가 당시에도 그렇고 지금의 국내 건축 업계는 대형 건축사 사무소, 그리고 스몰 아틀리에로 양극화되어 있어요. 또 스몰 아틀리에에서 살아남을 수 있는 주요한 방법은 규모를 점점 더 키워서 큰 사업을 하는 것이기 때문에 그렇게 10년, 20년 하다 보면 결국엔 같은 유형의 대형 건축사 사무소가 될 수밖에 없고요. 그래서 우선은 우리가 할 수 있는 것, 우리 자리에서 할 수 있는 것들부터 해보기로 했어요. 아무런 제약과 한계를 두지 않고 다양한 분야의 많은 사람들과 교류하며 어떤 일이든 우리가 성장할 수 있는 기회라면 열심히 해보자고 했죠.

저희에게 있어 건축은
〈어떻게 지을 것인가?〉가
아닌 〈왜 짓는가?〉를
고민하는 일에 더
가까워요. 〈어떻게〉가
아닌, 〈왜〉를 생각하죠.
— 최윤희

PROJECT
JAPAN

〈듀얼리티〉, 함께 살고 건축하기

두 분 성향이 무척 다르다고요. 건축을 할 때도 그런가요?

최윤희 저는 수학 공식을 적용해 논리적으로 딱딱 맞아떨어지는 기하학적인 건축을 추구하는 이성적 사고를 중요시하는 반면, 전 선생님은 의미를 담아내고 교감할 수 있는 감성적 사고를 좋아해요. 그러다 보니 아무런 실체가 없던 초기엔 바래의 정체성을 어떻게 규정할지 고민이 컸어요. 앞으로 어떤 건축 스튜디오가 되어야 할지 수많은 토론을 했죠. 그렇게 고심 끝에 결론을 내렸는데, 서로 다른 두 가지 중 하나를 선택해서 〈희생하기〉보다는 두 사람의 특성을 모두 담아 〈듀얼리티duality〉를 살리기로 했어요.

전진홍 실제로 바래의 초기 명함을 보면 〈BARE is Duality〉라는 문구가 적혀 있기도 한데요. 이는 저희 두 사람의 다른 성향을 나타내는 것이기도 하지만, 바래라는 건축 스튜디오의 속성을 뜻하기도 해요. 바래가 하는 프로젝트에는 항상 건축이 피지컬(물질)로만 존재하는 게 아니라 디지털도 있고, 가상과 실재, 리서치와 실천 등 상이한 두 가지가 공존함으로써 발생하는 재미있고 흥미로운 지점이 많거든요.

그럼 바래는 다르면 다른 대로 서로를 존중하는, 상반된 두 가지 성향과 특성이 동시에 존재하는 거죠?

최윤희 그게 건강한 사회를 이루는 조건이지 않을까 싶어요. 그래도 긴 시간을 함께하다 보니 서로에 대한 이해의 폭이 넓어져서 이제는 하나의 아이덴티티가 나오는 것 같아요. 일을 하는 방식의 차이도 서로 보완하고 있고요. 예를 들어 저는 모든 사안에 논리적으로 접근하기 때문에 각 단계마다 해야 하는 것들이 매 순간 명확하게 정해져 있어요. 제가 프로젝트 전반을 쭉 끌고 나간다면 전 선생님은 중요한 핵심을 포착해 극대화하거나 그걸 바탕으로 스토리를 풀어 나가는 식으로 일을 분담해요.

전진홍 서로 다른 두 사람이 함께 일을 했을 때 대화가 잘 이루어지면, 혼자 할 수 있는 능력의 한계를 넘어서 예측하지 못했던 〈제3의 무엇〉이 만들어지기도 해요. 시너지가 생기는 거죠. 물론 그 과정 자체는 예측이 불가능하기 때문에 굉장히 고통스럽고 불안할 수도 있어요. 하지만 창작이라는 행위의 본질은 바로 그 〈예측 불가능함〉에 있잖아요. 불확실하고 불안한 요소도 적극 품을 수 있는 태도야말로 〈창발〉에 요구되는 전제 조건이라고 생각해요. 물론 항상 모든 일이 뜻하지 않는 방향으로 흘러가기도 하지만요. (웃음)

최윤희 확실히 성장하는 느낌이 있어요. 한 사람이 아이디어를 던지면 상대방이 의견을 더해서 또 던지고, 이런 과정을 몇 번 거치다 보면 작은 생각이 눈덩이처럼 점점 불어난다고 할까요? 처음엔 작은 씨앗만 있었다면 그걸 서로 주고받는 과정에서 미처 생각하지 못한 것이 더해지고 덧붙여지면서 나중엔 하나의 실체가 생기는 거예요. 어떻게 보면 바래에게는 두

사람이 함께 나누는 대화 그 자체가 일하는 도구라 할 수 있는데요. 설계를 하더라도 혼자 앉아서 스케치를 하는 게 아니라 투수와 타자처럼 주거니 받거니 해요. 작업의 형식을 떠나서 프로젝트 전체의 질을 높이고 아이디어를 발전시키는 일에 확실히 큰 도움이 되는 장점이죠.

작업에 생명력을 부여하는군요.

최윤희 맞아요. 바래가 하는 많은 프로젝트의 시작은 상상에 기반하기 때문에 맨 처음, 어떤 상상의 날개를 펼치는지가 중요해요. 다른 사람에게 말했을 땐 〈말도 안 돼〉로 일축할 수 있는 아이디어도 서로에게 말하면 〈괜찮은 생각이네, 좀 더 얘기해 봐〉라며 대화로 이어지니까 프로젝트를 추진하고 완성함에 있어 다른 무엇보다 가장 큰 원동력이 돼요.

각자 생각한 것을 확인하며 대화하는 과정이 전체 프로젝트를 아우르는 주제를 만드는 셈이네요.

전진홍 프로젝트마다 각자 하는 일, 역할 분담에 있어서 저희도 굉장히 다양한 시도를 했지만 결국 정확하고 명확한 역할 분담은 불가능하다는 결론을 내렸어요. 그렇다고 모든 과정을 두 사람이 함께 수행하는 것은 굉장히 비효율적이잖아요. 그래서 약속한 것이 중간 단계에서는 한 사람이 주도적인 역할을 하더라도 프로젝트의 처음과 끝은 항상 함께하자는 것이었어요.

최윤희 그래서 바래의 운영 원칙 중 하나가 〈시작과 끝은 함께한다〉예요. 프로젝트 초반, 개념을 잡을 때는 함께 치열하게 토론하는 게 무척 도움이 돼요. 어느 한 사람이 초반 스케치를

하면, 다른 사람은 그에 대한 코멘트를 남기는 식으로 〈티키타카〉 하며 아이디어를 발전시키는 거죠. 마지막 프로젝트를 정리하고 기록하는 아카이브 북을 만들 때도 함께하고요.

또 다른 원칙도 있나요?

최윤희 새로운 프로젝트를 시작할 때마다 우리가 끝까지 꼭 지켜야 할 한 가지를 정해요. 그건 저희가 도전하고 싶은 새로운 기술 혹은 새로운 재료, 아니면 새로운 시도 그 자체가 될 수도 있어요. 기존에 했던 프로젝트에서 아쉬웠던 부분일 수도 있고요. 건축에선 계속해서 변수가 발생하기 때문에 모든 가능성을 열어 두고 유연하게 대처하되, 우리가 정한 딱 한 가지는 지키려고 해요.

예를 든다면 무엇이 있을까요?

전진홍 지난해 현대자동차 모터스튜디오 부산에서 열었던 「해비타트 원Habitat One」 전시에서는 꼭 생명체를 탄생시키고 싶었어요. 저희는 그걸 〈에어리Air(e)〉라고 이름 붙였는데 일종의 모듈형 로봇 유닛이에요. 전시에서 선보인 이동식 셸터 〈인해비팅 에어Inhabiting Air〉와 〈에어 오브 블룸Air of Blooms〉이 바로 이 에어리들의 조합으로, 임시 거처가 필요할 때 에어리 유닛이 스스로 결합하고 해체함으로써 장소에 대한 제약을 극복할 수 있도록 만들었어요. 사람의 움직임을 인지하고 필요한 공간만큼의 공간을 마련할 수 있고, 양방향 입체 멀티미디어 장치로 기능하기를 기대했죠. 더 나아가 온도나 일조량에 따라 모듈에 부착된 공기 보호막이 부풀었다가 줄어들기를 반복하며 변화되는 내·외부 환경에 맞춰 안락한

공간을 조성할 수 있도록 고안했어요. 이러한 생각은 에너지의 자급자족을 탄소 중립 시대의 중요한 동인으로 보는 것에서 비롯되었는데요. 스스로 생산하는 전기 에너지를 통해 구현할 수 있는 건축의 다양한 가능성을 가늠하고자 하는 시도였습니다.

최윤희 크기는 작지만 에어리 안에는 수축, 팽창할 수 있는 공기 보호막부터 태양 전지 패널까지 다 갖추어져 있어요. 이렇게 최소화한 하나의 모듈을 가지고 어떻게 발전시켜 프로젝트화할지, 또 이것이 나중에는 무엇으로 진화할지 모르지만 생명을 가진 하나의 유닛을 개발하는 초기 개념을 잡는 게 무척 중요했죠.

전진홍 공간을 사용할 땐 몇 명의 사람을 수용하느냐에 따라 필요한 넓이와 크기가 달라지잖아요. 꼭 물리적인 이유뿐만 아니라 에너지 사용 측면에서도요. 예를 들어 추운 겨울 누군가 조난되었다면, 그 사람을 위한 1인용 대피 공간만 마련하면 되는데 모든 대피소가 4인용으로 지어졌다면 이건 불필요한 에너지 소모죠. 그럴 때 사람 수에 따라 저절로 크기가 줄어들거나 늘어나는 공간이 생기면 어떨까 생각한 거예요. 꼭 사람만 사용하는 것이 아니라 동물, 식물도 보호할 수 있도록 습도나 온도 조절도 가능하게 하고요. 그렇게 셸터의 최종 형태는 얼마든지 바뀔 수 있지만 〈누구야〉라고 부를 수 있는 객체를 만드는 게 중요했던 프로젝트예요.

결국 살아 있는 공간, 소통하는 건축을 만들고 싶었던 거네요.

전진홍 오늘날 건축과 가구의 관계는 과거에 비해서 좀 덜

Smaller

긴밀한 관계를 가지게 되면서 인간의 몸에서 멀어진 것 같다는 생각을 종종 해요. 우리나라 한옥만 봐도 사용자와 정말 밀접하게 소통하는데, 좌식 문화가 깃든 한옥에선 바닥에 눕고 툇마루에 기댈 수 있기 때문에 따로 가구가 필요하지 않아요. 툇마루 기둥에 기대어 앉으면 〈건축과 인간의 몸이 이렇게 굉장히 가깝게 있을 수 있구나〉 하고 느낄 수 있죠. 그런데 저희가 원하는 사람과 건축 간의 소통은 단순히 어떤 재료나 형태로 구현하는 것이 아니라 〈교감〉을 통해 만들어지는 거예요. 건축과 인간의 몸을 가깝게 만드는 것 자체를 목표로 하기보다는 마음이 만날 수 있게 하는 지점을 고민한다고 할까요. 그 결과 움직이는 공간, 생동감 있는 공간, 마치 생명체처럼 살아 움직여서 내가 〈누구야〉라고 부를 수 있는 건축에 대한 아이디어를 떠올려 발전시킨 것이고요. 실제로 〈살아 있는 건축〉을 위해서는 더 많은 기술 발전이 필요하고, 그래서 에어리도 원하는 모습과 기능을 위해서는 더 많은 기술적 보완이 필요해요. 개인적으로는 사람 간의 연결을 도와주던 기술이 이제는 사람과 사물 간의 연결을 촉진하고 있는 점을 주요한 변화 조건으로 이해해도 되지 않을까 싶어요. 그러다 보니 자연스레 〈가구적인 건축〉의 관심에서 한발 더 나아가 〈가전적인 건축〉으로 관심사가 옮겨지고 있고요.

하루 24시간을 함께하잖아요. 배우자로서 혹은 건축가로서 서로의 어떤 점을 가장 높이 평가하는지 궁금합니다.

최윤희 저는 미리 다 써놨습니다. (휴대 전화의 메모를 읽으며) 〈타고난 디자인 감각과 뜨거운 열정〉. 건축가로서 하는

칭찬이겠죠. 어떤 상황에도 꺾이지 않는 의지와 정신력이 있어서 제가 흔들릴 때도 중심을 잘 잡아 줘요. 프로젝트를 하다 보면 여기저기에 휘둘리거나 흔들리기 쉬운데, 그럴 때마다 큰 역할을 하죠.

전진홍 오늘 저녁밥은 제가 하겠습니다. (웃음) 동료 건축가로서 칭찬할 수 있는 부분이 많지만 그 전에 부부는 사랑하는 남녀, 동반자인 동시에 살림을 하고 육아도 함께 하는 동지이잖아요. 저도 같이 하지만 일을 하면서 육아를 하는 게 절대 쉬운 일이 아닌데 늘 묵묵한 모습을 보면 고맙기도 하고 안쓰러운 마음도 커요. 저희가 쌍둥이 아들을 키우고 있거든요.

쌍둥이 아들을 키우려면 육아에 있어서는 최고의 기술이 필요하지 않을까요?

최윤희 근데 제가 다른 걸 경험해 보질 않아서 지금 이 상황이 얼마나 힘든 것인지 잘 모르는 것 같아요. 비교하기 시작하면 끝이 없으니까 육아의 고단함에 대해선 일부러 생각 안 하고 있습니다. (웃음)

보통 하루 일과는 어떻게 보내세요?

최윤희 주중에는 아침 7시 반 정도 일어나서 아이들 등원 준비를 해요. 스튜디오와 살림집이 같은 건물에 있어서 이후에는 바로 스튜디오로 내려오고요. 오후에는 아이들의 하원을 한 다음에 다시 또 일하고 퇴근하면 집에 가서 저녁밥 해주고 여느 일하는 부모와 같아요. 다만 저희는 둘 다 하는 일의 종류와 강도가 비슷하기 때문에 육아와 집안일 역시 공평하게 나누어서 하는 것에 더 신경 쓰고 있어요. 주말을

제외한 5일 동안 각각 요일을 나누어 전담하는 식으로요.

전진홍 한 사람이 그 주에 월, 수, 금 3일을 맡으면 다음 주에는 화, 목 이틀만 맡으며 철저하게 분담합니다. 보통은 엑셀로 정리한 뒤 서로 다른 색으로 하이라이트 표시를 하고요.

최윤희 이렇게 하지 않으면 육아든 살림이든 한 사람에게 쏠릴 수 있는 위험이 크거든요. 매 순간, 일상에서 서로가 무엇, 무엇을 하는지 인지하기 힘드니까 템플릿을 만들었어요. 해야 하는 일과 업무 분담을 쭉 적은 뒤에 각각 다른 색으로 하이라이트 표시하면 누가 더 많이 하고 조금 했는지 쉽게 알 수 있어요. 조정도 가능하고 편하죠.

가정의 평화는 어느 한 사람이 희생하는 순간 깨지기 쉽잖아요. 현명한 방법이네요.

최윤희 저희 둘에겐 각자 혼자만의 시간을 갖는 것 역시 중요해요. 예를 들어 한 사람이 육아를 전담하는 날에는 나머지 한 사람은 운동을 한다거나 개인 약속을 가는 식으로 서로 간에 혼자 있을 수 있는 시간을 확보해 주죠. 이런 시간이 보장되는 점이 제가 아이를 낳고 기르면서도 계속 일을 하는 데에도 큰 힘이 됐어요. 또 주말에는 남편이 애들을 데리고 1박 2일 캠핑을 자주 가는데 그때는 제가 정말 충분히 잘 쉴 수 있고요.

함께 일을 하다 보면 〈공〉과 〈사〉의 경계가 불분명해질 수 있을 것 같은데요. 이 둘 사이의 균형은 어떻게 조율하나요?

전진홍 저희는 일과 가정생활이 확실하게 분리되어 있어요. 일은 일터에서 하고 집은 휴식의 공간으로 존재하죠. 가능하면 일은 집으로 가져오지 않으려 해요.

최윤희 공간의 분리가 무척 중요하다고 생각하기 때문에 퇴근 이후에도 부득이하게 일을 해야 한다면 사무실로 내려와서 해요. 또 골든 트라이앵글이라고 해서 집과 사무실, 그리고 아이들의 학교, 이 세 곳을 꼭짓점 삼아 각각의 거리가 도보로 5분 이상 걸리지 않도록 설정했고요. 세 곳의 거리가 무척 가깝기 때문에 기동성 있게 공간을 옮겨 다니며 그에 맞는 역할로 재빨리 모드 변화를 합니다. 공간에 따라 서로를 부르는 호칭도 달라지고요.

공간이 바뀌면 호칭도 바뀌는군요. 재미있는데요!

전진홍 저희 둘 다 오랜 시간 한국예술종합학교에서 강의를 했다 보니 공적인 자리에서는 서로의 호칭을 〈선생님〉이라고 부르는데요.

최윤희 스튜디오에서는 〈전 소장님〉, 〈최 소장님〉이라고 하고 집에서는 서로의 이름을 부르죠. 그러니까 애들도 장난으로 저희를 따라 하며 〈진홍!〉, 〈윤희!〉 이렇게 부르기도 하고요. (웃음) 모드 변화에 따라 호칭도 연동되기 때문에 각각의 공간에 가면 호칭부터 달라져요.

바래에서 두 분의 관계가 상호 보완적이라면 가정 내에서는 어떤가요? 크고 작은 의사 결정에 있어서 주도권을 갖는 사람이 있나요?

전진홍 저희는 일주일에 한 번씩 가족회의를 해요.

최윤희 한 명씩 손들어 가면서 안건을 얘기하죠. 아이들도 다 같이요. 네 명 중, 세 명이 찬성해야 통과가 됩니다. (웃음)

가족 문화 행사에서는 또 무엇을 하는지 궁금한데요.

전진홍 아무래도 저희가 문화와 관련한 일을 하다 보니까 느끼게 되었는데요. 리추얼ritual이라는 게 있잖아요. 가정 내에서 무언가를 반복적으로 한다면 그것 역시 결국엔 우리 가족만의 문화가 되지 않을까 싶어서 매달 한 번씩 다 함께 공연을 관람한다든가 전시를 본다든가 하는 식으로 하고요. 최근에는 세종문화회관에서 공연한 「호두까기 인형」 발레를 봤고, 가족과 함께하는 미술관 워크숍에 참석하기도 하고, 또 몇 달 전에는 레고랜드에도 갔어요. 어른들도 즐겼습니다. (웃음)

육아에 있어서도 특별히 지향하는 가치나 목표가 있나요?

최윤희 하나는 올바른 생활 습관을 심어 주는 것이고, 또 하나는 늘 새로운 도전을 할 수 있도록 용기를 심어 주는 것이에요. 아이들에게 〈무조건 한 번은 시도해 보라〉고 격려하고 있어요. 한 번 해보고 안 하더라도 일단, 무조건 한 번은 해보라고요. 그리고 마지막으로는 호기심을 키워 주기 위해서 노력하는데요. 그렇게 되기 위해선 최대한 다양한 환경, 상황에 노출을 시켜 줘야 하기 때문에 늘 새로운 경험을 많이 해볼 수 있도록 독려하죠.

바래가 미래를 잘 키우는 법

바래를 운영하는 것만큼 가정을 운영하는 일 역시 쉽지 않을 텐데요. 그래서 파트너십이 더 중요할 것 같고요.

최윤희 그런데 요즘엔 오히려 바래라는 건축 스튜디오를 운영하는 것이 육아와 비슷하다는 생각을 해요. 아이들을 낳은 시기와 본격적으로 바래를 시작한 시점이 비슷해서 그런지 몰라도 스튜디오 역시 아이들처럼 성장 곡선을 그리는 게 보이는 거예요. 초반에는 신생아처럼 쉴 새 없이 돌보며 영양분을 주고, 하나하나 체크할 것이 많았다면 이후 3년 차, 5년 차, 7년 차 특정 시기가 될 때마다 각 단계별로 저희가 해야 할 일이 달라지더라고요. 초기에는 1년에 한두 개의 프로젝트를 하는 굉장히 작은 규모였는데, 여러 협업자들의 도움으로 이젠 바래가 몸집도 커지고 프로젝트의 케이스도 많아지면서 주기에 따른 변곡점이 생기고 있어요.

그러다가 바래도 스스로 알아서 잘하는 시기가 올 것 같아요. 청소년이 되고 마음이 자라면 혼자 둬도 알아서 쑥쑥 크는 시기가 오는 것처럼요.

최윤희 맞아요. 육아의 최종 목표는 아이의 독립이고, 자립할 수 있도록 도와주는 것이니까. 바래의 최종 목표 역시 어느 순간

저희 둘이 빠져도 운영이 가능한, 지속 가능한 모델이었으면 하는 바람이 있어요. 현재는 저희 둘 다 모든 프로젝트에 깊숙이 관여하고 있기 때문에 사업화하기 어려운 구조예요. 그러다 보니 요즘엔 관여를 하되 한 발자국 떨어져서 좀 더 느슨하게 할 수 있는 방법에 대해 고민하고 있어요.

전진홍 저희가 처음 〈바래〉라는 이름을 지으면서 같이 이야기하고 공감했던 것이 전진홍·최윤희의 설계 사무소, 스튜디오는 아니었으면 좋겠다고 했거든요. 단순히 우리 두 사람만의 무엇이 아니길 바란 거죠.

최윤희 그래서 프로젝트마다 아카이브 북을 만들고 있는 것이기도 해요. 저희가 바래에 관여를 덜하고 뒤로 물러나게 되더라도 누군가 그 책을 보고 참고해서 할 수 있도록요. 이제 거의 10권이 다 되어 가는데 정형화된 매뉴얼은 아니지만 누구라도 책만 보면 프로젝트 전반을 이해할 수 있도록 정말 꼼꼼하게 기록해 두었어요. 여기에 또 다른 누군가가 자신만의 관점을 더해 재해석한다면 더 좋고요.

전진홍 바래를 〈아이〉로 본다면 이렇게 책을 만드는 것 자체가 일종의 좋은 습관을 기르는 일 같아요. 더미라도 책을 만든다는 건 절대 쉽지 않지만 따로 시간을 내서 하는 이유가 바로 여기에 있어요. 프로젝트마다 글뿐 아니라 사진이나 영상을 남기고 또 저희가 3D 스캐닝 장비도 있어서 요즘엔 3D 스캔까지 전부 하고 있습니다.

말씀하신 대로 된다면 바래는 두 분만의 스튜디오가 아닌 건축의 한 분야가 될 수도 있다는 생각이 드네요.

최윤희 저희가 지난해 씨에이알이CARE라는 이름의 연구소를

개소했어요. 〈Center for Architecture, Research and Environment〉라는 의미 그대로 연구 및 기획을 중점적으로 하고 있습니다. 실천을 하는 집단과 연구 집단이 서로 보완하며 프로젝트를 진행하듯 저희도 사전 리서치와 기획은 〈씨에이알이〉가 하고 〈바래〉라는 이름으로는 계속 창작을 하는 것을 큰 그림으로 그리고 있어요.

리서치와 실천, 연구 기획과 결과물이 하나의 궤로 이어지는 이상적인 프로젝트를 하고 있네요.

최윤희 연구를 기반으로 기획하고 그 기획으로 창작한 다음 아카이브까지 해서 마무리하는 하나의 순환성을 만드는 게 중요하다고 생각해요.

전진홍 저희가 전문 기획자는 아니지만 기획자로 참여할 땐 항상 연구자도 섭외하고 동시에 커미션 작업을 통해 젊은 창작자들에게도 기회를 주려고 노력하고 있어요. 연구자와 창작자를 매개하는 역할을 하는 거죠.

최윤희 어느 프로젝트나 기획자의 역할이 정말 중요해요. 리서치를 통해 충분한 인풋input을 확보하고 확실한 비전을 가져야 창작자 역시 맥락에 맞는, 좋은 작업을 할 수 있으니까요. 그런 의미에서 지금 저희 세대에서 해야 할 일 중 하나가 좋은 기획자를 발굴하고 응원하는 것이고요. 저희가 학교에서 수업을 할 때 이론과 실천을 연결하기 위해 노력하는 것도 그 일환이에요. 학생들이 생각하고 연구한 것이 그냥 학생 작업으로 끝나는 게 아니라 학교 밖, 사회로 나와서 또 다른 창작 씨앗이 될 수 있게끔 하는 것 역시 우리들의 역할이죠.

건축을 〈프로젝트화〉하는 것이 정말 중요한 것 같아요. 대개 하나의 결과물이 또 다른 작업으로 이어지고요.

전진홍 AA 건축학교를 다니면서 보고 배우며 느낀 것이 많아요. 후크 파크 워크숍 때도 단순히 다리를 만드는 것에서 끝나지 않았어요. 사진으로 기록해 학교 내부에서는 사진전으로, 그다음엔 외부와도 소통할 수 있도록 모형으로 만들어 전시를 했거든요. 매체만 달라졌을 뿐 프로젝트 본연의, 자기만의 생명력은 계속 이어 간 것으로, 일종의 프로젝트화한 것이죠.

최윤희 무인 이동 로봇 〈튜보TUBO〉를 예로 들면 좋을 것 같아요. 첫 시작은 2017년 서울도시건축 비엔날레에서 선보인 〈루핑 시티Looping City〉라는 이름의 리서치 프로젝트였어요. 무인 이동 로봇 튜보가 을지로 일대를 돌아다니며 각 생산 단계에서 폐기되는 부산물을 수집하고 분류하는데요. 그 수집된 부산물을 다시 3D 프린팅을 위한 원료로 가공하는 방식으로 제조 산업의 네트워크를 재조명한 작업이었죠. 처음엔 이를 드로잉과 모큐멘터리로 만들어 선보였는데, 해외에서 열린 전시에선 〈이게 정말 한국에 있는 로봇이냐〉는 문의를 받기도 했어요. (웃음) 그런데 이후로도 여러분들의 도움으로 프로젝트를 꾸준히 발전시키면서 정말로 구현을 했거든요. 2020년에 실제로 작동하는 〈튜보 2020〉을 선보였으니까요.

모큐멘터리까지 만들다니 진짜 다양한 작업을 했네요.

최윤희 처음에는 튜보의 몸체가 없었고 콘셉트 드로잉만 있었기 때문에 우선 저희가 직접 3D 프린팅으로 프로토타입을 만들어서 영상을 찍었어요. 시나리오 기반의 개념을 직접 영상으로 찍어서 보여 주면 관객이 이를 받아들이는 데에

있어서 진입 장벽이 훨씬 낮아지니까요. 마치 튜보가 저절로 움직이는 것처럼 화면 밖에서 프로토타입을 조정해 가며 〈실제로 튜보가 돌아다니니까 거리가 이렇게 깨끗해졌다〉는 식으로 영상을 찍었죠. (웃음) 그런데 그 영상을 보고 후원이 들어와서 실제로 무인 이동 로봇을 만들 수 있었어요. 상상을 기반으로 한 아이디어를 리서치 통해 발전시키고 이걸 쭉 이어 가며 실물로 탄생시킨 거예요. 저희가 하는 대부분의 작업은 하나의 단발성 프로젝트로 끝나지 않아요.

전진홍 그래서 매번 프로젝트를 끝낼 때마다 책으로 만들어 기록하는 것이기도 해요. 다음에 하는 프로젝트가 무엇이든 좋은 참조가 될 테니까요.

최윤희 자신이 했던 연구 프로젝트를 한 권의 책으로 〈아카이브화〉하는 일은 저희가 학생들을 가르칠 때도 꼭 하게 하는, 강조하는 부분이에요. AA 건축학교에서는 교수님들이 계속 말 그대로 이론과 실천을 오갔어요. 본인들이 가르치는 리서치 방법론이 실제로 자신들이 하는 실천, 실행의 기반이 되기 때문에 그 시너지가 실로 엄청나요. 어떻게 하면 이 둘을 잘 연결할 수 있을지, 바래가 고민하고 활동하는 여러 지점 역시 학생들에게도 도움이 되리라 생각해요. 저희 또한 학생들을 가르치며 그들의 아이디어를 통해 영감과 자극을 받는, 굉장히 좋은 경험을 했고요.

〈건축가〉라는 이름으로 하고 있는 역할이 많아요. 앞서 말한 대로 모드 변화가 정말 빨라야 할 것 같은데 버겁지 않나요?

최윤희 항상 24시간을 쪼개서 살다 보니까 의식할 틈도 없이 바뀌어요. 〈변해야지〉 생각하고 노력하는 게 아니라 그냥 해야

하는 거죠. 실제로 한국 사회에서 살아남으려면 이런 모드 변화가 빨라야 하잖아요. 계속 촉을 세우고 변화하지 않으면 도태되는 환경이니까요. 예측 불가능한 상황도 정말 많고요.

전진홍 그런데 예전에는 이런 면모를 〈지양〉해야 하는 것으로만 여겼다면, 요즘엔 이렇게 급변하는 사회에 뛰어난 적응력을 갖는 한국 사람들이 대단하다는 생각이 들어요. 〈온 세계가 주목하는 케이 문화 열풍이 괜히 만들어진 게 아니었구나〉 하고 생각하죠. 저는 한국적이라는 게 단순히 형태적인 것을 의미하는 게 아니라 〈삶의 방식〉이라고 생각해요. 우리나라는 사계절이 뚜렷하기 때문에 변화에 더 적응이 쉬운 거예요. 추울 때는 옷을 더 껴입고 더울 때는 벗으면 되니까, 언제라도 손쉽게 모드 변화가 되죠. 그래서 오히려 이러한 특성을 장점으로 삼고 건축에도 담아내려 노력하고 있어요. 건축은 기후에 많은 영향을 받는데 이건 곧 풍토의 영향을 뜻하거든요.

최윤희 〈에어빔 파빌리온〉을 설치할 때도, 한겨울이었기 때문에 보온이 중요했어요. 그래서 정말 옷을 껴입는 것 같은 개념을 적용해 세 겹으로 만들었고요. 실질적으로 강추위가 지나갔을 땐 한 꺼풀 벗겨 내면 되는 거예요. 또 이동할 경우에는 그 지형의 날씨에 맞게 겉옷만 갈아입으면 되고요. 건축에도 개념적으로 옷을 입고 벗는 행위를 적용한 것이죠. 바로 이런 발상이 앞으로도 바래의 작업에서도 유효하게 작용할 것 같아요. 물론 과거의 형태적인 흔적에서 실마리를 찾는 것도 중요하지만 이미 그런 고민은 지금까지 많이 해왔으니까요. 진정한 동시대성을 담기 위해서 저희는 형태에서 더 자유로워지고 싶어요.

케이 건축은 한옥 같은 형태뿐 아니라 우리의 생활 방식을 담아야 한다는 뜻일까요?

전진홍 바래의 작업 중에 한식다이닝 콩두의 파사드에 부착한 인스톨레이션이 있어요. 〈에어 팟 온 휠Air Pots on Wheels〉이라고, 〈에어 팟Air Pot〉이라는 에어 모듈로 만든 것인데 에어 팟은 실제로 가게의 상품을 포장하는 용기로 사용하기도 하고, 꽃 화분 등으로도 활용할 수 있거든요. 우리나라 사람들이 또 하나의 물건을 가지고 다양한 용도로 활용을 참 잘하잖아요. 이걸 터부시할 수도 있지만, 긍정적인 시선으로 바라보면 우리만이 가진 〈자생력〉인 거예요.

최윤희 저희가 이런 시선을 갖게 된 것 역시 결국 건축뿐 아니라 디자인, 예술 등 다양한 분야에서 활동하고 협업한 덕분이에요. 당연하게 생각하는 것들에 대해서 또 다른 시선으로 〈과연 그럴까?〉라며 한 번 더 질문을 던지고 해답을 찾다 보면, 꼭 그렇지도 않거든요. 우리가 정답이라고 여기는 것들의 역사를 쭉 살펴보면 몇 십 년 혹은 몇 백 년밖에 되지 않은 것들이 더러 있습니다. 이걸 거꾸로 생각해 보면 지금 내가 당연하다고 여기는 것도 얼마 지나지 않아 바뀔 수 있겠다는 포용력이 생기는 거죠. 사실 이런 마음가짐은 다양한 생각을 존중하는 다원 사회에선 기본적으로 갖고 있어야 하는 소양인데, 작업을 통해서 다시금 깨닫고 그 중요성을 느끼고 있어요.

그렇다면 바래가 생각하는 이상적인 건축의 미래는 무엇인가요?

전진홍 지금 저희는 끊임없이 변화하는 현재의 동시대성을 담는 것에 집중하고자 해요. 말하자면 〈에어 캡〉 같은 거죠.

사용자의 요구에 따라 모자가 될 수 있고, 〈에어 빈〉처럼 앉거나 길게 누울 수 있는 가구, 더 나아가 재난 상황에서는 〈에어 캡 파빌리온〉 같은 공간이 될 수도 있으니까요. 〈에어 캡〉이라는 하나의 유닛, 모듈의 시스템 얼개를 디자인함으로써, 함께 〈플레이〉할 수 있도록 하는 거예요. 그래서 이제는 더 이상 스타 건축가가 아닌 모두가 창작자로서의 역할을 할 수 있게 하는 것, 바로 그 지점에 흥미로움을 느끼고 있어요. 그러면 사람들이 더 다양하게 생각할 수 있고, 꿈도 키울 수 있겠죠. 많은 사람이 꿈꿔야 세상도 바뀔 수 있잖아요.

최윤희 맞아요. 그래서 건축에도 이 문구가 통용되면 좋겠어요. 「빨리 가고 싶으면 혼자 가되, 멀리 가고 싶으면 함께 가자.」

바래

바래는 건축가 전진홍, 최윤희 듀오가 2014년 설립한 건축 스튜디오이다. 바래는 역동적으로 변모하는 도시의 환경과 시간에 조응하는 사물의 생산, 그리고 순환 체계에 관심을 두고, 리서치 기반의 건축 작업을 지속하고 있다.

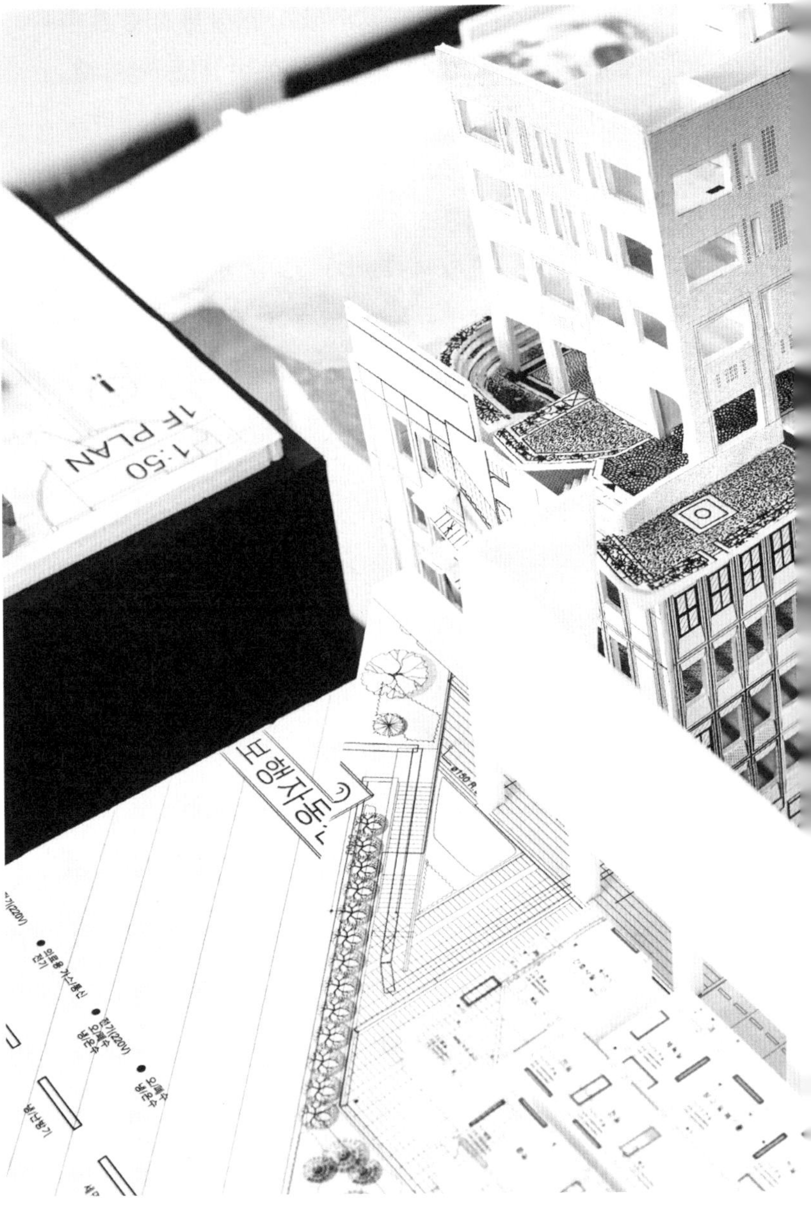
1:50
1F PLAN

카바라이프

〈아트〉와 〈소비〉를 연결하다

2018년 카바라이프의 등장은 〈예술이란 무엇인가?〉라는 질문에 하나의 답을 더했다. 그 답은 바로 예술이란 〈사고 싶은 것〉, 그리고 〈살 수 있는 것〉이라는 것이다. 우리가 흔히 생각하는 그림, 조각뿐 아니라 그래픽 디자인, 텍스타일, 타투, 음악, 퍼포먼스, 문학에 이르기까지 다양한 장르를 아우르며 마치 쇼핑하듯 작품을 구매할 수 있는 커머스 플랫폼을 구축한 덕분이다. 온라인을 기반으로 하되 라이즈 호텔, 일민미술관, 토프 레스토랑 등 다양한 공간에서 팝업 스토어를 열며, 구매 경험에 색다른 재미까지 준 이들은 예술을 우리의 일상으로 만들었다. 매일 밟고 지나가는 현관 앞 도어 매트부터 물을 따라 마시는 유리잔, 얼굴을 비추는 거울, 그리고 몸에 걸치는 옷까지 나를 둘러싼 모든 것으로 예술적인 삶을 살 수 있게 했다. 타고난 감각을 가진 언니와 일 잘하고 똑 부러지는 동생이 〈아트〉와 〈소비〉를 연결해 만든 새로운 플랫폼, 카바라이프가 그려 낸 풍경이다.

최지연

최서연

언니 CEO, 동생 CCO

자매인데 안 닮았어요.

최서연 맞아요. 저는 엄마를, 언니는 아빠를 닮았어요.

어린 시절 얘기부터 들어 보고 싶은데요. 두 분은 친한 자매였나요?

최서연 언니와는 네 살 터울이에요. 어릴 땐 나이 한 살도 차이가 크잖아요. 아무리 발버둥 쳐도 언니를 따라잡을 수 없었죠. 언니 친구들이 놀러 오면 나만 빼고 방문을 닫고 놀까 봐 문지방에 앉아 있기도 했고요. (웃음) 정서적인 교감을 하면서 친하게 지낸 건 언니가 대학에 입학하면서였어요. 아버지가 주재원으로 발령을 받아서 가족 모두가 런던에서 살았는데 몇 년 뒤, 저희는 돌아오고 언니만 그곳에 남아 대학에 다녔거든요. 따로 지내면서 애틋함 같은 게 생긴 것 같아요. 언니한테 편지를 써서 보내고, 방학 때 집에 오면 같이 떡볶이 먹으러 다니고 그랬어요.

언니는 그래픽 디자이너로, 동생은 패션 에디터로 일했어요. 직업인으로서 서로를 어떻게 생각했는지 궁금해요.

최지연 기본적으로 서로가 하는 일에 대한 존중이 있었어요. 직업은 다르지만 아예 다른 분야는 아니었기 때문에 이해도가 높았죠. 서로를 통해 얻는 지식과 정보가 많았고 관심사도 크게

다르지 않아서 여러모로 도움이 됐어요. 작은 프로젝트를 함께 하기도 했고요.

최서연 브랜드 프로젝트를 기획할 때 언니를 디자이너로 섭외해 일한 경험이 있어요. 합이 잘 맞더라고요. 길게 설명하지 않아도 되고, 피드백을 주고받을 때도 서로 오해하거나 기분 나빠하는 일 없이 순조롭게 잘 진행이 됐어요.

미리 합을 맞춰 본 셈이네요.

최서연 합이 잘 맞지 않더라도 남이라면 더 이상 안 보고 끝낼 수 있지만 저희는 그럴 수 없잖아요. 싸우거나 의견이 맞지 않을 때 남에게 들이는 노력과 필요 이상의 에너지를 사용하며 해결하기 위해 애쓰죠. 그냥 마음을 닫아 버릴 순 없으니까, 무의식적으로 그렇게 하는 것 같아요.

단발성으로 일하는 것과 지속 가능한 사업의 파트너로서 일하는 것은 달라요. 카바라이프를 시작한 특별한 계기가 있었나요?

최서연 시작에는 형부인 박치동 이사님이 있었어요. 예전부터 건축가인 형부, 언니와 자주 어울리며 이야기를 많이 나눴는데 당시 저희 모두가 하던 일에서 벗어나 새로운 걸 해보고 싶었어요. 지금 한국에선 예술, 디자인을 비롯한 다양한 창작 활동이 활개 치고 있는데 이를 소비로 연결하는 플랫폼은 없으니까, 우리가 해보자고 했죠.

최지연 기존에는 미술, 디자인, 음악 등 장르에 따른 경계가 분명히 존재했지만 요즘엔 이를 넘나들며 활동하는 크리에이터가 더 많아요. 그중에서 우리와 감도가 맞는 작가를

찾아 그분들의 장기를 더 잘 보여 줄 수 있는 기회를 만들면 좋을 것 같았어요. 그렇게 엎치락뒤치락하다가 지금의 모델을 만든 거예요.

카바라이프에서 두 분의 역할은 각각 무엇인가요?

최서연 지연 대표님은 경영 전반을 맡고 있는 CEO예요. 함께 상의하긴 하지만 우리 회사가 나아가야 할 방향을 설정하고 살림도 들여다봐야 하죠. 저는 CCO Chief Creative Officer 로서 크리에이티브 영역을 맡아 아티스트 관리 등을 집중적으로 하고요.

동업을 결심했을 땐 서로의 어떤 점을 눈여겨봤는지 궁금해요. 비즈니스 파트너로서 눈에 띄는 장점이 있었나요?

최지연 비즈니스에 관해서는 둘 다 아무 생각이 없었어요. 〈이 사람이랑 사업을 하면 잘될 것 같다〉라는 생각보다는 막연하게 함께하면 좋겠다는 믿음이 컸죠. 짧게나마 함께 프로젝트를 진행한 경험이 있었기 때문에 일을 똑 부러지게 잘한다는 건 알고 있었고요. 지금도 그렇고 서연 이사랑 같이 뭔가를 하면 벽에 부딪친다거나 답답한 느낌 없이 시원시원하게 처리돼요.

최서연 가족이라서 하는 말이 아니라 굉장히 뛰어난 감각이 있는 사람이라고 늘 생각해 왔어요. 내가 좋아하고 믿는 사람, 존경하는 사람과 함께한다면 뭐라도 할 수 있을 거라는 막연한 믿음으로 시작했고요. 무엇보다 아이템에 대한 확신이 있었어요. 무조건 해야 한다고 하면 승산이 있을 거라는 자신이 있었죠. 어떻게 해야 할지 실질적인 전략이나 방법에 대한 계획과 사전 지식은 없었지만…… (웃음) 저희 둘 다 멋모르고

일을 벌였기 때문에 그래서 더 재미있게 할 수 있었던 것 같아요. 맨땅에 헤딩하듯 하나하나 해보는 수밖에 없었어요.

일을 추진하고 진행하는 방식에 있어 굉장히 〈쿵짝〉이 잘 맞았네요.

최지연 몇 차례 프로젝트를 같이 하며 어느 부분에서 잘 맞고 또 부딪치는지 파악한 것도 있고요. 무엇보다 함께 일하기 위해선 〈템포〉나 〈결〉처럼 말로 설명할 수 없는 감각의 합이 중요한데 그런 면에선 잘 맞았죠.

최서연 저 역시 언니의 능력을 200퍼센트 신뢰하니까, 그 부분에 대해선 따로 의심하거나 확인할 필요 없이 전적으로 기댈 수 있었어요. 다만 동업을 한다는 것은 단순히 같이 일을 하는 것과는 또 다른 이야기더라고요.

〈함께 크리에이티브를 발현하는 것과 비즈니스를 하는 건 별개다〉라는 뜻인가요?

최지연 각자 기획자, 디자이너로서 함께 일하는 것은 아예 다른 영역이에요. 마치 처음 만나는 사람들처럼 서로 품을 들이며 새롭게 관계를 맺어야 했으니까요.

최서연 초기엔 우리처럼 잘 맞는 사람들이 왜 자꾸 부딪치는지, 이유가 무엇인지, 또 어떻게 해결해야 할지 잘 몰랐어요. 몇 년을 같이하고 나니까 알겠더라고요. 카바라이프는 우리가 그동안 쌓아 온 관계를 바탕으로 하지만 비즈니스를 하기 위해선 〈제로〉부터 다시 시작해 우리 둘 사이를 완전히 새롭게 정의해야 한다는 것을요. 말그대로 CEO, CCO로서 함께 일해야 하니까요.

그래서 지금은 안정기인가요?

최서연 정신이 조금 든 시기랄까요. 열심히 달리고 있죠. (웃음) 규모가 작았을 땐 직함만 CEO, CCO일 뿐이지 하나부터 열까지 모든 것을 같이 했어요. 만약 제가 회계사 출신의 CFO였다면 숫자를 보고 계산하는데 능했을 텐데 그런 게 아니잖아요. 언니는 디자이너로서, 저는 기획자로서 했던 일이나 캐릭터, 역할이 비슷했기 때문에 한 몸처럼 기획부터 마무리까지 쭉 같이 했죠. 그런데 회사의 규모가 커지고 일도 많아지니까 분리할 수밖에 없더라고요.

최지연 처음부터 역할을 분명하게 나누었다면 각자 맡은 일을 좀 더 힘 있게, 집중해서 할 수 있었을 텐데 초반에는 이것을 몰라서 둘 다 어려움을 겪은 것 같아요. 저 역시 디자이너였기 때문에 초기엔 브랜드를 만드는 데에 있어 크리에이티브한 발현에 더 몰두했어요. 실제로 제가 잘하는 분야이기도 하고요. 그래서 불과 얼마 전까지도 서연 이사와 공동으로 하는 일이 많았는데 지금은 경영에 좀 더 집중하고 있어요.

최서연 사실 지금도 제 마음은 양가적이에요. 다시 옛날처럼 언니와 함께 뭔가를 만들어 보고 싶은데 언니는 또 CEO로서 해야 할 일이 있으니까. 서로 간에 역할과 업무를 정리하면서 우리만의 조직도를 다시 그리는 단계라고 할 수 있어요.

창작을 파생하는 아트 커머스 플랫폼

처음 카바라이프 웹사이트를 봤을 때 브랜드 이미지가 무척 강렬했어요. 작품 자체도 흥미로웠지만 그걸 보여 주는 방식에 있어서도 시각적 끌림을 느꼈다고 할까요.

최서연 당시 크리에이티브하고 재미있는 작업을 하는 작가들을 국내외 가리지 않고 찾아 모았어요. 전시를 보러 가거나 온라인 검색을 하면서 〈이런 무드의 작품이 있으면 좋겠다〉라고 생각하는 이미지를 수집한 거죠. 그걸 가지고 키노트로 디자인해서 웹사이트 시안을 만들었고요. 저희가 원하는 이미지와 비슷한 느낌, 무드와 인상 등을 고려해 재미있는 작업을 하는 분들을 모아서 시작한 거예요.

최지연 브랜드 이미지를 따로 정의하지는 않았어요. 브랜딩도 막연하게 시작했는데 로고의 경우 우리가 흔히 보는 패션, 라이프 스타일 브랜드의 느낌보다는 아예 발상 자체를 다르게 해서 옛날 이탈리아 공업사 무드로 디자인했고요. 미리 무언가를 규정하기보다는 단순하게 우리가 끌리는 것을 가지고 하고 싶은 대로 한 다음에 그걸 정의하는 게 저희의 방식이에요. 〈카바라이프〉라는 이름도 그렇게 지었어요.

이름에는 어떤 특별한 뜻이 있는지 궁금한데요.

최서연 후보는 많았지만 한동안 정하지 못하고 있었어요.

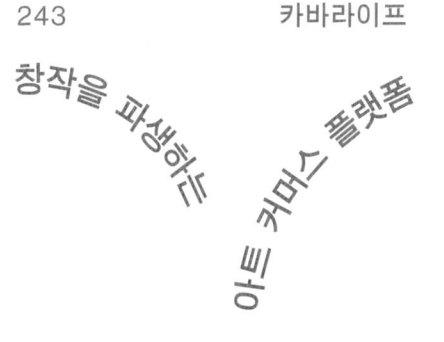

둘이서 골머리를 앓던 중에 언니와 잡지 커버에 관한 이야기를 하게 됐는데 〈커버〉를 흔히 〈카바〉라고 하잖아요. 이 말의 발음이 예쁘게 들리는 거예요. 알파벳으로 〈CAVA〉라고 썼을 때 조형적인 느낌도 좋았고요. 기분 좋을 때 축배를 들며 터트리는 스페인의 샴페인을 뜻하는 것도, 또 스페인어로 집을 의미하는 〈카사CASA〉와 발음이 비슷한 것도 마음에 들어서 여러모로 〈딱〉이다 싶었어요. 그런데 〈카바〉가 워낙 유명한 술이다 보니 이미 도메인 등록이 되어 있더라고요. 가능한 것 중에 고르다가 〈카바라이프〉로 짓게 됐죠. 아트, 디자인을 라이프 스타일 브랜드로 치환하는 저희 브랜드 정체성과도 잘 맞아서 마치 운명처럼 느껴졌어요.

크리에이티브의 발현에 있어 〈우연〉과 〈찰나〉에서 많은 영감을 받는 것 같아요.

최서연 저희는 새로운 무엇을 할 때 키워드는 정하지만 굳이 스토리텔링을 하거나 논리적으로 전개하기 위해 노력하진 않아요. 둘 다 비주얼을 다루고 만들었던 사람들이기 때문에 시각 자료를 모아서 그걸로 소통하죠. 이미지를 셀렉할 때도 그렇고 비주얼을 보는 관점 자체에 업력이 깃들어 있다고 할까요? 직업의 특수성으로 전 세계 온갖 곳을 돌아다니며 좋은 것, 뛰어난 것들을 많이 보아 왔으니까요. 또 문화 예술계에서 요즘엔 누가 잘하는지, 왜 이 사람들이 주목을 받는지 등에 대해 끊임없이 보고 들으며 생각하기 때문에 이 모든 게 다 반영되는 것 같아요. 앞서 말한 로고도 그렇게 만들었어요. 2017년 카바라이프 론칭을 준비하며 저희끼리 밀라노 디자인 위크에 갔었는데 폰다지오네 프라다에 가는 길에 우연히 발견한

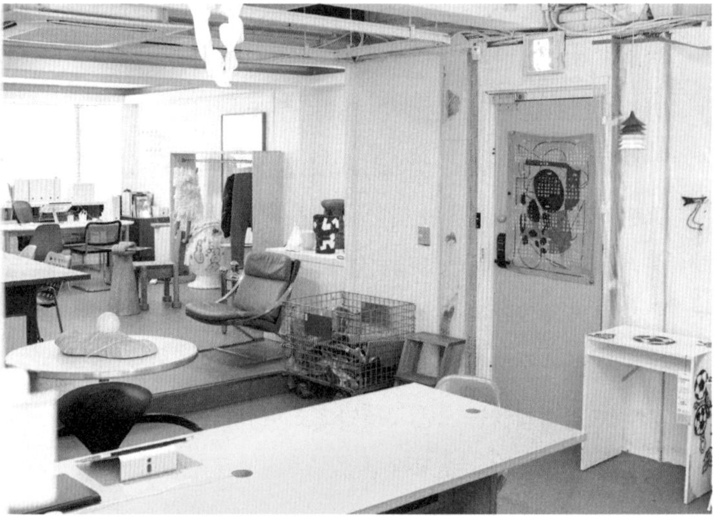

공업사 로고가 너무 예쁜 거예요. 막연하게 저런 느낌의 〈큰〉 로고를 갖고 싶다고 생각했는데 지연 대표님이 정말로 그렇게 〈뽕〉 만들었어요. 저희는 꿈이 컸기 때문에 삼성, 애플, 구글처럼 다양한 제품군을 다 담을 수 있는 〈큰〉 로고를 원했거든요.

카바라이프는 따로 롤 모델이 없잖아요. 기존에 없는 비즈니스 모델을 만드는 데에 어려움은 없었나요?

최서연 예전에 투자를 받으려고 몇 번 시도한 적이 있어요. 그때마다 관계자 분들이 어디를 벤치마킹했는지 꼭 묻더라고요. 〈없다〉라고 답하면 다들 무척 황당해했는데 저희 역시 우리가 하려는 바를 정확히 설명하고 이해시키기가 여의치 않아 힘들었어요.

최지연 초창기에는 기존 모델이 없으니까 보릿고개같이 어려운 시절도 겪으며 고생 좀 했죠. 〈이대로 괜찮을까?〉, 〈사람들이 하지 않는 데에는 다 이유가 있는 게 아닐까?〉라는 생각을 하면서 우리가 하고 있는 일을 반추하기도 했고요. 그래도 이제는 아카이브가 조금씩 쌓이면서 사람들도 카바라이프라는 브랜드를 조금씩 받아들이고 있는 것 같아요. 지금은 자신감을 갖고 이대로 하면 되겠다는 확신이 든 상태예요.

그렇다면 카바라이프가 하는 일은 정확히 무엇이라고 정의할 수 있을까요?

최서연 저희는 단순한 아트 커머스 브랜드가 아닌 〈플랫폼〉이에요. 플랫폼으로서 작가들과 함께하고 그들을

전면에 내세우며 다양한 브랜드 활동을 하죠. 처음에는 〈플랫폼〉이라는 정체성이 너무 모호하다는 의견이 많았어요. 쿠팡도, 네이버도 다 플랫폼이니까 차라리 명쾌하게 〈셀렉숍〉으로 하는 게 낫지 않겠냐고요. 그럴 때마다 저는 속으로 〈우리는 그런 거 아닌데……〉라고 생각했는데 제가 이 일을 하는 가장 큰 동력 중 하나가 〈플랫폼〉에 있거든요. 저는 카바라이프가 하는 일이 하나의 〈장〉을 만드는 것이라고 생각해요. 문화 예술계에 재미있는 일을 도모함으로써 사람들을 계속 모으고 또 이를 계기로 새로운 기회를 만드는 〈장〉의 역할을 하면 좋겠어요. 저희 역시 카바라이프를 만든 주체이지만 이 장을 통해 여러 사람을 만나고 커뮤니케이션하며 성장하고 그 성장을 통해 새로운 창작을 하길 바라고요. 그것이야말로 카바라이프의 순기능이라고 생각해요.

최지연 멈추어 있지 않고 계속해서 새로운 창작 활동이 일어나게 하는 거죠. 크고 작은 실험을 마친 지금이 그 순기능을 발휘하기에 적절한 타이밍인 것 같아요. 다양한 작가들과 협업해 피드백을 주고받으며 새로운 브랜드를 만들고 제품 하나하나를 선보이면서 창작을 파생시킬 수 있는 타이밍이요.

생각해 보면 카바라이프에선 늘 재미있는 일이 일어났던 것 같아요. 특히 오프라인에서는 단순히 작품을 사는 것 이상의 경험을 할 수 있다는 점에서 신선했고요. 처음 〈유엔빌리지〉에서 팝업 스토어를 열고, 작품의 정보와 가격을 카카오톡으로 쉽게 검색할 수 있는 서비스를 했을 때부터 그랬어요. 획기적이면서도 재밌었죠.

최서연 저희는 이런저런 아이디어를 툭툭 던지는 편이에요.

지연 대표님도 회의를 하다가 갑자기 〈나 이거 딴 얘기인데〉라고 하면서 뜬금없는 이슈를 말하는데 그러면 이제 또 새로운 주제에 대한 난상 토론이 벌어지는 거죠. (웃음) 클라이언트 프로젝트를 할 때도 다양한 아이디어를 많이 내는 편인데 너무 실험적이면 위험 요소도 크니까 채택되는 건 별로 없어요. 반면 우리 브랜드에선 별다른 제약 없이 재미있겠다 싶은 것들을 실제로 구현할 수 있으니까, 이런 과정에서 느끼는 희열이나 즐거움 역시 일을 하는 데에 큰 힘이 되죠.

이런저런 아이디어를 실제로 구현했던 가장 인상 깊은 사례를 꼽는다면요?

최서연 2019년 밀라노 디자인 위크에서 진행한 팝업 스토어 「CAVA.CITY.MILAN」이 기억에 남아요. 〈당신에게 어울리는 카바라이프는 무엇일까요?〉라는 주제로 온라인 설문 조사를 하고 방문객이 답을 하면 그에 맞는 작품을 추천해 주는 프로그램을 운영했는데요. 그 결과가 담긴 큐알 코드를 영수증으로 출력해 기념품처럼 가지고 갈 수 있게 했어요. 사실 아이디어의 출발은 밀라노에 작품을 직접 가져가지 못하는 제약으로부터 나왔어요. 작품 중에는 쉽게 깨지는 소재가 많고 운반하는 데에 비용도 많이 들기 때문에 현실적으로 가져갈 수 없으니 우리가 하는 일을 어떻게 보여 줄 수 있을지 고민하던 중에 생각한 아이디어였죠.

최지연 관람객에게 하는 설문 조사는 우리가 흔히 말하는 〈이상형 월드컵〉에서 영감을 받았어요. 직관적인 질문을 던지고 답변에 따라 그에 어울리는 작품을 추천해 주는 방식을 게임처럼 해보자고요. 이에 저희 카바라이프에서도 소개하고

있는 〈업체eobchae〉의 김나희 작가님이 웹 프로그래밍을 맡아 주셨고요. 이동훈 개발자에 의뢰해 그 결과를 영수증으로 출력해서 기념품처럼 가져갈 수 있도록 기계도 만들었어요. 이후 영수증의 그래픽을 비주얼 아이덴티티로 삼아 포스터를 제작했는데 결과적으로 설문에 참여한 개개인이 가져간 영수증 역시 작은 포스터 역할을 한 셈이에요. 이 외에 굿즈로 한글로 레터링을 해 외국인에게 더 인기가 있었던 〈카바 가방〉도 제작하는 등 기획부터 실행까지 휘몰아치듯이 한 프로젝트였어요.

최서연 밀라노 디자인 위크에 참여한 것 역시 즉흥적으로 결정한 일이었어요. 라이즈 호텔에서 진행한 저희의 두 번째 팝업 스토어 「레이어스Layers」를 보고 감동받은 박치동 이사님이 적극 추천했죠. 당시 음악, 퍼포먼스같이 비물질의 작업을 선보이는 작가의 작품을 머천다이즈로 재구성해 〈상품〉으로 선보였었는데 그게 충격적일 만큼 좋았나 봐요. (웃음) 세계의 관람객들에게 카바라이프를 알려야 한다고, 밀라노 디자인 위크에 가자고 하더라고요. 사실 저는 디자이너가 아니기 때문에 그 행사에 대해 잘 알지도 못했고 심지어 일정도 무척 빠듯해서 얼떨떨한 기분으로 준비했거든요. 그래도 워낙 벼락치기에 강하다 보니 또 후다닥 하게 되더라고요. 〈한국인은 어떻게든 다 해낸다〉라는 것을 증명한 프로젝트였습니다. (웃음)

저희도 우리에게 맞는
방법은 무엇일지 여러
가지 시도를 하며 성공과
실패를 반복했고 여전히
그 과정 중에 있어요.
— 최지연

지속 가능함을 위한 카바라이프의 2막

카바라이프는 온라인을 기반으로 시작했죠? 남영동에 새로운 쇼룸이 생겼을 때 많은 작품을 실물로 볼 수 있어서 무척 반가웠어요.

최지연 저희는 이곳이 문화 예술을 사랑하는 사람들이 사랑방처럼 드나들며 모이는 커뮤니티가 되길 바라지만 상업적인 기능도 생각할 수밖에 없어요. 결국 우리의 목적은 작품을 판매하는 것이니까, 사람들이 구매할 수 있는 새로운 환경을 만들기 위해 계속해서 실험하며 이상적인 형태를 만들어 가는 중이죠. 이전에 오래된 가옥을 리모델링해서 사무실과 쇼룸으로 사용했던 공간 역시 그대로 유지하고 있는데 중간중간 이슈가 있을 때 전시를 하거나 대관을 해주기도 해요.

최서연 처음에는 사람들이 수시로 드나들 수 있는 〈선물 가게〉 콘셉트로 문을 열었지만 아직 정확하게 어떤 의도로 사용하겠다고 결정을 못 내린 상태예요. 지금은 함께하는 작가 수가 워낙 많다 보니 좀 더 집중해서 선보이고 싶은 작가를 선정해 〈클럽 하우스〉라는 이름으로 개인전과 프레젠테이션, 팝업 스토어를 함께 열어 선보이고 있어요. 이번에 소개하는 작가는 이지앤아트EGNARTS라는 패션 디자이너 팀인데

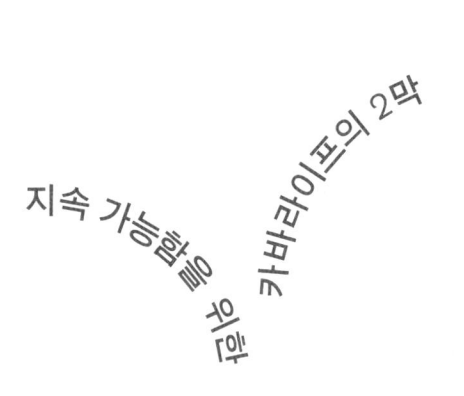

이름에서 유추할 수 있듯 일상생활에서도 쉽게 적용할 수 있는 예술을 추구해요. 보통은 고정되어 있는 포켓을 이리저리 바꿀 수 있도록 디자인한 바지는 실제로 이발사가 각종 도구를 손쉽게 보관할 수 있도록 커스텀으로 제작한 것이고요. 다양한 색의 펜을 꽂고 물을 뿌리면 물이 흘러내리는 문양대로 코스튬을 할 수 있는 재미있는 발상의 재킷도 있어요. 사실 저희가 소개하는 작품에 대한 수요는 그렇게 많지 않아요. 그럼에도 불구하고 좋아서 하는 일인 거죠. 대신 회사를 안정적으로 운영하기 위한 방편으로 브랜딩, 공간 컨설팅, 아트 컬래버레이션 등의 외부 프로젝트와 아티스트 에이전시 활동을 하기도 하고요.

외부 프로젝트 역시 활발히 하는군요.

최서연 카바라이프를 하기 전에 프리랜서로 마케팅 프로젝트 컨설팅을 쭉 해왔으니까요. 저희가 소개하는 아티스트가 중심이 될 수 있는 프로젝트라면 굳이 마다할 이유가 없죠. 예를 들어 이배 작가와 함께 〈생로랑 프리즈 아트페어 전시 프로젝트〉도 기획, 진행했었고요. 잠수교에서 열린 〈루이뷔통 2023 프리폴 컬렉션〉 애프터 파티의 기획을 맡으면서 한국 뮤지션들을 대거 소개하기도 했어요. 지난해에는 새롭게 오픈한 호텔 나루에서 스위트룸을 비롯해 전체 객실, 공연 공간에 한국의 젊은 작가들의 작품을 들여놓고 싶다고 해서 컨설팅을 맡았어요. 하지만 이런 외부 프로젝트는 그야말로 단발성으로 진행하는 것이고요. 요즘에는 저희가 하는 여러 가지 일에 있어 지속 가능성에 대해 계속 고민하고 있어요.

최지연 클럽 하우스에서 하는 것처럼 좋은 작업을 하는 작가 한

명, 한 명을 조명하는 것도 좋지만 저희가 좀 더 적극적인 기획자 역할을 맡아서 작가들과 협업해 카바라이프만의 브랜드를 선보이는 것을 고려하고 있어요. 물론 이런 방식의 협업이 흔하다면 흔할 수 있지만 우리만의 고유성과 특징을 분명히 하면 경쟁력을 가질 수 있으리라 생각해요.

일종의 카바라이프의 PB 작품을 만드는 거네요.

최서연 이전에도 그래픽 디자이너들과 도어 매트 시리즈를 만든 경험이 있는데 당시에는 이걸 계속 해야 할지 고민이 많았어요. 그런데 카바라이프가 만든 제품으로 잘 정착되는 걸 보고 좀 더 구체화하고 확장해야겠다고 마음먹었죠. 단순히 작품 판매에만 의지하는 수수료 비즈니스에 머물 게 아니라 카바라이프의 성장과 지속 가능성을 고려했을 때 필요한 일라고 생각해요. 저희는 다양한 장르의 많은 작가 풀을 가지고 있으니까, 이러한 자산을 바탕으로 우리가 할 수 있는 건 무조건 해야 한다고 봐요.

카바라이프를 운영할 때 위기도 있었나요? 어떻게 해결했는지 궁금해요.

최서연 시기로 말한다면 코로나가 막 시작된 때였는데요. 꼭 코로나 때문만은 아니었는데 전반적인 운영에 있어서 고비였던 것 같아요. 프로젝트 단위로만 일한다면 늘 하던 대로 재미있게 하면 되지만 경영자는 회사의 곳간이 얼마나 채워져 있는지, 얼마를 더 채워 넣어야 하는지 등을 파악하고 해결해야 하잖아요. 그런데 저희 둘 다 그런 메커니즘으로 사고하지 못했어요. 한마디로 생존 전략이 부족했죠.

최지연 저희끼리는 이때를 〈보릿고개 시절〉이라고 부르는데요. 정말 큰일 났다 싶어서 당장 할 수 있는 일부터 집중해서 해보기로 했어요. 우선 온라인 판매에 비중을 두며 작가 수를 공격적으로 늘렸고, KPI를 설정해 몰입하면서 차근차근 만회해 나갔죠. 그 결과 극복까지는 아니지만, 300퍼센트 정도 성장하며 급한 불은 끌 수 있었어요.

최서연 그때부터 경영 만학도로서의 삶이 시작된 거예요. 특히 지연 대표님이 유튜브를 보면서 독학으로 경영 공부를 엄청 열심히 했어요. (웃음) 현실을 직시하고 아트 디자인 업계의 가난한 스타트업으로서 이 고비를 어떻게 헤쳐 나갈 것인지 많은 고민과 생각을 하게 된 거죠. 주변 사례를 찾아보니까 창업은 미리 철저히 공부해서 준비를 마친 뒤 지원금까지 받아서 시작하는 경우가 많더라고요. 저희는 아무것도 모르고 시작했는데 말이죠. 그런데 또 생각해 보면 지원금을 받을 경우 정해진 틀, 요구되는 주제에 맞게 일을 진행시켜야 하니까, 결과적으로 우리가 일하는 방식과 맞지 않았을 것 같아요.

성공적인 비즈니스란 정답이 없으니까요.

최지연 요즘도 서점에 가면 브랜드 전략, 창업 성공의 비법을 말하는 책이 많이 나와 있잖아요. 저는 이것이 책에 나온 대로 열심히 따라 해도 실제로 성공하는 경우가 없다는 방증 같아요. 물론 성공한 사람들에겐 나름의 방법과 전략이 있을 거예요. 하지만 그것이 모든 케이스에 통용되는 건 아니라는 거죠. 무조건 그대로 따라 한다고 되는 게 아니라 각자의 성향, 상황, 그리고 조건에 맞게 만들어 가야 한다고 봐요. 저희도 우리에게 맞는 방법은 무엇일지 여러 가지 시도를 하며 성공과 실패를

GHOST
JELLYFISH
LAMP
GHOST
JELLYFISH
LAMP

반복했고 여전히 그 과정 중에 있어요. 플랫폼으로서 정체성을 공고히 하기 위해 커뮤니티를 탄탄히 하고, 우리만의 브랜드, 우리만의 작품을 만듦으로써 새로운 창작을 발생시키는 등 큰 단락에서 해야 할 일만 어느 정도 정한 상태랄까요. 이젠 그 방향에 맞게 구체화해 나가야죠.

카바라이프의 많은 것이 바뀌고 있는 시기군요.

최서연 저희가 2017년부터 준비해서 2018년에 론칭했으니 5년 정도 지났잖아요. 지금은 카바라이프의 큰 그림을 새롭게 그려야 할 시기라고 생각해요. 저희 둘 다 어느 정도 나이가 들었기 때문에 실무자에서 경영자와 관리자로 넘어가야 할 시점이기도 하고요. 일종의 물을 대는 역할이라고 할까요? 회사가 성장할 수 있는 힘과 발판을 만드는 일을 해야 하는 거죠. 요즘도 만학도가 되어 열심히 공부하고 있는 이유예요. 물론 체계적으로 분석하고 논리적으로 따져서 그 결과를 예상하고, 시뮬레이션한 대로 되면 좋겠지만 사업이라는 것이 계획대로 되는 건 아니니까요. 지금도 저희는 이리저리 막 굴러가면서 방법을 찾고 있어요. 지난 시간 그래 왔던 것처럼요.

최지연 예전에 하던 방식을 고수하는 것만이 정답은 아니라고 생각해요. 저도 디자이너이기 때문에 디자인하고 싶을 때가 있지만 이제는 실무를 할 수 있는 팀원들이 있으니까, 말 그대로 CEO로서 경영에 집중하기 위해 노력하고 있어요. 실제로 이렇게 프로젝트를 진행해서 몇 차례 작은 성공을 맛보기도 했고요. 모든 걸 직접 하기보다는 잘하는 친구들에게 실무를 맡기고 그들에게 힘을 실어 줬을 때 좋은 결과가 나오는 것 같아요.

단둘이 일할 때와 팀원들과 함께 일할 때 소통 방식의 차이가 있을 것 같은데요?

최지연 합이 맞는 직원을 뽑는 것은 어려운 일이죠. 그 사람이 했던 작업, 포트폴리오만 봐서는 몰라요. 우리와 잘 맞는다고 생각해서 함께 일하기로 했는데 막상 경험해 보니 그게 아닐 때도 많고요. 그런데 생각해 보면 그들은 우리가 아니니까, 그 누구도 내 마음같이 일할 순 없는 것 같아요. 오히려 그렇게 한다면 더 이상하지 않을까요? 저희는 운이 좋게도 보석 같은 친구들과 함께 일하고 있지만 모두 내 마음 같지는 않아요. (웃음)

최서연 카바라이프를 소개하는 자료가 따로 있긴 해요. 하지만 브랜드의 정체성을 공부하듯 배우고 익힌다고 알 수 있는 것은 아니기 때문에 우리가 하는 일이 정확히 무엇인지 알고 큰 방향성을 이해한다면 그걸로 충분하다고 생각해요. 그 외에는 예술 디자인계에 대한 관심, 호기심을 갖는 것이 중요하고요. 무엇보다 카바라이프는 플랫폼이잖아요. 계속해서 새로운 자극이 필요하기 때문에 다양성을 위해서라도 저희 둘이 만든 틀, 가이드에 맞춰서 입맛에 맞는 친구를 뽑기보다는 오히려 우리가 갖고 있지 않은 면모와 개성을 지닌 사람과 함께 일하는 것이 맞다고 봐요. 제가 모르고 있는 것, 처음 보는 것을 잘 아는 친구들과 손잡고 함께 일하고 싶은 마음이 훨씬 커요.

앞으로도 우리는 잘하고 좋아하는 걸 계속할 계획입니다

두 분의 성격은 어떤가요? 비슷한 편인가요?

최서연 둘 다 활달하고 주도적인 편이에요. 다만 제가 좀 강하게 말하는 스타일이라면, 언니는 부드럽죠. 또 저는 성격이 불같고 급한 반면 언니는 차분하면서도 느긋한 편이고요. 그런데 둘 다 주도적인 건 맞아요. 특히 일을 하는 데에 있어서 추진력이 강하고요.

사업의 파트너로서, 또 함께 일하는 크리에이터로서 상대방의 어떤 점을 가장 신뢰하는지 궁금해요.

최지연 최근에 제가 몸이 안 좋아서 한동안 자리를 비웠어요. 카바라이프 내에 여러 가지 변화로 정신없던 시기였는데 서연 이사가 혼자 맡아 모든 걸 다 해야 했거든요. 돌아와 보니 잘했더라고요. (웃음) 원래 일 잘하는 건 알았지만 그건 크리에이티브한 영역이었고, 사실 경영 관리에 있어서는 자잘하게 챙길 것도, 크게 봐야 할 것도 많은데 알아서 잘 이끌어 나간 것을 보고 믿고 맡겨도 되겠다고 생각했어요.

최서연 저희 언니가 어릴 때부터 동네에서 옷 잘 입기로 유명했어요. 유행을 선도하는 〈트렌디〉한 언니 덕분에 덩달아

제 어깨까지 으쓱했죠. 반면 저는 주로 추리닝만 입고 다니던 〈톰보이〉 스타일이었고요. 이런 제가 패션 에디터가 된 데에는 언니의 영향이 컸던 것 같아요. 직접적으로 뭘 가르쳐 주거나 어떻게 하라고 한 적은 없지만 어깨너머로 언니를 보고 배우며 미적 감각을 습득한 거죠. 실제로 일을 할 때도 저 혼자 할 때와 언니의 손길이 닿았을 때 결과물의 차이가 커요. 감도 자체가 다르다고 할까요? 크리에이터로서 제가 신뢰하고 존경하는 부분일 수밖에 없어요.

지금의 카바라이프를 만든 그 감도를 말하는 것이군요.

최서연 네, 절대 배움으로 습득할 수 없는 타고난 재능이죠. 신기한 게 저희 조카들이 그 DNA를 물려받아서 패션 감각이랄지 색을 고르는 센스가 정말 좋아요. 둘 다 그림도 잘 그리고 쇼핑도 좋아하고요. (웃음)

자매는 어릴 때부터 다투면서 크잖아요. 일할 때는 어떤가요? 다투기도 하나요?

최서연 크고 작은 결정을 내릴 때 의견이 다르면 부딪치기도 해요. 또 생활 패턴, 라이프 스타일이 다르다 보니까, 거기서 비롯되는 갈등도 있고요. 서로 다른 두 사람의 의견이 매번 같을 순 없잖아요. 다르고 안 맞을 수밖에 없는데 이것 때문에 계속 마음이 상할 순 없으니까, 서로 오픈해서 얘기할 수 있는 기회를 만들었어요. 감정적으로 안 좋았던 시기를 지나고 지나 지금에 이른 거예요. (웃음)

최지연 저는 결혼을 해서 미혼일 때와는 삶의 모습이 달라요. 일하는 패턴도 그렇고 규칙적으로 타임 라인을 정해서 움직일

수밖에 없는데 서연 이사는 늦은 밤, 주말 관계없이 일하니까, 그런 차이에서도 갈등이 있을 수밖에 없죠. 중요한 건 해결하려는 의지를 갖고 방법을 찾는 것이라고 생각해요.

그래서 해결 방법은 무엇이었나요?

최지연 솔루션은 〈서로 조심해서 말하자〉였습니다. 아무래도 자매니까 편하게 말하기 쉬운데 그 때문에 상처받을 때가 많더라고요. 조심해야 할 부분을 좀 가리고 주의하다 보니 서로를 대하는 요령이 생겼어요. 내가 받아들일 것과 포기해야 하는 것, 반대로 주장해야 할 것을 각자 알아서 판단하고 조절할 줄 알게 되었다고 할까요. 자매에서 함께 일하는 사이, 더 나아가 동업을 하는 관계에 이르기까지 서로를 대하는 기술을 자연스레 습득하게 된 것 같아요.

일 외에 공유하는 일상은 없나요? 함께 일하며 자매 간의 우애를 유지하는 특별한 방법이 있다면요?

최지연 오히려 같이 일하기 전에는 따로 만나서 술도 마시고 놀러 다니면서 재미있게 지냈는데 지금은 라이프 스타일이 다르니까, 함께 뭘 하기가 여의치 않아요.

최서연 예전보다 개인적인 얘기는 더 안 하는 것 같아요. 일 얘기만 하기에도 시간이 부족하니까요. 그래서 오히려 가족 모임이 있을 때 서로의 근황을 듣습니다. (웃음)

그럼 이번 기회에 각자의 소소한 행복, 즐거움을 공유해 보시면 좋을 것 같아요. 두 분은 언제 가장 즐거우세요?

최서연 집에서 고양이를 키우고 있는데, 최근 남자 친구와 함께

강아지도 기르게 됐어요. 실외 배변을 하기 때문에 매일매일 산책을 하는데 이게 의외로 소소한 즐거움을 줘요. 사실 제 일상은 굉장히 심플해요. 아침에 일어나서 레몬 물을 마시고, 고양이 배변 치우고 출근하면 되는데 언니가 많이 바쁘죠.

최지연 아이 키우는 분들은 아실 거예요. 오늘도 큰 애가 뭘 두고 등교했다고 해서 작은 전쟁을 치르고 나왔습니다. (웃음) 워낙 혼자 있는 시간이 없다 보니 아침 시간을 활용해 사무실에서 혼자 책을 읽거나 이것저것 하고 싶은데 여의치 않아요. 그래도 기쁨이나 행복을 느끼는 건 아이들과 함께하는 시간이죠.

주변에서 자매가 같이 일하는 것에 대해 부러워하지 않을까요? 저는 많이 부러운데요. (웃음)

최지연 사업하는 친구들은 많이 부러워해요. 아무래도 혼자 판단하고 결정해야 하는 일이 많은데 저희는 함께 고민하고 상의할 수 있다는 점에서 확실히 좋긴 하죠. 또 자매라서 서로에 대한 의심이나 사심 없이 일에만 집중할 수 있다는 것도 큰 장점이고요.

최서연 요즘 젊은 세대들은 효율을 중요하게 생각하잖아요. 일의 효율을 높일 수 있는 가장 작은 단위의 조직이라는 점에서도 확실히 메리트가 있어요. 각자 부족한 점은 보완할 수 있고, 내가 상황이 여의치 않아도 대신 맡아서 할 수 있는 누군가가 있으니까요.

마지막 질문이에요. 카바라이프가 앞으로 나아가고자 하는 방향, 계획에 대해서 말씀해 주세요.

최지연 궁극적으로는 우리 브랜드를 만드는 것이죠. 그래서

이번 여름에 「CAVA 2023 캡슐 컬렉션」을 발표했어요. 미키 킴, 배볼수, 소키 장, 로그, 아트스쿨 드롭아웃 같은 타투이스트들의 작업을 패션으로 전환시킨 것인데요. 서브컬처로서의 〈타투〉 역시 우리가 향유하는 문화이자 동시대 미학에 새로운 안목을 제시한다는 점에 주목해 새롭게 제품화했어요. 〈타투〉라는 특성을 잘 보여 줄 수 있도록 속이 비치는 메쉬와 우레탄 비닐 소재로 티셔츠, 우비, 우산 등을 만들었습니다. 재미있었던 일은 캠페인 촬영을 작가님 집에서 했는데, 놀러 온 친구들까지 합세해 즉흥적으로 찍었어요. 장르적인 것도 그렇고 이걸 제품화해서 보여 주는 방식까지 〈카바라이프〉답게 했다는 점에서 만족스러워요.

최서연 생각해 보면 우리가 기본적으로 좋아하는 활동 중 하나가 〈발굴〉인 것 같아요. 단순히 좋은 작가를 발견해 내는 것 외에도 그 사람의 작업을 보여 주는 방식을 색다르게 한다든지 새로운 시도를 할 수 있는 계기를 만드는 거죠. 아트, 디자인을 라이프 스타일 제품처럼 보여 주자는 콘셉트는 이젠 더 이상 새롭지 않을뿐더러 다른 브랜드에서도 모두 잘하고 있잖아요. 그래서 우리는 〈발굴〉을 모멘텀으로 카바라이프만이 할 수 있는 것을 하는 게 맞다고 봐요. 다행히도 작가님들 역시 저희의 제안을 굉장히 좋아하세요. 자신들의 작업을 좀 새롭게 활용할 수 있는 기획에 대해 흥미를 갖고 카바라이프에 초대되는 걸 반기기 때문에 앞으로도 저희는 잘하고 좋아하는 걸 계속할 계획입니다.

카바라이프

카바라이프는 그래픽 디자이너 최지연과 매거진 에디터 출신이자 기획자인 최서연, 건축 디자이너인 박치동이 2018년에 론칭한 아트 커머스 플랫폼이다. 페인팅, 세라믹, 그래픽 디자인, 비디오 아트 등 다양한 장르에서 활동하는 작가의 작품을 소개하며 아트 소비의 새로운 접점을 제시한다.

생각해 보면 우리가
기본적으로 좋아하는
활동 중 하나가 〈발굴〉인
것 같아요. 단순히 좋은
작가를 발견해 내는
것 외에도 그 사람의
작업을 보여 주는 방식을
색다르게 한다든지 새로운
시도를 할 수 있는 계기를
만드는 거죠.
— 최서연

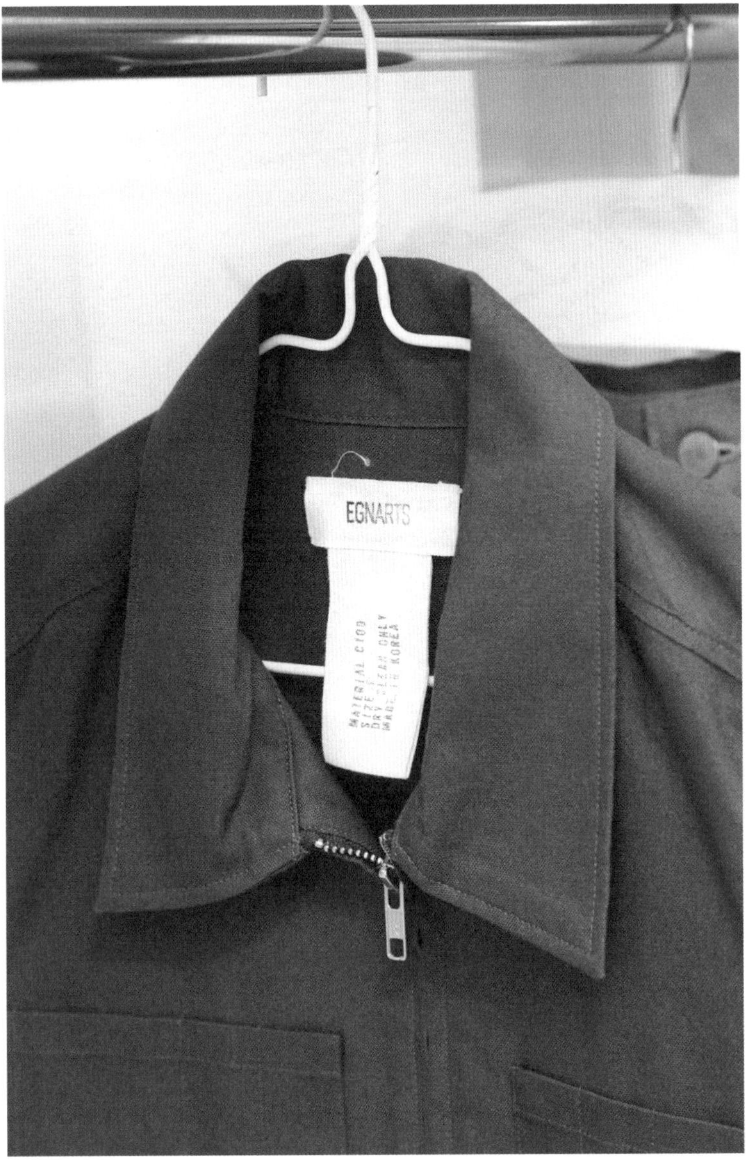
EGNARTS
MATERIAL C100

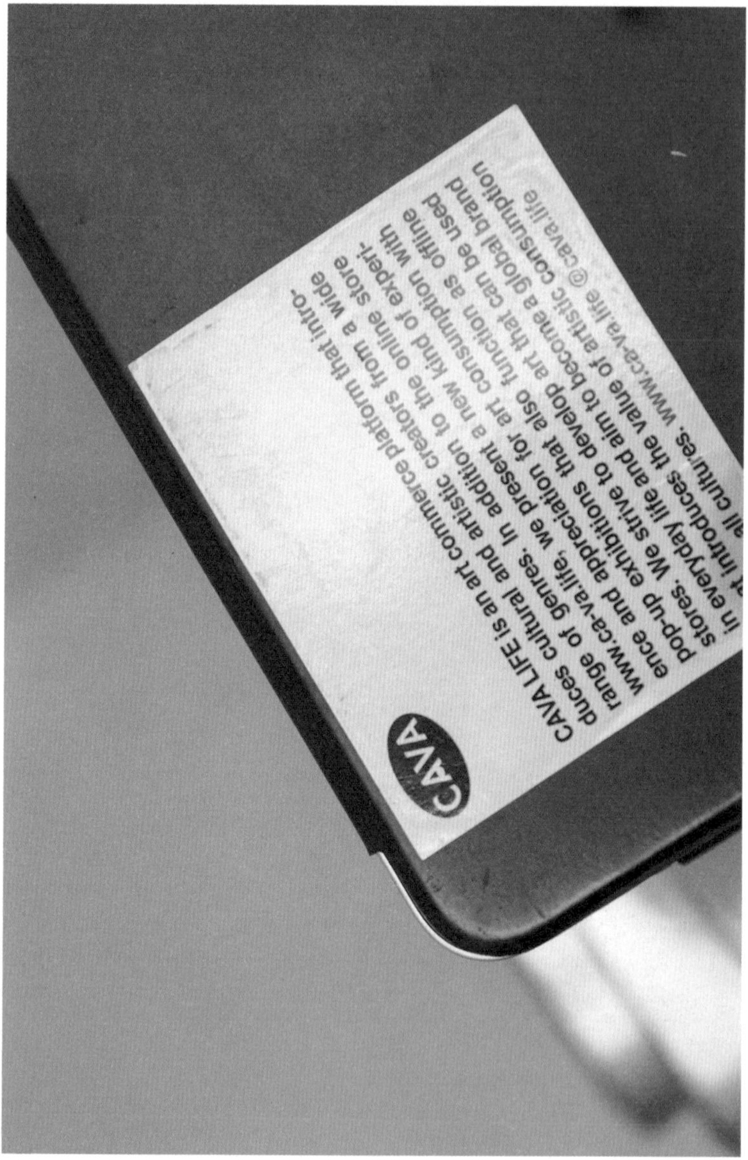
CAVA
CAVA LIFE is an art commerce platform that intro-
duces cultural and artistic creators from a wide
range of genres. In addition to the online store
www.ca-va.life, we present a new kind of experi-
ence and appreciation for art consumption with
pop-up exhibitions that also function as offline
stores. We strive to develop art that can be used
in everyday life and aim to become a global brand
at introduces the value of artistic consumption
all cultures. www.ca-va.life @cava.life

제로랩

기획부터 제작까지
전천후 디자인 스튜디오

무엇이든 〈처음〉은 모호하다. 김동훈, 장태훈 디자이너가 2010년 제로랩을 설립했을 때도 그랬다. 디자이너가 디자인만 하는 것이 아니라 목수처럼 뚝딱뚝딱 이것저것 만들었던 이들은 모호한 정체성으로 문화 예술계의 전시장과 상업 공간을 넘나들며 광범위하게 활동했다. 또 제품부터 가구, 공간, 그래픽까지 디자인의 모든 분야를 두루 섭렵하며 다양한 프로젝트에 이름을 올렸다. 그렇게 부지런히 뛰어다니길 10여 년, 제로랩은 기획부터 디자인, 제작까지 전 과정의 소화가 가능하고 분야에 상관없이 총체적 디자인을 할 수 있는 스튜디오의 대명사로 자리매김했다. 정해진 디자이너의 길을 걷지 않고 디자인의 범위와 허용치를 새롭게 정립하며 직접 길을 만들어 온 결과이다. 서로를 향해 〈우리는 친하지 않다〉라고 말하지만 그래서 더 지속 가능할 수 있었던 것이 비결 아닌 비결. 결코 쉽지 않은 여정에서 두 사람은 서로의 든든한 버팀목이 되어 주었다.

김동훈

장태훈

EZ HOLD

친한 친구와 친하지 않게 지내는 방법

같은 학교, 같은 과 동기라고 들었어요. 두 분의 첫 만남부터 이야기를 들어 보고 싶은데요.

김동훈 대학교 2학년 때, 음악 코드가 맞아서 친해졌어요. 둘 다 2000년대 초반 유행했던 시부야계 음악, 펑크록을 좋아했거든요. 이후 둘이 일본으로 여행을 가기도 했는데 3박 5일간 에어텔Airtel에 머물며 도쿄의 다양한 브랜드 쇼룸부터 리빙 숍, 미술관 등을 투어했죠.

일반적인 여행과는 다른 관광 코스네요. 대학생들의 디자인 투어 같은 것이었나요?

장태훈 맞아요. 파나소닉 같은 브랜드의 쇼룸을 돌아다니면서 직접 보고 만지는 게 너무 즐거웠어요.

김동훈 지금은 제품 디자인에 한 발 정도만 걸치고 있지만 그때 저희는 말 그대로 전통적인 제품 디자이너가 될 것이라고 생각했어요. 당시 선진화되어 있던 일본의 전자 제품, 리빙 디자인을 볼 수 있는 곳을 쭉 돌아다녔죠.

여행을 다니면서 싸우지는 않았나요?

장태훈 20여 년을 함께해 오면서 싸웠다고 할 만한 사건은 한 번도 없었어요. 사소하게 감정이 상한 적은 몇 번 있었지만요.

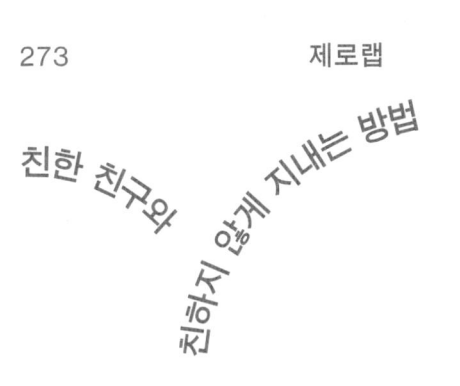

김동훈 한두 번 정도? 갈등이 있어도 바로 그날 다 풀었던 것 같아요.

그만큼 절친한 사이라는 뜻이죠?

장태훈 절친은 아니에요. 그냥 친구죠. (웃음) 저희가 2~3년 전에 어느 잡지와 인터뷰를 했었는데요. 오랜 시간 함께 잘 지낼 수 있는 비결을 묻는 질문이 있었어요. 그때도 제가 〈우리는 안 친하다〉라고 답했는데 정말이에요. 저와 김동훈 실장의 관계를 가장 명확하게 설명해 주는 말이라고 생각해요. 저희는 친하지 않아요.

20대 초반에 만나 20여 년을 함께하고 있잖아요. 그렇다면 두 분에게는 〈친하다〉라는 정의가 조금 남다른 것이 아닌가 싶은데요.

김동훈 저희는 사생활을 공유를 하지 않아요. 디자인관이나 작업에 관한 대화는 곧잘 나누고 또 잘 통하지만 개인적인 이야기는 하지 않죠.

장태훈 집안 문제로 고민이 있어도 술 한잔하면서 털어놓거나 하지 않아요. 서로 적당한 거리를 유지하기 위해 정해 놓은 선이 있다고 할까요? 필요 이상으로 깊게 들어가지 않고, 사생활에 대해서도 궁금해하지 않는데 그런 점에서 오히려 잘 맞아요.

오랜 시간을 함께하면서 자연스럽게 형성된 경계군요.

김동훈 제가 개인적인 성향이 강해요. 사람들 만나서 술 마시는 것도 별로 좋아하지 않고, 사생활 얘기도 하지 않기 때문에 자연스럽게 그렇게 된 것 같아요.

장태훈 그런 성향이 저와 맞지 않았다면 괴로웠을 텐데 저 역시 받아들이는데 껄끄러움이 없었어요. 절친의 개념이랄지 친한 사이에 대한 정의를 일반적인 것과 좀 다르게 생각하게 된 계기도 됐고요. 실제로 적절하게 잘 맞는 거리감을 유지할 수 있는 사람이 의외로 적더라고요. 상대방은 더 가까워지거나 멀어지길 바랄 수 있으니까.

졸업 후에도 같은 회사를 다녔다고 들었어요. 동시에 입사한 건가요?

김동훈 제가 먼저 인턴으로 입사해서 일하다가 한 명이 더 필요하다고 해서 태훈이 형을 불렀어요. 전통적인 제품 디자인 회사였는데 2000년대 초반에는 스마트폰이 없었기 때문에 모든 가전제품이 다 분화돼 있었거든요. mp3, 녹음기, 카메라 전부 따로 있어서 디자인할 게 천지였고 그만큼 제품 디자인 회사도 많았어요. 그런 곳 중 하나였죠.

장태훈 제대로 이력서를 쓰고 입사한 건 아니었고 그냥 어느 순간부터 같이 앉아서 3D 모델링을 하고 있었어요. 하드 트레이닝을 하며 일도 많이 배웠죠. 당시 직원은 저희 둘이었는데 이사만 일곱 명이었거든요. (웃음)

김동훈 지금 생각해 보면 굉장히 고마운 회사예요. 좋은 회사였다면 계속 다녔을 테고, 그랬다면 지금의 제로랩은 없을 것이기 때문에 고맙게 생각하고 있어요.

회사를 그만둔 특별한 이유가 있었나요?

장태훈 너무 추잡하고 영세했어요. 회사 자체에 인터넷 회선이 없어서 옆 회사의 인터넷 회선을 끌어다가 같이 쓸

정도였으니까요. 그런데 어느 날 대표가 10시까지 보내라고 한 메일을 트래픽 때문에 1분 늦게 보냈더니 안경을 집어 던지며 화를 내더라고요. 그 모습을 보고 아무런 망설임 없이 그만두겠다고 했는데 갑자기 옆에서 동훈 실장이 〈그럼 저도 같이 그만두겠습니다〉라고 하는 거예요. 그렇게 둘이 짐을 정리하는데 정말 이 모든 상황 자체가 웃겨서 저희끼리 막 키득거렸던 기억이 나요. 결국 저는 그때 회사를 나왔고 동훈 실장은 대표가 설득해서 1년 정도 좀 더 일하고 나왔어요.

김동훈 덕분에 월급이 조금 오르긴 했어요. (웃음)

그럼 장태훈 디자이너 먼저 스튜디오를 시작한 건가요?

장태훈 아니요. 그때 저는 디자인을 하고 싶지 않았어요. 그보다는 소소한 행복을 찾는다는 생각으로 잠깐 미술 학원을 운영했죠. 그런데 운이 좋게도 계속 일거리가 들어와서 프리랜서를 병행했어요. 김동훈 실장도 결국 퇴사를 한 뒤엔 프리랜서로 일했고요.

각자 프리랜서로 일하다가 제로랩을 시작했군요. 특별한 계기가 있었나요?

김동훈 처음부터 거창한 목표가 있었던 건 아니에요. 아무래도 개인이다 보니 기업과 일을 하는 데에 불리한 점이 많았어요. 금액 협상도 그렇고 개인이 약자일 수밖에 없더라고요.

장태훈 사업자를 내면 여러모로 훨씬 더 유리할 것 같았어요. 저도 학원을 접고 둘이 한남동에 10평 정도 되는 작업실을 알아본 뒤 바로 거기서 시작했죠. 근데 당시 했던 일들도 결국 프리랜서로 했던 작업의 연속, 연장이었어요.

김동훈 그래도 그때는 제품 디자인을 계속했으니까, 이왕 하는 거 우리만의 브랜드를 만들고 싶은 욕심도 있었어요. 그때가 또 한국의 디자인사에 있어 문구 브랜드가 유행하던 시기와 맞물리는데 2008~2009년 감성 문구 제품의 붐이 일었거든요. 그래서 브랜드를 하나 론칭하려 했지만 그 역시 우리 길이 아니라는 걸 금방 깨달았죠.

당시 제로랩이 생각한 〈우리 길〉은 무엇이었나요?

장태훈 저희 둘 다 명확히 무엇을 하겠다는 건 없었지만 막연하게 문화 예술 관련 활동을 하고 싶었어요. 마침 그 시기에서 서울디자인재단의 창업 지원 프로그램에 선발되면서 저렴한 이자로 대출을 받게 됐죠. 제로랩의 운명에 가장 큰 변곡점이 된 사건인데 당시로선 큰 금액인 삼천만 원을 빌렸거든요. 각자 생활비로 쓸 수 있게 천만 원씩 나눠 갖고 나머지 천만 원으로는 문화 예술 관련 워크숍, 강의 등을 들으러 다니면서 하고 싶은 것을 원 없이 했어요. 생각해 보면 지금 저희가 하는 모든 일이 바로 그때 시작된 것 같아요. 당시 만났던 사람들과 인연이 이어져 새로운 일도 하게 됐고요.

재미를 찾아간 곳에서 일을 만든 것이네요. 당시 어떤 워크숍, 프로젝트에 참여했는지 궁금해요.

장태훈 저는 2012년 서울변방연극제에서 일본의 건축가이자 작가인 사카구치 교헤와 함께한 「움직이는 집」 프로젝트가 기억에 남아요. 당시 함께했던 고주영 프로듀서나 임인자 총괄 감독님과는 이후로도 다양한 프로젝트를 하며 연을 이어 오고 있기도 하고요. 저희가 꾸준히 다양한 작업을 하는

서울변방연극제도 그렇고, 국립아시아 문화전당 사전 레지던시 프로그램에 참여했던 것도 다 그때의 인연 덕분이에요. 물론 당시에는 프로젝트를 기획하고 제작하는 일이 너무 재미있어서 했는데, 굳이 일을 만들어 보겠다는 욕심 같은 것은 없었어요. 내가 경험해 보지 않았던, 한 번쯤 발을 담가 보고 싶었던 세계에 들어간 것만으로도 충분했으니까. 그런데 워크숍에 가면 참여한 사람들끼리 서로 뭐 하는지 물어보잖아요. 디자이너인데 이것저것 만들기도 하니까, 같이할 수 있는 일이 자연스럽게 도모됐어요.

김동훈 당시에는 같은 디자인 안에서도 그래픽, 공간, 가구 등 분야가 엄격히 나누어져 있었는데 저는 그 전체를 관통하는 디자인을 하고 싶었어요. 특히 그래픽 디자인을 좋아했고 그래픽 디자인 신에 관심도 많았기 때문에 이를 경험해 볼 수 있을 만한 곳을 찾아다녔죠. 예를 들어 제가 책이 너무 만들고 싶은 거예요. 그렇다고 작가가 될 수는 없으니까, 글쓰기 워크숍에 참여한 다음 그 결과물을 모아서 책으로 만들었어요. 출력만 해도 되는 걸, 워크숍 참여자들에게 〈내가 책으로 만들어 보겠다〉라며 제안을 하고 제작비를 모아서 정말 제대로 된 책으로 만들었어요.

장태훈 사실 이게 제로랩이 일을 만들었던 방식이에요. 뭔가를 하고 싶으면 그걸 할 수 있는 곳에 가서 프로젝트화하는 거죠. 예를 들어 포스터 디자인을 해요. 그러면 포스터를 걸 수 있는 가장 손쉬운 방법은 테이프를 사용해서 벽에 붙이거나 엑스 배너를 이용하는 것인데 저희는 또 그렇게는 하기 싫은 거예요. 그래서 포스터를 걸 수 있는 거치대까지 만들어서 같이 밀어 넣었죠. 정해진 일, 그 역할만 하는 게 아니라 우리가 할 수 있는

일은 더 해서 프로젝트화했어요. 이후 사진을 찍어 〈저희 이런 거 만들었어요〉라며 자랑도 좀 하니까, 그걸 보고 또 거치대가 필요한 곳에서 연락이 오더라고요. 그렇게 만든 결과물이 하나둘씩 쌓여서 제로랩이 된 거예요.

하고 싶은 일이 있으면 스스로 만들어 한 셈이군요. 〈없으면 만들어서 한다〉는 주의인가요?

장태훈 꼭 일을 만들겠다는 목적보다는 그걸 하는 것 자체가 너무 즐거워서, 기꺼이 한 것 같아요. 내가 생각한 디자인을 내가 다룰 수 있는 도구를 사용해서 온전히 완성할 수 있다는 것 자체가 뿌듯하고 좋았어요. 그 기쁨을 오래도록 느낄 수 있도록 계속해서 상황을 만들었고요.

김동훈 아쉬운 점은 학교에서 디자이너가 할 수 있는 일과 범위가 이렇게 다양하고 넓다는 걸 알려 주지 않았다는 거예요. 저는 지금도 〈이런 길이 있다는 걸 미리 알았다면 더 빨리 시작할 수 있었을 텐데〉라는 아쉬움이 있거든요. 저희는 돌고 돌아 이 길을 찾고 만들었으니까요. 그때는 디자이너로서 걸어갈 수 있는 길이 너무 한정적이었어요. 디자인을 전공하면 회사의 인하우스 디자이너로 입사하든가 아니면 디자인 전문 회사를 차리든가, 두 가지 중에 무조건 하나를 택해야 하는 줄 알았으니까요.

롤 모델이 없는 전천후 디자인 스튜디오

두 분은 어떤 디자이너가 되고 싶었나요?

김동훈 저희가 디자인을 배우고 습득하던 시기엔 디자인의 개념이 〈어떻게 스타일링하느냐〉에 더 가까웠어요. 홍수처럼 쏟아지는 제품 디자인과 과한 스타일링의 범람 속에서 세기말 디자인이 성행했던 시기죠. 그런데 그런 틈바구니에서 덜어 내고 비우는 디자인이 조금씩 존재감을 드러내기 시작했어요. 학생 때는 새롭게 등장하는 사조나 그 흐름에 대해 굉장히 민감할 수밖에 없잖아요. 일본의 후카사와 나오토 같은 디자이너들의 소박하고 미니멀한 디자인을 보면서 막연하게나마 그런 디자인을 하고 싶었어요. 반면 저희가 다닌 회사는 스타일링만 하는 곳이었고요.

두 분이 등장하기 전에는 기획부터 디자인, 제작까지 모두 하는 디자이너가 드물었어요. 그래픽, 가구, 공간 등 전 분야를 다루는 것도 그렇고요.

김동훈 지금의 제로랩을 만들기까지 롤 모델은 없었지만 당시 저희가 닮고 싶었던, 보고 배울 수 있는 디자이너는 존재했죠. 후카사와 나오토와 『*Super Normal*』을 집필한 영국의 디자이너 재스퍼 모리슨도 그중 한 명이었고요. 〈저렇게 베이식한 디자인할 수 있다니!〉 작업을 보는 순간 완전히 반했었어요.

당시에는 같은 디자인
안에서도 그래픽, 공간,
가구 등 분야가 엄격히
나누어져 있었는데 저는
그 전체를 관통하는
디자인을 하고 싶었어요.
— 김동훈

FUEL
0
5
10
15
20
25
30
35
40
45

장태훈 충격, 그 자체였죠. 저희가 지금까지 배웠던, 그리고 해왔던 디자인과 완전히 달랐으니까요. 우리가 할 디자인은 바로 이거라고 생각하고 진리로 여기며 신봉했던 기억이 납니다. (웃음) 관련해서 지금도 그 영향이 남아 있는데 작업을 할 때 형태적인 것을 떠나서 스타일링을 배제하는 방식은 그때 온전히 체득했어요.

제로랩을 처음 시작했을 때는 〈우리는 어떤 디자인 스튜디오가 되겠다〉라는 구체적인 목표나 방향성이 없었던 것이네요. 그럼 지금의 제로랩과 정체성은 언제 만들어졌나요?

김동훈 2012년 〈테이크아웃드로잉〉에서 진행한 첫 번째 개인전이 저희에겐 일종의 선언이었다고 할 수 있어요. 「디자인은 잘못되지 않았다: 못된 디자인」이라는 제목으로 포스터부터 집기 제작, 워크숍 진행까지 다 하면서 우리는 앞으로 전시를 위한 모든 디자인을 하겠다고 선포했죠. 〈우리는 이런 일을 하는 사람이다〉라는 걸 발표했던 전시로, 내용도 내용이지만 이런 점에서 더 의미가 있어요.

새로운 세계를 개척한다는 점에서는 큰 의미가 있지만, 비즈니스 모델로서는 의구심이 들 수도 있었을 텐데요.

김동훈 이게 또 국내 디자인계의 흐름, 유행과 맞물리는 점인데 당시에 〈더치 디자인〉이 떠오르고 있었어요. (웃음) 기능적이면서도 비판적이고, 실험적인 요소가 많은 디자인으로, 아직 우리나라에는 당도하기 전이었기 때문에 우리가 그 흐름을 만들 것으로 생각했어요. 국내에는 더치 디자인 스타일을 구현하는 디자이너가 거의 없었기 때문에

〈그럼 우리가 하면 되겠다〉라고 막연히 생각했던 것 같아요.

장태훈 굳이 비즈니스 모델 같은 목표를 설정하지 않았던 이유가 주변에 항상 재미있는 일이 있었어요. 큰돈은 벌 수 없었지만 그래도 스튜디오를 운영·유지할 수 있을 만큼의 프로젝트 의뢰가 꾸준히 들어왔죠. 해가 갈수록 그 양이 점점 늘었고요. 일이 정말 많았을 땐 단둘이서 1년 동안 70~80개의 전시 프로젝트를 하기도 했으니까요.

김동훈 의뢰가 오면 정말 재미있을 것 같아서, 힘들어도 욕심내서 했어요. 저곳의 깃발은 내가 꽂아야겠다는 심정으로…… (웃음) 우리가 안 하면 다른 데서 할 텐데 그게 너무 싫었어요.

실제로 제로랩이 꽂은 깃발이 많긴 해요. 국내 디자인계에 제작 문화가 태동하기 전에 시작했으니까요.

장태훈 시대가 변화함에 따라 자연스럽게 그렇게 된 것 같아요. 시대가 요구하고, 시장이 원했기 때문에 저희도 활동할 수 있었던 거죠. 지금은 제로랩을 시작했을 때와는 다르게 사회 전반적으로 다양성, 다원성 등이 확장되어 있으니까, 저희 같은 디자인 스튜디오는 이미 포화 상태일뿐더러 새롭게 생긴다고 해도 전혀 새롭지 않겠죠.

김동훈 조금 더 일찍 시작했거나 늦었으면 안 됐을 거예요. 딱 그때 해서 된 것 같아요.

제로랩을 두고 디자이너, 목수, 공예가, 작가 사이에서 무엇으로 정의해야 할지 궁금해하는 사람들도 많아요.

김동훈 저희 역시 호칭에 신경을 많이 써요. 일단 작가는 안

돼요. 무조건 디자이너여야 하죠.

장태훈 호칭이 혼재되거나 불분명해지는 순간, 저희가 하는 행위가 디자인이 아닌 것이 되기 때문에 민감할 수밖에 없어요. 저희는 디자인을 표현할 수 있는 하나의 도구로서 〈제작〉을 하는 것이지 목수나, 공예가, 작가의 마음가짐으로 접근하거나 임하지 않아요. 그래서 누가 물어보면 항상 〈우리는 디자이너다〉라고 분명히 말해 두는 편이에요. 같은 예로 제로랩이 의뢰받아 디자인, 제작하는 것들은 분명한 용도와 기능이 요구되는 것들이기 때문에 〈집기〉 혹은 〈제작물〉로 정의하고요. 설사 사람들이 그걸 가구로 사용하더라도 저희는 〈가구〉라고 하지 않아요. 만약 〈가구〉를 만든다면 내구성이랄지 편안함, 안전성 등 그에 맞게 수반돼야 하는 조건이 있잖아요. 저희가 하는 제작과 완전히 다른 분야죠.

의뢰받는 프로젝트를 모두 다 할 순 없어요. 특별한 선정 기준이 있나요?

장태훈 재미있겠다 싶으면 하는 거예요. 저희는 너무나 운이 좋게도 거의 대부분 좋은 협업자들과 즐거운 작업을 많이 했어요. 디자인 전문 회사처럼 영업을 해서 프로젝트를 따거나 수주를 받아 진행하는 게 아니니까, 일을 의뢰하는 분들도 처음부터 제로랩의 방식, 방향, 스타일을 받아들이고 시작하기 때문에 일이 훨씬 수월하죠.

김동훈 가끔, 1년에 한두 번 정도 〈제작〉만 맡기는 의뢰가 들어오기도 하는데 절대로 하지 않아요. 〈제로랩이 디자인하지 않은 집기는 만들지 않는다〉라며 정중하게 거절하는 답 메일을 보내죠.

제로랩은 디자인을 할 때 어떻게 협업하나요? 프로젝트에 따라 다를 수 있지만 각자 하는 일, 맡고 있는 역할이 고정되어 있는지 궁금해요.

장태훈 저희는 아예 따로 일해요. 한 번도 같이 일한 적이 없어요. 하나의 프로젝트를 한 사람이 맡아서 하는 게 당연하다고 생각해요. 오히려 저는 디자인을 둘이서 한다는 게 더 이해가 안 돼요. 예를 들어 하나의 스툴을 같이 디자인한다면 〈상판은 내가, 다리는 동훈 실장이 만들어야 하는 건가?〉라는 의문이 들어요.

김동훈 규모가 큰 프로젝트의 경우, 한 사람이 맡아서 진행하면 다른 사람은 일꾼으로 가서 노동을 하긴 해요. 일손이 부족하다 싶으면 돕지만 같이 일하지는 않아요.

장태훈 굳이 둘의 역할을 나눈다면 제가 좀 더 제작에 강하기 때문에 동훈 실장이 진행하는 프로젝트에 인력이 필요하면 가서 돕고요. 또 그래픽 디자인은 김동훈 실장만 하기 때문에 제가 하는 프로젝트에 그래픽 작업을 해야 하거나 디렉션이 필요할 때, 하다못해 시트지를 붙일 때도 동훈 실장이 와서 도와줘요.

두 사람 모두, 같은 프로젝트를 하고 싶을 때도 있을 텐데요.

장태훈 그런 경우는 한 번도 없었어요. 설사, 하고 싶은 프로젝트가 겹친다 해도 조금 더 욕망이 큰 사람이 있기 때문에 서로 기꺼이 양보해 줍니다. 그 일이 아니어도 해야 할 일이 너무 많아요. (웃음)

그럼 두 분에게 협업이란 혼자 작업을 하다가 길을 잃거나, 조언이 필요할 때 도움을 주는 정도인가요?

장태훈 그렇죠. 작업을 하다가 스스로 뭔가 석연치 않을 경우 상대방에게 〈이거 괜찮냐?〉, 이 정도는 물어보죠.

김동훈 그러면 또 괜찮다고 해줘야 해요. 섣부른 비판은 하지 않습니다.

장태훈 절대, 평가하지 않죠.

서로의 프로젝트 중에서 이건 정말 그 사람답게 잘했다 싶은 것이 있다면요?

김동훈 안양공공예술 프로젝트 리뷰 기획전 「지금 여기, APAP」가 정말 좋았어요. 그동안 태훈 형이 연마한 모든 제작 기술을 동원해 작업의 정점을 찍었다고 할까요? 목재, 콘크리트 등 다양한 재료를 사용해 저마다 물성을 드러내는 방식으로 〈모듈화〉한 구조물을 제작했는데 아카이브 기록물을 위한 전시였기 때문에 작업량도 방대했어요.

장태훈 저는 동훈 실장의 모든 작업이 다 좋았던 것 같아요. 뭐 하나 빼놓을 게 없어요.

김동훈 아……, 그렇게 답한다고? (웃음)

장태훈 진심이에요. 동훈 실장이 한 작업에 있어 뭔가 석연치 않은 게 있었다면 제가 못 참았을 거예요. 그런데 지금까지 그런 적이 한 번도 없었어요. 무엇보다 저는 동훈 실장이 일을 만들어 내는 방식이 좋아요. 앞서 말한 것처럼 글쓰기 워크숍에서 책을 만들었을 때도 무척 인상 깊었고요. 이후에도 계속 그런 방식이 발현돼서 지금의 제로랩이 만들어진 거예요.

김동훈 일을 너무 많이 만들어서 그게 단점이에요. 나중에는

쳐내기 바쁘죠. (웃음)

중년의 디자이너는 어때야 하는가?

각자 하는 작업 모두 〈제로랩〉의 이름으로 발표하잖아요. 무엇보다 서로 간의 신뢰가 중요할 것 같아요.

김동훈 바로 그 점이 포인트인 것 같아요. 저는 저희 둘의 역량이 동등하다고 생각해요. 그래서 형이 뭘 한다고 하면 〈나도 할 수 있다〉라는 식의 동기 부여가 되고요. 살면서 이런 사람을 만나 본 적이 없어요.

장태훈 저 역시 동기 부여가 되는데 좀 다른 식이에요. 〈아, 나도 해야 하는구나〉라고 생각하죠. (웃음) 아무래도 서로 간의 밸런스를 맞추기 위해 더 열심히 노력하게 돼요.

김동훈 설사, 뭔가 잘못됐더라도 〈알아서 잘 마무리하겠지〉 하는 믿음도 있고요. 상대방이 잘하고 있는지, 실수는 안 하는지에 대한 걱정을 하거나 따로 신경 쓰지 않아요.

그럼 수입은 어떻게 나누나요?

김동훈 예전에는 무조건 n분의 일로 나누었는데 코로나 이후부터 각자 진행한 프로젝트의 수입은 각자 챙기는 것으로

바뀌어요. 2020년 10주년을 맞아 선보였던 「스툴 365」 프로젝트를 마무리한 시점부터 제로랩은 일종의 컬렉티브처럼 활동하고 있어요.

장태훈 코로나 기간 동안 일이 준 까닭도 있지만 그보다는 세월의 영향이 커요. 지난 10년을 회고하는 「스툴 365」를 진행하면서 앞으로의 10년은 어때야 할지, 미래를 생각하게 됐죠. 지금은 저와 동훈 실장이 각자 팀을 꾸리고 운영하면서 여러 가지를 실험하고 있는데 둘 다 마흔이 넘었기 때문에 〈중년의 디자이너는 어때야 하는가?〉라는 스스로의 질문에 대한 답을 찾는 과정이라고 할 수 있어요. 어떻게 해야 지속 가능한 디자이너 생활을 이어 갈 수 있을지 고민하는 단계예요.

「스툴 365」는 제로랩의 10주년을 정말 멋지게 기념한 프로젝트였어요. 1년 동안 하루에 하나씩 스툴을 만들었다고요?

장태훈 처음에는 제로랩의 10년을 엮어서 책으로 펴낼 생각이었어요. 지난 10년간 작업했던 도면까지 모두 갖고 있기 때문에 아카이브를 집대성하는 식으로 하려고 했죠. 그런데 김동훈 실장이 그보다는 우리만 할 수 있는 걸 해보면 어떻겠냐고 하더라고요. 제로랩만이 할 수 있는 방법으로 기념하자고요.

김동훈 둘이 일주일이나 이 주일씩 번갈아 작업을 했어요. 인스타그램 계정(@stool365)을 만들고 사진 업로드도 했지만 사실 처음엔 꾸준히 할 자신이 없어서 어떤 프로젝트인지 정확히 공개하지는 않았어요. 한 달 정도 해보니까 할 수 있을 것 같더라고요.

장태훈 이후 프로젝트를 절반가량 진행했을 때 무신사의 제의로 전시까지 하게 된 거예요. 처음엔 소규모로 기획된 전시였는데 저희가 스툴을 200개 정도 만든 시점이어서 무신사 테라스의 휴게 공간까지 넓게 써서 전부 다 보여 주면 어떻겠냐고 제안했죠. 덕분에 대규모의 제대로된 기념 전시를 할 수 있었어요.

제로랩의 10주년 당시 소감이 궁금한데요.

김동훈 하루하루 재미있게 일하다 보니 시간이 훅 지나간 것 같아요. 솔직히 코로나가 발발하기 전까지는 모든 게 영원할 거라고 믿었어요. 전시는 항상 여기저기에서 많이 열리기 때문에 우리의 일도 계속 늘어날 테고 그러다 보면 제로랩의 규모나 역량 역시 차근차근 커질 것이라고 생각했죠. 그런데 〈코로나〉라는 예상치 못한 변수가 발생한 거예요.

장태훈 하루아침에 완전히 다른 세상이 됐으니까요. 확실히 변화의 큰 기점이었어요. 때마침 제 나이가 마흔이었기 때문에 심정적으로도 많은 변화가 있었고요. 〈지난 10년 우리가 제로랩을 해왔던 방식으로 앞으로의 10년도 잘 살아갈 수 있을까?〉라고 자문을 했을 때 답은 〈아니다〉였어요. 무엇보다 지난 10년간 제로랩과 비슷한 일을 하는 사람들이 정말 많아졌어요. 그들과 경쟁하면서 다음 10년을 활동해야 하는데, 지금의 제로랩과 똑같은 형태를 유지한다면 좋은 결과가 나오지 않을 것 같았어요.

그래서 어떤 결론을 내렸나요?

장태훈 어차피 미래를 예측하는 건 무의미하기 때문에 지금의

자리에서 할 수 있는 여러 가지 것들을 계속 시도하고 있어요. 좀 더 구체적으로 말한다면 일종의 조직을 만들어서 일의 범위를 확장하는 것인데 저는 디자인만 해왔으니까, 모든 걸 다 알고 능숙하게 할 순 없잖아요. 사업적으로는 시행착오가 있을 수밖에 없다고 생각하고 초조해하지 않으려고요.

김동훈 제가 제로랩을 스물아홉에 시작했는데요. 요즘엔 다시 그때로 돌아가 모든 것에 처음인 것처럼 임하고 있어요. 다만 그때는 소규모였다면 지금은 좀 더 장기적으로 가기 위해 몸집과 규모를 많이 키운 상태죠. 저희 둘이 어릴 때부터 늘 하던 이야기가 있는데 맨날 헐떡헐떡 숨이 넘어갈 때까지 만들고 힘들게 작업하니까, 〈우리 마흔에도 이러고 있으면 어떡하지?〉라며 걱정했어요. (웃음) 물론 지금도 만드는 일은 좋아하지만 이제는 제작보다 기획에 더 비중을 둬야 한다고 생각해요. 그래서 요즘엔 조금씩 그 시도를 하고 있습니다. 제가 했던 경험과 제작 노하우를 팀원들에게 공유하고 가르치면서 함께 일을 만들어 나가고 있어요. 처음 제로랩이 그랬던 것처럼 특정한 목표 없이 이것도 해보고, 저것도 해보면서 실체를 만들어 가는 중이죠. 그렇게 앞으로의 10년도 열심히 한다면 어느새 나도 몰랐던, 미처 예상하지 못했던 또 다른 모습의 제로랩이 만들어져 있지 않을까요.

제로랩이라는 울타리 안에서 각자 또 다른 실험을 하고 있는 것이네요.

장태훈 맞아요. 그런데 이번에도 롤 모델은 없기 때문에 직접 만들어 가야 해요. 세상에 아직 존재하지 않는 형태, 조직, 모델이기 때문에 시행착오도 겪으면서 여러 가지를 해봐야

하죠. 그런 의미에서 제로랩이라는 울타리가 든든한 보험 역할을 할 거고요. 서로가 서로에게 믿을 구석이 되어 준다고 할까요? 며칠 전에도 김동훈 실장과 통화하면서 〈나 잘 안 되면 이력서 들고 너한테 갈게〉라고 했어요. (웃음) 반대로 각자 하는 일이 잘되면 시너지 효과가 날 수도 있고요.

요즘에는 문화 예술계 프로젝트뿐 아니라 기업과 함께 하는 상업 프로젝트도 많이 진행하지요?

김동훈 저희뿐만 아니라 거의 모든 소규모 디자인 스튜디오가 일의 규모, 경계와 상관없이 다양한 활동을 하고 있는데 이 역시 시장이 바뀌어서 그렇다고 생각해요. 과거엔 기업들이 명망 있는 디자인 전문 회사와 일하길 바랐다면 이제는 본연의 개성과 스타일이 있는 소규모 디자인 스튜디오를 선호하니까요. 그래도 기업의 입장에선 큰 모험을 할 순 없기 때문에 신진 스튜디오보다는 좀 더 경험이 있고 안정적인 곳을 찾고요. 바로 이 지점에서 저는 앞으로의 10년, 변화할 제로랩의 모습을 바라보고 있습니다. 하는 일의 규모나 방식이 조금씩 달라져야 한다고 생각해요.

장태훈 확실히 소규모 스튜디오와의 작업을 일종의 트렌드처럼 생각하는 것 같아요. 예전에는 〈신선함〉을 위해 젊고 개성 있는 스튜디오를 영입해 디자인했다면 요즘엔 그 목적이 〈함께 작업하는 것〉 그 자체가 되었다고 할까요? MZ 세대를 타깃으로 〈우리 기업은 젊고 감각적이고 트렌디하다〉라는 것을 드러내기 위한 장치로 디자인 스튜디오를 선택하고 함께 일하는 것 같아요.

우리는 친하지 않아요, 그냥 통하는 거죠

스튜디오의 살림살이는 누가 도맡아서 하나요? 보통 이런 건 계획형인 사람들이 잘할 텐데요.

김동훈 저는 즉흥형인 〈P〉입니다. (웃음)

장태훈 예전에는 한 번씩 번갈아 했는데 아무래도 제가 먼저 미술 학원을 운영한 경험이 있기 때문에 자잘한 것들은 맡아서 챙겼어요. 또 성격상 기한을 어기는 것을 못 견뎌 하기 때문에 초기엔 월세를 비롯해 내야 하는 요금 등의 관리도 했고요. 이후 규모가 커지면서 모두 외부 업체에 맡겼어요.

두 분의 성향은 비슷한가요? 요즘엔 회사 차원에서 MBTI 테스트를 하고 그 결과를 팀원들끼리 공유한다고 해요.

장태훈 저는 제 MBTI를 몰라요. (웃음) 그런데 회사에 그런 프로그램이 있으면 좋을 것 같아요. 서로를 이해하는 과정이잖아요. 저희는 어릴 적부터 오랜 시간 봐왔으니까 서로가 어떤 유형인지 알 필요도 없이 자연스럽게 이해하게 된 케이스고요.

일 외에 두 분이 공유하는 일상은 없나요?

장태훈 대학교 때 음악 취향이 비슷해서 친해졌으니까, 예전에는 음악 얘기 많이 했고요. 요즘에도 이어폰, 스피커에

관한 얘기는 자주 해요.

김동훈 근데 저희 지금 세 달 만에 만났어요. (웃음)

장태훈 세 달이 뭐야. 올해 처음 본 것 같은데.

자주 보지는 않아도 서로의 존재만으로 힘이 되는 걸까요? 듀오의 장점 중 하나는 혼자가 아니라는 것에 있으니까.

장태훈 그럼요. 굳이 연락을 하거나 보지는 않더라도 존재만으로 안심이 될 때가 많아요. 예를 들어 지난해에도 동훈 실장이 큰 프로젝트를 맡았는데 얼핏 저한테 얘기하길 〈뭐 하나가 안 될 수도 있으니까, 형이 대기하고 있으라〉고 하더라고요. (웃음) 저 역시 급한 상황에서는 가장 먼저 동훈 실장에게 도움을 요청하고요. 좀 오글거리긴 하지만 누군가 저에게 〈친구가 있느냐〉라고 묻는다면 가장 먼저 떠올릴 것 같아요.

단순한 비즈니스 파트너라면 상대방의 취향이나 미감 같은 건 중요하지 않을 수 있어요. 하지만 제로랩은 디자인 듀오니까, 디자이너로서 바라보는 방향이 같아야 할 텐데 어떤가요?

김동훈 제 생각엔 저희 둘이 공유하는 이상적인 형태감이 있는 것 같아요. 그 형태감이 무엇인지 정의하거나 구체적으로 대화를 나눈 적도 없지만 그냥 통하는 거죠. 예를 들어 제가 〈이 상판에는 이런 형태의 다리가 어울릴 것 같다〉라고 생각했을 때, 태훈이 형은 진짜로 그렇게 해요. 반대로 제가 무엇을 만들면 태훈이 형도 마음에 들어 할 거란 믿음이 있고요.

장태훈 사실 질감이나 여러 가지 디테일에 있어서는 서로 보는

시각이 달라요. 그런데 저희가 하나의 눈이 되어 공통적으로 바라보는 미묘한 지점이 있는 거죠. 또 한 가지 재미있는 점이 똑같은 프레임을 용접하더라도 저희 둘이 직접 할 때와 외부 업체에 맡길 때 차이가 있더라고요. 딱히 꼬집어 말할 수 없지만 확실히 다른 차이가 있는데 제로랩과 오랜 시간 함께 일한 기획자나 큐레이터들도 이걸 알아요.

좀 거창한 질문일 수 있어요. 제로랩의 디자인으로 세상에 남기고 싶은 메시지가 있다면 무엇인가요?

김동훈 제품 디자인 회사에서 일하다 보면 디자이너가 〈부속품〉처럼 느껴질 때가 많아요. 내가 디자인을 해도 그 물건이 실제로 만들어지는 과정을 못 보는 경우가 많고, 각종 이해관계에 의해 변질돼서 결국 내 디자인이라고 할 수 없는 결과물이 나올 때도 있고요. 저의 경우 이런 딜레마 때문에 회사를 그만둔 것이기도 해요. 그래서 밖으로 나왔을 땐 나와 내 디자인이 일대일의 관계를 성립할 수 있는, 오롯이 스스로 할 수 있는 디자인을 꿈꿨어요. 과거에는 디자이너가 단순히 기획하고 스타일링만 하는 사람이었다면, 그걸 좀 깨부수고 싶었던 거죠. 무엇보다 저는 개념과 형태를 만드는 디자이너와 그걸 실체화하는 디자이너의 손, 그리고 결과물을 사용하는 소비자가 일치되는 지점이 있다고 생각해요. 그 가능성을 보여 줄 수 있는 스튜디오가 제로랩이면 좋겠어요.

장태훈 제가 자주 하는 말 중에 하나가 〈사람이 할 수 있는 일은 다 한다〉인데 이게 제로랩의 정체성을 명확히 보여 주는 것 같아요. 저희는 기획부터 제작까지 모두 다 할 수 있을 때 디자이너로서 온전히 자립할 수 있다고 생각해요. 그런 디자인

스튜디오를 생각했을 때 가장 먼저 제로랩이 떠올랐으면 하는 바람이 있어요.

말씀하신 메시지를 가장 잘 담아낸 프로젝트, 더 나아가 제로랩의 정체성을 가장 잘 보여 주는 작업을 꼽는다면 무엇이 있을까요?

장태훈 「디자인은 잘못되지 않았다: 못된 디자인」과 「스툴 365」요. 「디자인은 잘못되지 않았다: 못된 디자인」이 제로랩의 디자인을 정의하고 이를 선언한 프로젝트였다면 「스툴 365」는 한 챕터를 마무리한 작업이라고 할 수 있어요. 「스툴 365」의 경우 처음엔 걱정도 했지만, 솔직히 지난 10년간 저희는 매일 꾸준히 무언가를 만들며 살았기 때문에 크게 어려운 일이 아니었어요. 형태와 물성을 탐구하며 재료 대비 우리가 구사할 수 있는 모든 기술을 적용했다는 점에서 뜻깊은 프로젝트였고요. 상판에 다리를 붙이는 방식만 해도 분류가 가능할 만큼 정말 다양하기 때문에 이 모든 것을 함축적으로 보여 줄 수 있는 전시였어요.

김동훈 앞서 말한 두 개의 전시 외에 「프린팅 스튜디오 쇼」와 「제로랩: 사선에 대하여」를 덧붙이고 싶어요. 저희가 지난 10년간 제로랩의 이름으로 총괄 기획한 전시가 이렇게 총 4개인데 모든 것이 일종의 선언이었던 것 같아요. 「디자인은 잘못되지 않았다: 못된 디자인」이 이제 우리는 문화 예술계에서 활동하겠다는 선포였다면 「프린팅 스튜디오 쇼」는 그래픽 디자인에서의 수작업을 부각시키며 그래픽과 제작, 전시와 공간을 한데 묶는 디자인 스튜디오가 되겠다는 선언이었어요. 세 번째 「제로랩: 사선에 대하여」에서는 〈사선 구조〉의 시작에

제로랩이 있었다는 걸 분명히 밝히고자 한 전시였고요. 지금은 당연하게 많이 쓰지만 저희가 처음 사선 구조를 밖으로 드러내 선보였을 때만 하더라도 사람들이 막 수군거렸어요. 마땅히 숨겨져 있어야 할 내장 구조가 밖으로 나와 존재감을 내뿜었으니까요. 마지막으로 「스툴 365」는 앞서 말한 대로 우리의 10년을 회고하는 동시에 제로랩의 능력치와 기술은 물론 성실성과 꾸준함을 알리는 전시였고요. 이렇게 총 네 가지 프로젝트를 꼽을 수 있을 것 같아요.

제로랩

제로랩은 같은 학교, 같은 학과 동기였던 제품 디자이너 김동훈, 장태훈 듀오가 2010년 설립한 디자인 스튜디오이다. 디자인의 기획부터 제작까지 모두 직접 하며 국내 디자인계에 제작 문화의 시초를 마련했다.

저희는 디자인을 표현할 수 있는 하나의 도구로서 ⟨제작⟩을 하는 것이지 목수나, 공예가, 작가의 마음가짐으로 접근하거나 임하지 않아요. 그래서 누가 물어보면 항상 ⟨우리는 디자이너다⟩라고 분명히 말해 두는 편이에요.

— 장태훈

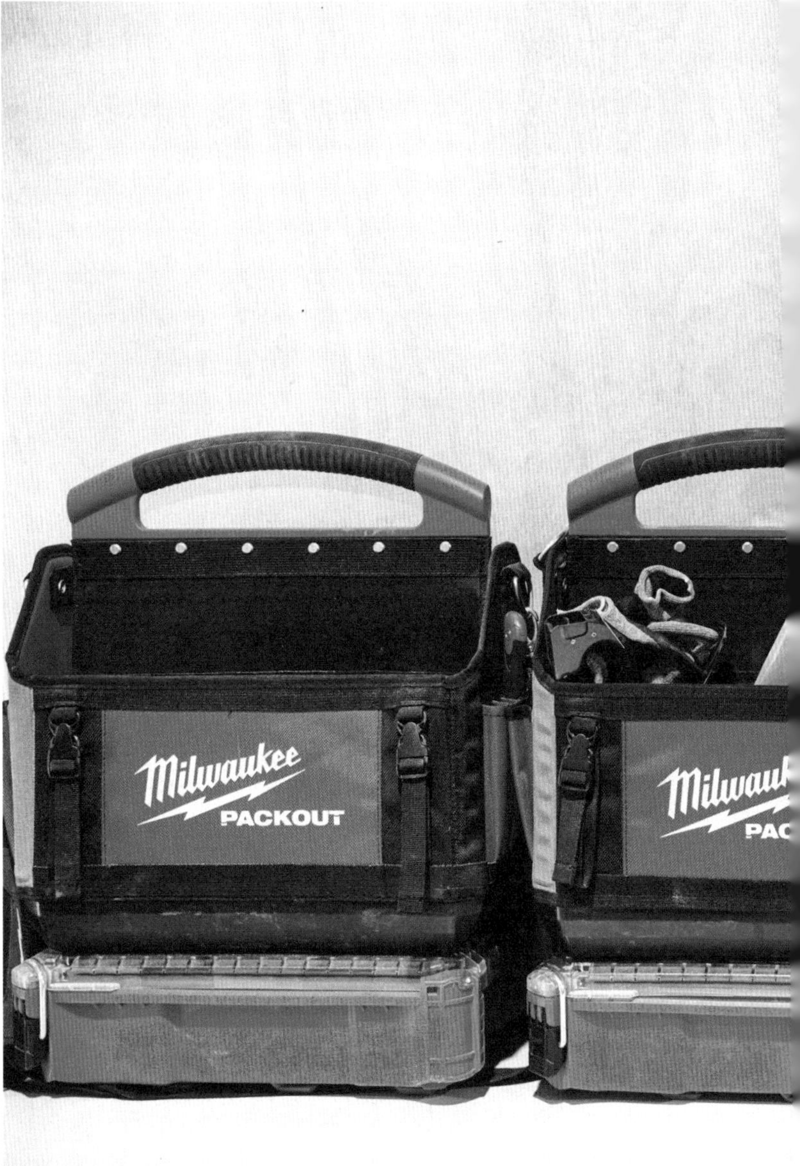
Milwaukee
PACKOUT

Milwaukee
PACKOUT

판지스튜디오

공간의
스토리텔러

판지스튜디오는 올해로 20년 차인 〈공간 디자인 스튜디오〉이다. 아우어베이커리, 청기와타운, 나이스웨더 등을 디자인한 판지스튜디오는 소셜 미디어의 피드를 물들이며 인테리어 신의 입지를 견고하게 다져 오고 있다. 순수 미술학도 출신으로 판지스튜디오를 운영하고 있는 양재윤, 강금이 듀오. 이 듀오는 상업 공간을 주요 무대로 삼고 미술적 코드를 대중적인 안목으로 풀어내 재미를 만들어 낸다. 컴퓨터 한 대로 시작해 디자인 스튜디오의 틀을 갖추기까지. 많은 힘듦과 희열의 롤러코스터를 함께 타고 온 양재윤, 강금이 듀오는 포장이나 숨김없이 지난 시간을 덤덤히 털어놓으며 우리네 인생의 단면 같은 보편적 정서를 건드린다. 화려하고 밀도 있는 작업 이면에 일과 가정을 지속 가능하게 유지하기 위한 그 둘의 치열함이 공감되는 이유이다.

양재윤

강금이

미술적 코드를 대중화하는 듀오

스튜디오 이름은 생소해도 공간은 익숙한 독자분이 꽤 있을 것 같아요.

양재윤 CNP푸드와 함께한 아우어베이커리, 도산분식, 그리고 청기와타운, 아트몬스터, 더타코부스, 난포 등의 브랜드가 아마도 대중적으로 익숙한 작업일 거예요. 모두 F&B 브랜드라는 공통점이 있고요. 요식업의 트렌드 흐름이 빠른 데다, 트렌드를 적극적으로 소비하고 소셜 네트워크를 생활화하는 MZ 세대가 주요 고객이라 다른 작업보다 상대적으로 F&B 분야를 중심으로 한 판지스튜디오의 작업이 빠르게 알려진 느낌이에요.

강금이 스튜디오 초기에는 오피스와 주거 공간도 디자인했고 한국타이어, 네오밸류 등 다양한 분야의 회사와 브랜드를 작업해 왔어요. 그런데 유독 F&B 작업이 대중의 입에 더 자주 오르내리는 것은 최근 몇 년간 소비 트렌드가 급격하게 요식업으로 몰린 이유 같아요. 저희가 작업했던 아우어베이커리도 압구정동에 10평 남짓의 공간에서 출발한 브랜드였다가 차츰 매장을 확장하고 전국 백화점에 입점하며 많은 사람들의 눈에 띄다 보니 〈이 공간을 디자인한 회사가 어디지?〉라며 작업 의뢰로 연결되더라고요. 둘 다 조용하고

다소 폐쇄적인 성향이라 작업이나 활동을 적극적으로 드러내지 못하는 편인데, 이슈가 된 공간을 거슬러 저희를 찾았다는 이야기를 들었을 때 작업한 프로젝트가 곧 마케팅이 된다는 것을 알게 되었어요.

특정 공간을 보고, 작업 의뢰까지 연결된다는 것이 판지스튜디오만의 분명한 색이라고 생각할 수 있을까요?

강금이 내부적으로도 판지스튜디오가 주목받고 작업 의뢰가 급증했던 기점을 생각해 본 적이 있어요. 한때 핫 플레이스에서 자주 볼 수 있었던 화이트 공간과 빈티지 가구, 그리고 플랜테리어로 공식화된 상업 공간의 디자인 흐름에 피로도가 높아지던 시점과 교차하더라고요. 스튜디오 초기부터 지금까지 한결같은 디자인 철학을 고수해 왔는데 〈뭔가 다른 것〉을 원하는 대중의 요구와 판지스튜디오의 스타일이 시기적으로 잘 맞아떨어진 것 같아요.

양재윤 대중에게 사랑을 받았던 판지스튜디오 작업물의 공통분모는 과거와 현재가 공존하는 뉴트로로 점철되는 공간이에요. 〈과거를 그대로 재현하면 영화 세트장이 되고 동시대를 더하면 매력적인 감성이 된다〉는 점을 항상 명심하는데 판지스튜디오의 작업이 〈지금의 감성〉에 기초한다는 점을 재미있게 봐주시더라고요.

판지스튜디오를 어떤 공간 디자인 회사로 소개할 수 있을까요?

강금이 〈인테리어로 자본력을 키워 재미있는 미술 작업을 하자〉는 한 줄의 모토로 판지스튜디오의 철학을 명쾌하게

정의할 수 있어요.

양재윤 회사를 차리기 전 주로 했던 프로젝트가 공공 미술과 공공 건축, 전시 기획 등 미술 작업을 바탕으로 한 공간 작업이었다면, 판지스튜디오는 상업 인테리어 디자인에 미술적 코드를 넣는 작업을 진행하고 있어요. 우리는 이 작업의 미술적 코드를 대중적 언어로 구현한다고 표현합니다.

스튜디오 이름이 재미있어요.

양재윤 우리가 흔히 알고 있는 두껍고 질긴 종이 종류인 〈판지〉에서 따왔어요. 종이는 쉬운 접근성과 활용성을 지닌 재료예요. 쉽게 구할 수 있고 쉽게 만질 수 있는 소재죠. 반면 공간을 다루는 일은 다소 거칠고 딱딱하죠. 도면화부터 시공에 이르는 거친 작업 환경의 공간 디자인 작업은 가끔 우리를 정말 지치고 힘들게 만들어요. 그래서 경직된 느낌에서 벗어나 판지로 종이접기 놀이하듯 즐기자는 의미에서 판지스튜디오라고 지었어요. 종이접기 놀이를 하듯 위기를 즐기면서 유연하게 넘겨 보자는 의미죠. 회사 이름마저 너무 진중하면 일의 태도마저 지나치게 무거워질 것 같았거든요. 삶이든 일이든 어떤 순간은 비장함보다는 즐기는 태도가 필요하더라고요.

판지스튜디오의 작업 중 상업 공간이 주를 이루는 까닭이 있을까요?

강금이 판지스튜디오가 추구하는 〈미술적〉 개념은 인테리어 디자인에 미술적 코드를 한 방울 떨어뜨리는 거예요. 상업 공간은 주거 공간보다는 비교적 미술적 사고를 대중 공간으로

풀어낼 여지가 있어요. 공간마다 디자인의 목적이 다른데 상업 공간은 재미라는 요소가 요구되고 또 허용되는 곳이거든요. 공간의 활용성에 충실하되 재미있는 연출을 더하는 일련의 작업에서 감사하게도 그 〈재미〉를 발견해 주시는 것 같고 저희 또한 즐겁게 작업하는 분야입니다.

디자인은 클라이언트와의 합이 중요한 영역이잖아요.

양재윤 어떤 클라이언트를 만나는가에 따라 결과물의 질이 달라진다는 면에서 운 좋게 우리의 제안을 좋아해 주는 분들을 많이 만났고 덕분에 재미있는 작업으로 완결될 수 있었어요. 클라이언트의 요구와 브랜드의 정체성, 그리고 우리의 기획이 잘 어울려져야 좋은 결과물이 나오는 공간 작업은 결국 〈누구와 함께하는가〉에 대한 문제거든요.

강금이 우리가 진행했던 작업 중 특정 공간을 지정해 동일한 분위기로 만들어 달라는 클라이언트와는 대면 미팅을 해보지 않고도 이미 함께 갈 수 없다는 걸 알아요. 상업 공간 디자인은 이미지만 가지고 논할 수 없어요. 무엇을 이야기하고자 하는지 맥락을 쌓고 다듬는 과정의 결과물이 공간이죠. 대중의 반응과 더불어 내부적으로도 만족스러운 작업으로 꼽는 아우어 베이커리와 나이스웨더가 좋은 예죠. CNP푸드 노승훈 대표와는 오랜 파트너십을 이어 왔는데 미팅을 하면 스트리트 컬처, 예술, IT 등 다방면의 관심사를 나누기 바쁘죠. 그리고 대화에서 뾰족하게 파생된 몇몇의 논의를 공간이라는 주제로 좁혀 들어가요. 공간 디자인은 도면 안에 국한된 영역이 아니에요. 공간의 뿌리가 될 이야기를 바탕으로 자재, 가구, 집기 등의 디테일로 표현이 확장되니까요.

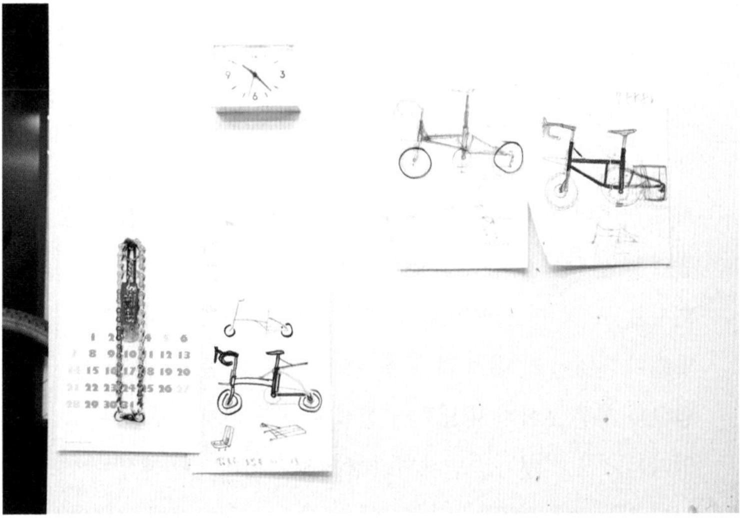

두 분이 만나게 된 스토리가 궁금합니다.

강금이 미대 재학 중 남편이 활동했던 공공 미술 집단 〈플라잉시티〉의 아르바이트생으로 인연을 맺었어요. 주어진 콘셉트에 맞게 조형물을 구현하는 것이 아르바이트생의 역할이었죠. 저는 작가의 부족한 손이 되어 주는 수많은 아르바이트생 중 한 명이었고, 당시 남편은 선망받는 미술가였기 때문에 존경하면서도 또 어려운 존재였어요. 몇 번의 프로젝트에 아르바이트생으로 참여했지만 딱히 길게 대화를 나눌 만한 시간이나 사건도 없었고요. 여덟 살의 나이 차도 남편이 어른처럼 느껴지게 만든 숫자였죠. 제가 대학 졸업을 앞둔 시기, 플라잉시티의 해체와 함께 공간 디자인 회사를 구상하던 남편이 합류 제안을 했고 판지스튜디오의 일원이 되었어요. 내게 왜 합류 제안을 했는지 좀 의아했고 당시 남편과 저를 포함한 세 명의 구성원 중 공간 디자인 출신이 없다는 것도 어딘가 불안했지만 졸업하고 딱히 정해진 일이 없어 저는 좀 고마운 마음이 컸어요. 시간이 흐른 후에 구성원 중 여자가 한 명 있으면 균형이 잘 맞겠다는 정말 단순하고도 큰 뜻 없는 제안이라는 걸 알게 되었지만요. 제가 필요한 게 아니라 누군가가 필요했다는 사실을 좀 뒤늦게 알았죠. (웃음)

양재윤 두 명의 구성원을 데리고 오기 전에는 서울 목동의 작은 사무실에 컴퓨터 한 대로 시작했어요. 혼자 디자인하고 현장에 감리까지 뛰다 보니 물리적인 시간과 체력이 감당이 되지 않더라고요. 그래서 머리에 문득 떠오르는 사람들에게 연락을 돌렸죠. 그중 한 명이 아내였어요. 순수하게 일손이 필요해서 연락을 했고 번듯한 회사의 모양새도 갖추지 못한 곳에 와준다니 그저 고맙고 숨통이 트였죠.

양재윤 님이 속했던 공공 미술 집단 플라잉시티는 에르메스 매장의 쇼윈도 작업을 처음 의뢰받은 크리에이터라고 알고 있어요.

양재윤 판지스튜디오를 만들기 전인 2005년, 크리에이터 그룹 플라잉시티의 일원으로 담당했던 프로젝트였어요. 당시 미술가 박찬경과 함께 에르메스 미술상 후보에 올랐는데 수상은 못 했지만 후보에 올랐던 것을 계기로 쇼윈도 작업을 의뢰받았어요. 통상적인 매장 쇼윈도가 제품의 집중을 위해 요소를 덜어 내는 방향으로 진행되었다면, 에르메스는 쇼윈도에 주제와 이야기를 담아냈어요. 우리가 작업했을 당시 주제는 〈흐름〉이었고 공업용 소재와 종이로 〈잠재적 풍경〉과 〈공업산수〉라는 타이틀로 작업을 완성했어요. 재료를 깎고 자르는 형태로 산수화의 풍경을 그려 냈는데 명품의 세련됨과 산업 쓰레기라는 재료가 만들어 내는 이질적인 충돌이 보는 이에게 긍정적인 느낌으로 다가갔나 봐요. 에르메스를 필두로 루이뷔통 등 다수의 명품 브랜드가 미술 작가와 쇼윈도 작업을 진행했던 만큼 이슈화된 작업이었어요. 플라잉시티는 다수의 유의미한 작업을 만들어 낸 그룹이었지만 시간이 흐르며 자연스럽게 각자의 길로 걷게 되었죠.

작가로 활동하다 공간 디자인 회사를 만들게 된 연유가 있을까요?

양재윤 작가의 길을 걷기 위한 경제적인 이유였어요. 제가 주로 했던 작업이 갤러리 전체를 밀도 있게 채우는 설치 미술이라 기본적으로 작업 하나당 필요한 돈의 단위가 높았거든요. 게다가 설치 미술 자체가 소위 팔리는 작업이 아니다 보니

MISSLON
MAGIC
코오롱 카페트
코오롱 카페트타일 II·2
코오롱 카페트타일 I
코오롱 카페트타일 II·3
AMOS
Interior fabric
ZEA fresh
THERAPHY
Scotch-Brite 정전기 청소포
KAINOS COLLECTION
2018 2022
KAINOS
2021 SPECIAL EDITION
Bodaq
Chamude-α
YD COLOR GLASS

꾸준한 재정적 지원 없이는 작가로서의 삶이 불투명했죠. 작업비는 둘째치고 당장 생계를 위한 돈도 절실했어요. 제가 하던 작업과 연계된 일로 비용을 마련할 수 있는 카테고리가 인테리어고요. 조형 예술을 전공하고 작가로 활동하면서 아르바이트나 여러 프로젝트로 공간을 이야기하는 작업을 했기에 대중적 공간을 다루는 것 역시 현대 미술 개념과 일맥상통하는 부분이 있다고 생각했죠. 순수 미술 작가로서 과거에 항상 고민했던 지점은 작업과 대중 사이의 간극이었어요. 그리고 학부 시절부터 작가 시절까지 전통적인 의미의 작품보다는 공간이 미술 작품으로 해석되는 작업에 관심이 갔어요. 학교 앞 가게터를 싼 가격에 임대해 동네 사람들의 문화 공간으로 만들기도 했는데 그게 공간 작업의 시초였던 것 같아요. 관심을 두고 전개했던 작업이 실무적으로는 인테리어 디자인 공사와 매우 유사했던 이유로 공간 디자인으로의 전향이 자연스러웠던 것 같아요.

차선을 위해 선택한 일이 본업이 되었네요.

양재윤 생계와 작업비를 마련하기 위한 수단으로 시작한 부업이 어느새 본업의 자리를 차지하며 우리가 주로 만나고 상대하는 사람이 미술관 큐레이터에서 이제 F&B 회사 대표라는 걸 알아차리는 데에는 긴 시간이 걸리지 않았어요. 인테리어 일이 늘어날수록 점차 미술계에서 멀어져 간다는 사실에 내적으로 무척 힘든 시기도 있었죠. 그리고 공간 디자이너라면 실험적인 작업을 하고자 하는 욕구가 있지만 순수 미술 작업처럼 인테리어를 할 수 없거든요. 대중을 상대로 수익을 추구하는 상업 공간이 미술적 코드를 경계 없이 적극

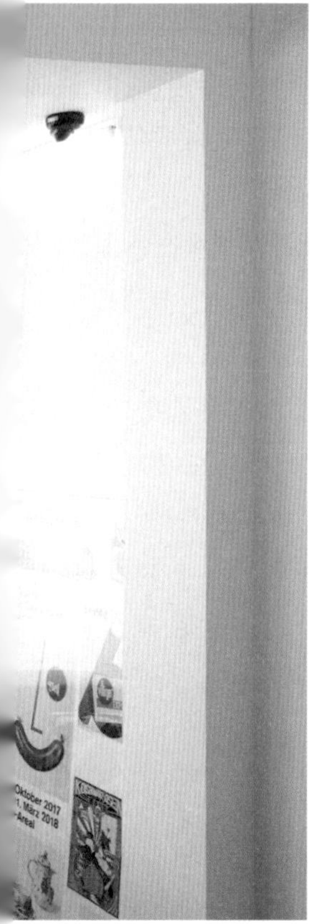

판지스튜디오가
추구하는 〈미술적〉
개념은 인테리어
디자인에 미술적 코드를
한 방울 떨어뜨리는
거예요.
— 강금이

수용하기 힘든 이유죠. 물론 실험과 파격으로 흥미로운 무드를 만들어 내는 상업 공간이 늘어나고 있지만 기본적으로 상업 공간은 편안한 자세로 고객을 만나려는 노력을 해야 해요. 공간 디자인을 하면서 스스로에게 놀랐던 점은 상업 공간이 요구하는 균형점을 잘 안다는 것이었고, 그래서 제가 잘하는 것을 풀어낼 무대가 달라졌다고 인정했어요. 점차 대중의 긍정적인 피드백을 받으며 더 잘하고 싶은 욕심도 생겼고요.

강금이 처음부터 멋있는 작업만 할 순 없었어요. 첫 사무실이 목동이라 주변 아파트 주거 공간도 진행했었는데 장판, 도배, 수전 교체 등 디자인의 영역에서 불필요한 일이 대부분이었죠. 프랜차이즈 브랜드를 맡았을 땐 한 달에 80평 정도 되는 매장을 7개씩 작업하고 나니 업무 강도가 높은 작업도 두렵지 않을 정도였고요. 클라이언트 잡이라는 게 누군가에게 선택을 받아야 지속 가능하니 현실적인 운영을 위해 스튜디오가 가고자 하는 방향과 다른 일을 의뢰받기도 했는데, 어느 시점에는 우리가 일을 선택하는 방식으로 운영하지 않으면 오래 지속하지 못할 것 같은 피로도가 쌓였어요. 그때부터 과감하게 일을 끊기로 했어요. 물론 당장 자금이 돌지 않아 정말 힘든 때도 있었죠. 오랫동안 일을 하고 싶다는 갈구를 마음에 품고 오기로 버티니 어느 순간부터는 우리의 작업이라고 이야기할 만한 작업의 아카이브가 쌓였고 결국 판지스튜디오가 더 많이 알려지게 된 결정이었어요.

설치 작업을 기반으로 한 이력이 주는 직업적 장점은 무엇일까요?

양재윤 미술 작업의 역사와 가치를 적극 수용하는 에르메스나

실험적인 연출을 과감히 전개하는 젠틀몬스터의 사례를 제외한다면 사실 국내 시장에서 상업 공간의 미술적 연출을 기대하는 건 어려웠어요. 창의성과 별개로 인테리어 디자인은 공간의 활용성에 충실해야 하는 이유도 있고요. 미술관이나 무대가 아니기 때문이죠. 때문에 과거에는 미술 코드를 감추며 인테리어 디자인 작업을 해왔지만 최근 미술적 감각을 적극적으로 필요로 하는 재미있는 프로젝트 의뢰가 늘어남에 따라 우리의 재능을 더할 수 있다는 것이 반갑습니다.

비즈니스 파트너에서 동반자가 되기까지

20년간 함께하면서 두 분의 역할이 명확해졌을 것 같아요.

양재윤 저는 디자인 실무 쪽에 더 좀 더 강한 것 같고 아내는 비즈니스 쪽에 감각이 있는 것 같아요. 사업 초기에는 프로젝트 전반을 모두 함께 진행했었다면 지금은 공간 디자인의 그림을 그리고 진행하는 실무는 제가 전적으로 담당하고 있어요. 디자인 콘셉트의 정확한 이해를 위한 프레젠테이션 외에 비즈니스 미팅은 아내가 전담하고 있고요.

강금이 저는 프로젝트 매니저로서 클라이언트 미팅, 프로젝트 예산 구성, 프레젠테이션 등을 진행해요. 계약 성사 후 디자인과 시공 팀을 포함한 실무자들을 투입시키고 프로젝트가 문제없이

완결될 수 있도록 클라이언트와의 커뮤니케이션을 담당하는 운영 파트죠. 실무와 운영으로 남편과 저의 역할이 분리되어 왔지만 남편이 그린 큰 그림 안에 디테일을 캐치하는 부분은 저의 시선이 필요할 때가 있어요. 예를 들면 가구의 원단이나 색감을 선택하거나 조명, 커튼, 카펫 등을 제안하고 주관하는 미팅들은 제가 담당해요. 서로 조금 더 잘할 수 있는 부분들은 서로 〈서포트〉하면서 일을 전개하고 있죠.

미술 전공자로 실무가 아닌 운영에 포지션을 맞춘 특별한 계기가 있었나요?

강금이 지금도 떠오르는 판지스튜디오 초기 때 사건이 있어요. 어느 날 회사 창고를 정리하다 각종 영수증과 국세청에서 날아온 고지서로 뒤엉킨 박스 하나를 발견했어요. 자세히 살펴보니 세금 미납 독촉장도 있어, 당시에는 양 소장님으로 호칭했던 남편에게 물어보니 신경 쓸 새가 없어 처리를 못 했다고 하더라고요. 너무 덤덤하게 얘기하니 황당하지도 않았죠. 그 박스를 들고 바로 회사에서 가까운 회계 사무실로 찾아갔고 하나하나 물어 가며 각종 페이퍼 작업을 해결했어요. 세금 계산서와 세금을 처리하다 보니 회사의 자금 흐름이 보였는데 경영에 무지한 제가 봐도 이대로 운영하면 지속 가능하기 어렵겠더라고요. 처음 사업하며 흔히 하는 실수가 고정 비용, 운영비, 세금을 고려하지 않고 당장 손에 잡힌 비용을 수익이라고 착각하는데 우리가 딱 그 상태였어요. 〈계획〉이 필요한 시점이었죠. 당시 양 소장님에게 실무가 과중된 상태라 업체에 보내는 견적서, 일정, 회계 등 필요한 부분을 제가 맡아 하나둘 하기 시작했어요. 처음엔 운영을

하겠다는 생각보다는 이대로 두면 안 되는 일을 처리하면서 제 업무 영역이 명확해진 수순이랄까요. 지금은 10명 이상의 직원을 둔 회사로 자리 잡았지만, 회사에 합류했던 초기에는 3인 체제의 작은 회사였기에 경계가 불분명한 역할 속에서 제가 할 수 있는 포지션을 고민했기도 했고요.

미술학도 출신으로 창작의 열정을 지속하고 싶은 욕심은 없었나요?

강금이 전공대로 직업을 선택하는 것이 정석이 아닌 것처럼 지속 가능한 회사로 키워 가는 역할에 대한 성취감과 적성을 찾아가는 즐거움이 있어요. 회사의 성장을 목표로 둔다면 각자 자신이 가장 잘할 수 있는 업무로 정진하는 것이 자연스럽기도 하고요. 다른 사람보다 제가 뛰어난 면이 있다면 그건 제 자신을 잘 파악한다는 거예요. 대학 시절에는 미술가가 되겠다는 의지를 굳건하게 지킬 만큼 스스로 재능이 뛰어나다고 생각하지 않았고, 판지스튜디오에 와서는 남편을 뛰어넘을 수 없다는 걸 알고 간단명료하게 조력자의 위치를 인정했어요. 그리고 기왕이면 역할을 잘해 내고 싶었고요. 그리고 이전에는 내가 해낼 수 있을까 의심하던 것, 이를 테면 미팅에서 발휘되는 커뮤니케이션 능력이나 팀원을 관리하는 일이 제 스스로도 놀랄 만큼 꽤 잘해 낸다는 점에서 재능을 발견하는 기분이에요.

디자인 스튜디오로서의 틀을 만들기 위한 과정과 방법이 궁금합니다.

강금이 규모가 작은 스튜디오일수록 휘둘리지 않고 회사를 지켜 줄 틀이 있어야 지속 가능해요. 우리의 디자인을

Supreme

도용당하거나 지켜 온 자부심을 무시당하는 일을 겪으면서 실무자가 일에만 집중할 수 있는 환경을 마련하기 위해 두 가지는 확실히 했죠. 첫 번째는 법률 조언을 받아 계약서의 틀을 바꾼 거예요. 작은 회사일수록 을의 위치에서 일을 시작하는 것을 당연하게 생각하거나, 디자인 도용을 당했을 때 대처하기 어려운 부분이 있거든요. 두 번째는 많은 부분을 차지했던 시공 업무를 점차 줄이고 디자인 기획과 설계 파트에 힘을 준 거예요. 그림을 그려 내는 사람과 누가 그려 준 그림에 색칠을 하는 건 전혀 다른 이야기니까요.

양재윤 디자인 가치를 인정받는 토대가 만들어지면 보다 전문적인 자세로 일을 대할 수 있어요. 어떤 분야든 이 점은 정말 중요하거든요. 문화가 많이 바뀌긴 했지만 견적서에 명시된 〈디자인 비용〉에 의문을 제기하는 분들이 의외로 많아요. 공간 디자인을 기획과 디자인의 영역이 아닌 그저 보기 좋게 바꾸는 공사의 개념으로 보기 때문이죠. 이런 이유로 상당수의 소규모 스튜디오는 디자인 비용을 별도 책정하는 대신 시공비에 녹이는 방식으로 진행해요. 하지만 판지스튜디오는 시공업체가 아니라 디자인 스튜디오라는 정체성을 확립하기 위해 공사 여부와 상관없이 디자인 기획이 들어가는 순간, 비용이 청구된다는 원칙을 고수해 왔어요. 디자인이 공사의 서비스 영역 같은 대우를 받으면 디자인 스튜디오로서의 틀은 깨져요.

부부와 동반자라는 관계보다 비즈니스 파트너로 보는 순간이 많을 것 같아요.

양재윤 회사의 틀을 갖추기 전에는 우리가 부부라는 걸 굳이

노출하지 않았어요. 능력과 성과에 자신 있다 하더라도 그건 우리의 생각일 뿐 대외적으로 가내 수공업 같은 작은 조직의 느낌을 주기 싫었던 것 같아요. 20년이라는 시간이 흘러 지금은 오히려 부부가 함께 일하는 것이 외부적으로 멋있게 보인다는 점에서 흥미로워요. 부부가 운영한다는 점이 강점이 되었고요. 우리의 신념이 작업으로 인정받으며 정체성을 드러내는 것에 자신감이 생겼어요.

강금이 좋든 나쁘든 부부보다 동반자로서 서로를 생각하는 경우가 많아요. 연인이나 부부 관계에서 함께 일을 시작한 것이 아닌 동료에서 부부가 된 시간의 흐름도 영향이 있고요. 하루 대부분의 시간을 회사에서 얼굴을 마주하다 보니 어느 순간 〈아 맞다, 우리 부부였지〉 하고 자각할 때도 있으니까요. (웃음) 20년간 일의 경계를 분명히 해왔고 호흡을 맞춰 온 시간이 길어 얼굴만 봐도 서로의 불만이나 감정이 읽히니 업무 관계에서는 거의 불화가 없어요. 둘의 논쟁은 주로 가정을 일구는 부부 사이에서 벌어져 왔죠. 굳이 물리적인 시간으로 비교한다면 동업자의 시간보다 동반자의 시간이 짧아 호흡을 맞춰 가는 단계라고 할까요.

삶보다 일에 무게 중심이 쏠린 부분에서 서운함은 없을까요?

강금이 균형으로 따지자면 가정보다는 일의 중요도가 차지하는 비중이 높다 보니 아내로서 서운하거나 힘든 부분이 분명히 있어요. 그런데 물리적인 하루의 시간이나 대화의 내용이 어쩔 수 없이 일에 관련된 것이 많아 결론적으로는 비즈니스 파트너로서 잘 맞는 것이 일상의 스트레스를

완화하더라고요. 적어도 우리 둘 사이는 비즈니스 파트너로서의 궁합이 잘 맞는 점이 부부로서의 연을 이어 가게 하는 이유라는 건 확실한 것 같아요.

20년간 디자인 스튜디오의 체계를 갖추는 시간이었다면 가정의 균형은 어떻게 맞춰 나가는지 궁금합니다.

양재윤 개개인의 작업 스타일이 다르겠지만 디자인은 고도의 집중력이 요구되는 작업이라 집중한 시간만큼 머리를 비워 낼 수 있는 시간이 반드시 필요해요. 한편으로는 작업의 탄력과 속도를 내고 있는 과정에서 끊지 않고 이어 나가는 타이밍도 필요하고요. 〈나인 투 식스〉의 회사 시스템이 적용되지 않은 업무 환경이에요. 그런 점에서 저녁과 주말은 전적으로 아이들과의 시간을 할애하는 전통적인 아빠의 역할을 잘하지 못하는 게 사실이에요. 아빠라는 제 몫의 역할까지 아내가 많은 부분에서 맡고 배려해 준다는 점은 항상 감사하게 생각해요.

강금이 직장인이라면 누구나 사직서 하나쯤은 서랍 속에 품고 일을 한다는 우스갯소리가 있어요. 부부가 함께 일을 한다는 건 사직서에 이혼 협의서 하나를 더 얹고 가는 관계 아닐까요. 복잡다단한 감정과 정서가 뒤엉킨 관계 같아요. 부부의 동업에 떠올리는 일종의 판타지가 있잖아요. 공과 사를 균형 있게 버무린 삶을 경영하는 관계, 냉혹한 사회생활에서 서로의 어깨를 내어 줄 내 편이 있다는 안도감 같은 것들이요. 그 환상은 함께 일하는 부부에게 절대 적용되지 않죠. (웃음) 세세하게 너와 나의 역할을 논하기보다 상황을 파악하고 인정하며 현실적으로 제가 할 수 있는 부분을 생각해요.

자로 잰듯 공평한 관계까지는 아니더라도 역할이 가중되는 것에 대한 서운한 점이 있을 것 같아요.

강금이 모든 사람에게 공평하게 주어진 24시간이라는 물리적인 시간을 따지면 억울하고 서운한 생각이 들 때가 있죠. 다툼이 잦은 편이 아닌데 가끔 언성이 높아졌던 것도 이 부분 때문이었고요. 부모로서 아이들을 책임지고 어차피 해결해야 할 문제라면 불만과 서운함을 증폭시키는 것보단 현상을 해결을 하는 쪽을 선호해요. 회사의 수장으로 제가 남편을 전적으로 존경하는 부분을 크게 생각하기로 한 거죠. 가정뿐만 아니라 11명의 직원을 끌고 나가야 하는, 회사의 대표라는 두 가지 역할이 있으니까요.

양재윤 제가 아내에게 가장 고마운 점은 개인 시간의 필요성에 공감하고 또 취미 생활과 수집하는 일에 대해서 흔쾌히 이해해 줘요. 또 저를 아이처럼 머무르게 해주는 점도요.

아이처럼 머무른다는 게 어떤 의미일까요?

양재윤 물리적인 나이를 떠나 스스로 어른이 되었다고 인식하는 순간부터 작업의 예민함이 사라진다고 생각해요. 시쳇말로 철이 드는 순간 감각이 무뎌지는 거죠. 창작을 요구하는 직업군은 특히 더 그렇죠. 실제로 주변에 제 나이 또래에 있는 친구들이 가정을 꾸리고 하나둘 작업에 손을 놓더라고요. 손을 놓는다는 것은 점차 찾는 이가 줄고 디자인이 소비되지 않는다는 거죠. 대중을 상대로 디자인을 설득하고 소비시키기 위해서는 젊은 친구들이 이해할 수 있는 코드를 정확하게 알고 감각적으로 풀어내는 시각과 집중이 필요해요. 그래서 그런 부분에 있어서는 어른보다는 아이다운 게

장점이죠. 이 점에 대한 아내의 배려가 제 작업을 오래 잘해 낼 수 있도록 큰 역할을 한다고 생각해요.

강금이 만약 함께 같은 회사를 꾸려 가지 않았다면 저도 이해와 수용이 어려웠던 부분이에요. 함께 일을 하기에 남편의 작업 스타일과 요구되는 환경을 알고 프로젝트 매니저로서 작업자를 존중하는 거죠. 우리 개인의 가정이 중요한 만큼 회사 구성원들의 미래도 우리가 염려해야 하는 부분이니까요. 남편이 이 회사의 수장이라는 것에 100퍼센트 존경해요. 남편이 그려 내는 디자인의 큰 개념이 회사를 끌고 가는 게 맞거든요. 그 성과물 때문에 판지스튜디오를 찾는 것이고 저는 다양한 회사에게 판지스튜디오를 잘 소개하고 싶어요.

아직 보살핌이 필요한 두 자녀를 양육하는 상황에서 개인 시간이라는 개념이 모호하긴 하지만 각자의 시간을 어떻게 보내시나요?

양재윤 주말마다 이른 아침에 사이클을 하는 것이 루틴이에요. 사이클에 빠진 건 약 2년 전인데 자전거를 탄다는 1차적인 즐거움과 더불어 사이클을 개조하고 조립하는 기계적인 매력에서 오는 유희도 있어요. 주말뿐 아니라 오전 미팅이 없는 날엔 한남동 집에서 문래동 사무실까지 자전거로 이동하는데 업무 전 하루 일과를 정리하고 계획할 수 있는 시간이에요.

강금이 평일에는 두 아이들을 학교와 유치원에 데려다주고 근처 카페에서 모닝커피를 마시는 것으로 하루를 시작해요. 사람을 만나는 일이 잦은 직업이라 하루에 일정 시간은 반드시 혼자 생각하고 사색할 수 있는 시간이 보장되어야 해요. 오늘의 할 일을 정리하고 가끔은 친구와 통화를 하기도 하고, 아무 생각

없이 머리를 비워 내기도 하죠. 야근이 잦아 주말에는 오롯이 아이들과 시간을 보내요.

동료와 동반자로서 서로 서운한 부분이 많이 있었을 텐데 오랜 시간 함께할 수 있었던 이유가 있을까요?

양재윤 동료, 그리고 부부 사이에 지켜야 할 신뢰를 깨뜨리지 않고 지켜 온 거요. 성향, 라이프 스타일 등 세세한 것들이 모두 잘 맞는 이상적인 관계는 없어요. 그런 부분이 맞지 않다고 스트레스 받거나 맞추려는 욕심보다는 동료와 부부 사이에 지켜야 할 신뢰는 반드시 지켜 왔어요. 동료와 부부 사이의 기능을 맞춰 나가는 거죠. 그리고 부부가 오래되고 익숙해지면 자칫 함부로 하는 경향이 있잖아요. 존중이 사라졌을 때 서로 상처가 깊어지고 안 좋은 그림으로 연출이 되는데 배려보다는 존중이 가장 중요한 것 같아요.

강금이 서로 강요하지 않는 점이요. 만남의 관계가 부부든 동업자든 서로의 다름을 인정하고 강요하지 않는 관계가 건강하죠. 관계에서 가장 중요하게 생각하는 부분이고 〈양육〉에서도 동일해요. 저희도 어려운 부분이지만 부부의 욕심으로 교육하는 것, 지나치게 통제하려는 것에 거리를 두려고 해요.

공간이라는 이름의 〈스토리텔러〉

최근 상업 공간에서 자주 보이는 흐름인 뉴트로의 시작점에 판지스튜디오가 있어요.

양재윤 1973년생인 저는 오락 1세대예요. 당시 업자들이 일본 게임기를 기판으로 수입해서 〈목 작업〉하고 살을 붙여 세운상가에서 팔던 시대였어요. 드라마틱한 변화를 피부로 체감하던 영화 같은 세대죠. 이 시대를 살아왔던 저에게 예전의 감성을 21세기 동시대 감성으로 버무리는 일은 자연스러워요. 더불어 600년이라는 역사성을 가진 서울에서 레이어가 쌓인 도시의 풍경은 찾아보기 어렵다는 점이 과거의 이야기를 고민하게 만든 시작점이었어요.

작업으로 이야기하고 싶은 관심사가 궁금합니다.

양재윤 스트리트 컬처, 뉴트로, 그리고 한국이요. 매끈하고 정제된 것보다는 날 것 같은 생동감을 좋아하는 저의 취향은 자연스럽게 스트리트 컬처와 닿아 있고, 판지스튜디오의 오랜 작업 공간이 위치한 문래동은 도심에서 접하기 어려운 건축 구조, 좁은 골목의 정취들이 〈뉴트로〉적 사고로 연결되어요. 그리고 최근의 큰 관심사는 한국이에요. 한국인으로서 오히려 알아채지 못하는 한국의 매력을 해외에서 케이팝과 케이 컬처

열풍으로 체감한다는 점이 흥미로웠어요. 해외에서 열광하는 우리의 문화, 소비하고자 하는 욕망을 우리의 것으로 멋있게 만족시키는 지점을 진지하게 바라보고 있어요. 우리의 경험을 글로벌한 감각으로 풀어내는 것에 집중하고 있어요.

공간의 완성도를 높이는 중요한 요소는 무엇이라고 생각하나요?

양재윤 디테일에 병적인 집착이 있어요. 작업에 필요한 부품이 없다면 직접 제작해 대량 생산된 제품처럼 정교하고 매끈한 부품을 만들어 내요. 시계를 만드는 캐비노티에Les Cabinotiers 중 필립 듀포라는 장인이 만드는 심플리시티 시계는 예술 작품과도 같아요. 전 장인의 태도와 삶에 가치가 있다고 생각해요. 이런 차분함과 섬세함이 디자인의 질을 결정한다고도 생각하고요.

판지스튜디오의 작업에는 분명한 공예적인 느낌이 있어요.

양재윤 가구는 물론 눈에 보이고 손으로 잡히는 자잘한 손잡이까지 직접 제작해요. 디자인에서 제작까지 진행하기 때문에 사무실이 위치한 문래동은 위치적 장점이 커요. 문래동에는 예전에 탱크까지 만들었을 정도로 기술 있는 장인이 정말 많거든요. 저희의 전공을 살린 미술적 시도와 주위의 장인들과 손을 잡으니 생각한 것은 최대한 구현할 수 있어요. 되도록 다양한 재료를 사용하는 이유는 처음 만나는 공간이지만 오래 있고 싶은 공간으로 만들고 싶어서예요.

판지스튜디오가 위치한 문래동은 지역의 정체성이 분명한 곳인데, 동네가 주는 정서가 작업에 영향을 준다면 어떤 것이 있는지 궁금해요.

양재윤 판지스튜디오의 작업 공간은 문래동이에요. 과거와 현재가 공존하며, 여전히 재미있고 호기심을 불러일으키는 공간이 많아요. 작고 조그마한 소규모 공장들이 모여 있는 곳이고요. 일제 강점기에 공단 형태로 일본인 기술자들이 모여 만들어진 공간으로 당시 만들어진 건축물과 기술이 존재하는 곳이기도 하죠. 디자인을 하다 보면 가끔 기술적인 문제를 해결해야 될 때가 있는데 이런 문제를 해결해 줄 숙련된 기술자들이 모여 있는 곳이고, 다양한 금속 작업을 제작해야 하는 우리에게 문래동은 고마운 공간입니다. 그래서인지 작업 디테일이 좋다는 얘기를 듣기도 합니다.

문래동은 복잡하게 연결된 골목과 소규모 공장들이 밀집되어 있는 집들의 구조와 형태도 흥미롭습니다. 문래동 골목을 거닐다 보면 괜찮은 디자인 영감을 받기도 해요. 워낙 다양한 작업들이 진행되는 장소이다 보니 쉽게 볼 수 없는 산업용 금속 덩어리와 불규칙하게 절단된 단면의 질감 등을 가까이 보면 쇳물이 녹아 아름다운 빛깔들이 연출되기도 하죠. 골목 사이에서 발견하는 벽에 남은 도색의 흔적은 흡사 작가의 페인팅처럼 보이기도 하는데 저는 이걸 〈엔지니어 드로잉〉이라고 표현해요. 문래동은 다양한 이유에서 우리 스튜디오의 기술적인 부분과 디자인에 영감을 주는 매우 특별한 장소입니다. 도심에서 접하기 어려운 건축 구조, 좁은 골목의 정취가 남아 있어 문래동에서 서울과 도시에 대한 많은 아이디어를 얻어요.

강금이 젊은 작가나 상인이 하나둘 들어오며 최근 몇 년 사이 문래동의 풍경도 사뭇 달라졌어요. 그럼에도 불구하고 문래동만의 독특한 정취가 유지되는 건 다양성이에요. 색이 분명하고 재미있는 곳을 따라 사람이 모여들면 그 자리가 프랜차이즈의 자본으로 대체되는 게 상업화의 수순이잖아요. 그런데 아직 문래동은 거칠고, 귀엽고, 세련되고, 촌스럽고, 조악하고, 대담하고, 매끈한 다채로운 색이 공존해요. 한 가지 색으로 정의할 수 없는 다양성의 정서가 저희의 사고를 편협하게 두지 않죠.

감도를 유지하기 위한 어떤 노력이 있을까요?

양재윤 예전에 그림을 그리는데 바빴다면 지금은 공부하는 시간에 더 집중해요. 작업을 대하는 태도가 더 진지해졌어요. 빠르게 이목이 주목되는 반짝반짝한 멋을 부리는 데 집착했던 시간도 있었다는 걸 고백해요. 지나고 보면 불필요한 군더더기를 보탠 것 같은 몇 차례의 시행착오를 겪은 후에는 더 진지하게 공간의 맥락과 이야기에 집중하게 되었죠. 온갖 화려한 미사여구에 현혹되어 누군가의 말에 귀를 기울였는데 뒤돌면 정작 남는 게 없는 대화가 있어요. 대중을 상대로 한 공간은 쉽고 명확해야 돼요. 쉽고 명확하다는 건 하고자 하는 이야기를 잘 소화시켜 핵심을 내놓는 거예요. 스스로 하고자 하는 이야기가 무엇인지 잘 모른다면 핵심을 알려 줄 수 없고 쓸데없는 꾸밈에 치중하게 돼요. 맥락과 이야기를 쉽게 전달하기 위해 관심사와 현상을 진중하고 깊게 파고드는 것이 제가 감도를 유지하기 위한 노력입니다.

강금이 감도를 유지하며 작업을 오래 하려면 지치지 말아야

온갖 화려한 미사여구에
현혹되어 누군가의
말에 귀를 기울였는데
뒤돌면 정작 남는 게
없는 대화가 있어요.
대중을 상대로 한 공간은
쉽고 명확해야 돼요.
쉽고 명확하다는 건
하고자 하는 이야기를 잘
소화시켜 핵심을 내놓는
거예요.
— 양재윤

Double A
Double A
Double A

해요. 물론 하고 싶은 일만 할 수는 없지만 20년간 일을 해온 결과 우리의 마음이 동해서 선택하는 일이 많아져야 하는 게 맞더라고요. 〈이윤을 내야 하는 게 회사의 역할이니 들어오는 일의 대부분을 해야 하는 것이 맞다〉 싶다가도 결국 스스로 지쳐 나가떨어지거든요. 작업의 질이 낮아지는 건 물론이고요. 우리의 감도를 유지하며 지속 가능한 회사가 되기 위해서 회사의 규모를 일정 수준 이상으로 키우지 않고 판지스튜디오의 아카이빙에 연장선이 될 수 있는 프로젝트 중심으로 선택하고 있어요. 그 균형 안에서 어느 정도 수익과 퀄리티의 수평이 맞춰졌어요.

끝으로 지속 가능함을 위한 판지스튜디오의 다음 스텝이 궁금합니다.

양재윤 감각 있는 젊은 디자이너들과의 협업을 통해 그들이 가진 신선함과 재기, 그리고 우리가 축적한 노하우로 함께 시너지를 낼 수 있는 공간을 그리고 싶어요. 객원 디자이너와 협업하는 일종의 공간 디자이너 플랫폼처럼요. 앞으로의 일들이 꼭 판지스튜디오의 틀 안에서 해야 한다는 관점을 벗어나면 서로 지향하는 바가 비슷한 사람들과 긍정적 경험을 같이해 나가는 즐거운 관계와 일이 벌어질 수 있다는 생각이 들어요.

강금이 규모가 큰 스튜디오는 아니지만 저희의 방식으로 어려움을 지나온 시간이 있다 보니 이제 막 일을 시작하는, 또는 독립을 한 젊은 친구들에게 심심치 않게 조언을 구하는 연락을 받아요. 자신의 일을 할 만큼 강단 있고 출중한 실력의 친구들이지만 대부분 당황하거나 난감해하는 일은 운영에서

오는 문제예요. 스튜디오 초기 저희가 겪었던 어려움이죠. 그래서 일종의 디자이너 매니지먼트 같은 플랫폼으로 작업이든 운영이든 시너지를 주고받을 수 있는 형태를 찬찬히 그려 보고 있어요.

판지스튜디오

판지스튜디오는 양재윤, 강금이 듀오가 2015년 설립한 공간 디자인 스튜디오이다. 미술적 연출이나 사고를 차용하지만 거리감을 주는 개념적인 공간보다는 대중이 이해할 수 있는 쉽고 친근한 모습을 추구한다. 또 소통하는 공간으로서의 균형을 중시한다.

십화점

우리들의
아트 플레이 그라운드

패션 트렌드의 대세는 편집 숍을 중심으로 모이고 펼쳐진다. 또 차별화된 색이 분명한 패션 숍은 둘러보는 것만으로도 기분 좋은 영감을 일으킨다. 어쩌면 편집 숍은 감도 높은 선별의 향연이 어우러진 하나의 전시관과도 같다. 다양성과 참신함, 그리고 즐거움의 요소가 담긴 편집 숍의 쇼핑 문화는 소비 공간 이상의 문화적 의미를 갖는다. 패션 & 라이프 스타일 편집 숍 〈십화점〉을 운영하는 손준철과 한범수 듀오는 취향의 수집에서 문화 콘텐츠를 공유하는 확장된 공간으로 나아간다. 과거 20대의 대부분을 학교 대신 공연장과 카페, 그리고 셀렉 숍을 전전하며 보냈던 십화점의 수장 손준철과 한범수. 그들이 가꾸고 전개하는 십화점의 활동은 〈레이어링〉한 청춘을 위한 헌정이 아닐까. 노는 일에 누구보다 열정을 다했던 청춘의 시간을 불혹이라는 나이에 〈일복〉으로 돌려받는 것 같다며 웃는 손준철과 한범수 듀오. 우리들의 아트 플레이 그라운드, 십화점에서 만났다.

손준철

한범수

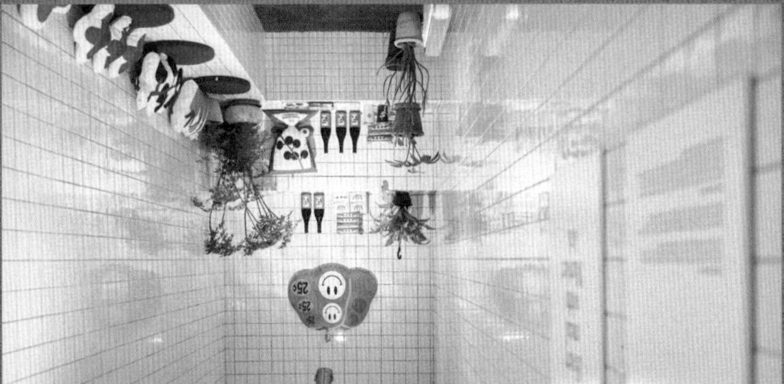
25¢
25¢

토종 편집 숍 브랜드의 힘을 키워 가는 듀오

십화점에 대해 간략한 소개를 부탁드려요.

한범수 십화점은 〈에센셜〉을 키워드로 다양한 패션 브랜드를 소개하는 편집 숍입니다. 〈지금 내 옷장에 있는 옷과 이질감 없이 어울릴 수 있는 담백하고 기본적인 옷〉이 십화점이 추구하는 콘셉트예요. 화려하거나 전위적이거나, 절제된 요소를 담아내는 등 패션의 다양한 얼굴이 있는데 바로 십화점이 추구하는 패션은 어울림이에요. 존재감이 과한 옷보다는 다양한 스타일과 어우러짐이 가능한 감도의 옷과 액세서리를 선보이고 있어요.

손준철 우리가 추구하는 키워드에 맞게 아직 한국에 알려지지 않은 세계의 패션 브랜드나 아이템을 소개하는 것이 편집 숍의 역할이자 각기 다른 숍과의 정체성을 구분하는 요소인데, 몇 해 전부터는 십화점에서 만든 자체 브랜드를 소개해 우리만의 이야기를 더하고 있습니다.

십화점이라는 편집 숍의 이름을 처음 들었을 때 신선하면서도 그 의미가 참 궁금했어요.

한범수 언젠가 한 매체를 통해 〈가치 있는 10가지〉라는 주제로 인터뷰를 한 적이 있어요. 개인적으로 그 주제가 매우 좋았던 기억이 떠올라 네이밍을 할 당시 숫자 10(십)에서 브레인

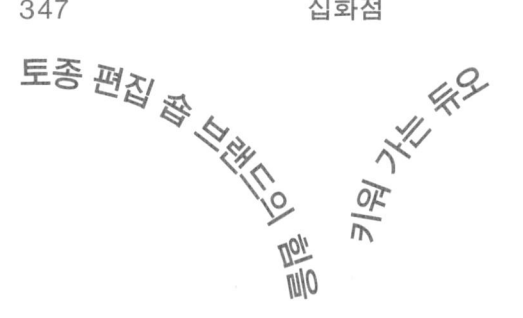

스토밍 했어요. 백 가지 상품을 취급하는 백화점을 〈십분의 일〉로 줄인 곳이라는 의미와 함께 십화점의 〈화〉는 그림 화(畫)자로도 읽혀요. 패션 쪽이 영문 네이밍을 보편적으로 사용하기도 하고 뜻보다는 소리 내었을 때 부드럽고 세련된 느낌을 선호해요. 때문에 주변에서 이름이 다소 촌스럽다는 의견도 있었지만, 과감하게 결정하고 십분의 일로 나누는 BI 속 슬러시 형태로 십화점이 나아갈 방향을 상징했어요.

〈셀렉〉을 기반으로 한 편집 숍, 십화점에서 자체 브랜드를 론칭하게 된 이유가 있을까요?

손준철 한국 브랜드를 흥미롭게 보는 해외 바이어들의 시선이 상당히 높아졌어요. 실제로 한국 로컬 브랜드의 감도도 굉장히 좋아졌고요. 20년 이상 패션업에 몸담으며 우리가 축적했던 감각으로 우리만의 브랜드를 만들어 이제 역으로 해외에 선보일 수 있겠다는 자신감이 있었어요. 지금까지 한국에 소개하고 싶은 해외 브랜드를 발굴해 왔다면 이제 본격적으로 우리 브랜드를 해외에 소개할 수 있는 타이밍이라고 생각했어요.

한범수 브랜드를 하나둘 론칭하면서 십화점이라는 이름을 버릴 거냐는 질문을 왕왕 받는데 전혀 그럴 생각이 없어요. 편집 숍의 정체성은 유지하겠다는 태도예요. 실제 우리의 자체 브랜드인 〈데이지신드롬〉과 〈틸던〉이 십화점에서 만든 브랜드라는 걸 모르는 사람들이 많거든요. 의도적으로 우리 브랜드라는 걸 내세우지 않기도 했고요. 우리는 자체 브랜드를 십화점이라는 인큐베이터에서 파생된 결과물로 생각하고 또 십화점이라는 고정된 이미지 안에서만 놀지 않기를 원했어요.

더불어 저와 남편이 브랜드 가이드만 세우고 직원들에게 배턴을 넘긴 이유도 이제는 디렉터로 한발 뒤에 서서 젊은 세대에게 우리가 맡고 있던 역할을 하나씩 넘겨주어야 하는 나이라고도 생각했고요. 데이지신드롬과 틸던 이전에 여러 가지 브랜드를 시도했고 성과가 좋은 브랜드도 있고, 또 살아남지 못한 브랜드도 있지만, 지금은 여러 가지 실험을 하는 과도기적 단계라고 생각해요.

자체 브랜드에는 디렉터로서의 두 분의 정체성이 녹아들 수밖에 없다고 생각해요. 십화점의 자체 브랜드인 틸던과 데이지신드롬에 대한 스토리를 듣고 싶어요.

손준철 틸던은 저의 20대를 떠올리게 하는 브랜드예요. 지금은 〈워커홀릭〉일 정도로 일만 하고 살아도 미련이 없을 만큼 20대 때 진짜 후회 없이 놀았거든요. 대학 시절 교정을 거니는 것보다 뮤직 페스티벌, 클럽, 술집, 공연장, 미술관 등을 종횡무진하며 보낼 만큼 정말 노는 걸 좋아했어요. 40대가 된 제가 20대 직원들과 허들 없이 잘 통하는 대화 주제가 〈노는 이야기〉예요. 어렸을 때 다방면으로 놀아서 노는 쪽으로는 젊은 친구들하고도 세대를 초월한 대화가 가능하거든요. (웃음) 그리고 이 대화들은 〈클럽에 갈 때 두 손이 편하도록 지갑과 자동차 키의 주머니를 따로 디자인하면 어떤 독특한 바지 디자인이 나올까〉, 〈클럽용 작은 가방에는 어떤 기능이 있으면 좋을까〉, 〈뮤직 페스티벌에 어울리는 패션 디자인은 어떤 걸까〉 등으로 이어져요. 〈잘 노는 소년, 잘 노는 남자〉라는 손준철의 정체성으로 시작한 브랜드가 틸던이에요.

한범수 데이지신드롬은 저의 숨겨진 감성으로 탄생한

£1.29
£1.29
£1.99
£1.29
£1.29
£1.99
£1.99
TIGER'S DEN PAR
TIGER'S DEN PAR

브랜드예요. 십화점의 디렉터로서 제품을 선택할 때는 십화점의 철학에 따라 정제되고 깔끔한 브랜드와 아이템 위주로 선택했고 또 그게 제 정체성을 대변한다고 생각했어요. 한창 사업과 육아라는 내게 맡겨진 역할이 버겁게 느껴지던 때 일종의 도피처럼 아이들이 잠든 고요한 밤, 원단에 간단한 무늬의 자수를 놓던 적이 있어요. 아기자기하고 귀여운 것은 저와는 거리가 있다고 생각했는데 손을 움직여 뭔가를 만들어 내는 과정에 마음이 몽글몽글해지면서 상당한 위로가 되더라고요. 그러다 제가 가지고 있던 청바지에 데이지 꽃 몇 송이를 수놓아 입고 다녔는데 주변 반응이 좋았어요. 제품으로 만들어도 좋겠다는 생각에 기계 자수로 원단을 개발해 하나둘 아이템을 늘려 간 게 데이지신드롬이에요. 제 자신도 몰랐던 스스로의 취향이 발현된 애정 깊은 브랜드죠.

약 7년간 자리 잡았던 청담동을 떠나 한남동으로 매장을 이전했어요. 십화점의 상징과도 같던 청담동을 떠나게 된 배경이 궁금합니다.

손준철 건물 리모델링 때문에 매장을 옮길 수밖에 없던 이유가 첫 번째였어요. 청담동을 안 떠나고 싶은 마음과 변화를 주고 싶은 마음, 양가 감정 사이에서 결국 떠나기로 결심한 것은 몇 년 사이 급격하게 바뀐 소비 트렌드였어요. 오랜 시간 패션의 성지로 여겨 왔던 청담동과 압구정, 그리고 도산은 예전만큼 패션이라는 콘텐츠에 집중되어 있지 않거든요. 특히 압구정동은 술집과 카페 등 외식업 거리로 탈바꿈해서 쭉 들어선 식당 중간에 패션 상점이 있는 것이 어색할 정도예요. 내부적으로도 이런 흐름에 변화를 주어야 하는 시점이라고

생각했고 한남동으로 옮기게 되었어요.

왜 한남동이었을까요?

한범수 서울의 여러 곳 중 최신 트렌드가 모인다는 성수동도 물망에 있었어요. 다채로운 브랜드가 성수동으로 모이고 있지만 십화점이 성수동 진입을 항상 고사하게 되는 이유가 있었어요. 바로 우리가 가져가려는 감도와 성수동의 지역성이 잘 맞지 않는다는 것이었죠. 성수동은 거대 명품 브랜드부터 소규모 브랜드까지 폭 넓은 타깃층을 둔 업체가 모여 있어요. 그중 성수동의 가장 두터운 소비층은 20대 초반의 젊은 세대예요. 우리는 합당한 가격이라고 생각하는 6만 원대의 기본 반팔 티셔츠가 성수동의 주요 소비층에게는 좀 높은 가격으로 인식될 수 있는 지역이죠. 실제 팝업 등의 행사로 성수동에서 테스트 마켓을 해보았을 때 우리의 예상이 적중했고 지금 당장은 우리가 의류로 사업을 전개하기에는 수익을 내기 어려운 지역이라고 판단했죠. 반면 한남동은 나름 잔뼈가 굵은 로컬 패션 브랜드가 다시 하나둘 모이는 분위기이고, 또 외식업에 치중되지 않은 균형 잡힌 상권이 저희가 염두하고 주요하게 생각하는 고객층과 맞는다고 판단했어요.

백화점을 십분의 일로 줄인 곳이라는 의미의 십화점이 백화점에 입점할 정도로 성장했어요. 십화점 플래그십 스토어와 백화점에서 만나는 주 고객층은 어떻게 다른가요?

한범수 십화점 플래그십 스토어가 단골 혹은 미리 십화점을 찾아보고 오는 곳이라면, 백화점은 불특정 다수가 모이는 곳이에요. 실제 십화점을 모르고 매장을 방문하는 고객의

비율이 높아요. 매장 정보 없는 고객 방문이 실구매로 이어진다는 건 상품성을 검증받는 것을 의미해요. 백화점에서 가능성을 발견한 대표적인 아이템이 데이지신드롬의 자수 청바지예요. 이제 막 론칭한 네임 밸류가 낮은 브랜드치고 다소 높게 인식될 수 있는 20만 원대의 아이템이었는데 꽤 높은 판매량을 보여 줬어요. 데이지신드롬이라는 브랜드의 가능성을 확인했다는 점에서 백화점이 테스트 마켓이 될 수 있는 거죠.

세 개의 편집 숍을 거쳐 십화점까지. 패션 편집 숍의 계보를 만들어 온 것 같다는 느낌이 들어요.

손준철 편집 숍 〈맨하탄스〉와 〈케비넷스〉, 그리고 〈1LDK〉를 거쳐 현재의 십화점까지 왔어요. 둘이 결혼하고 처음으로 함께 시작한 숍이 맨하탄스였는데 일본 빈티지 스타일의 옷이 주류였어요. 당시 홍대에서 선호하던 스타일의 옷에 가격도 합리적이라 단골손님이 많았죠. 맨하탄스 스타일로 입소문이 나고 마니아층이 생기며 수익도 좋았죠. 홍대 〈클러버〉들 사이에서 바로 옷을 사 입고 클럽 가기 좋은 편집 숍이라는 입소문이 돌기도 했으니까요. 저희가 홍대에서 한창 사업을 했던 2016년 당시 편집 숍의 전성기라 부를 만큼, 색이 분명한 숍이 부흥했던 때라 홍대에 숍을 하나 더 냈어요. 둘이 여름휴가로 갔던 스페인 마요르카에 영감을 받아 오픈한 케비넷스는 〈내 남자 친구에게 선물하고 싶은 옷〉이라는 테마로 해외 각지를 돌아다니며 수집한 인테리어 소품들도 함께 판매했는데 의류, 잡화뿐 아니라 리빙, 소품까지 국내에서 찾아보기 어려운 컨템퍼러리 브랜드 제품들을 소개해 20대와 30대에게 인기가 좋았어요.

한범수 맨하탄스와 케비넷스가 우리의 취향을 펼쳐 내는 준비 운동과도 같았다면 1LDK부터 본격적인 사업의 영역으로 발을 들였다고 생각해요. 도쿄의 편집 숍 브랜드 1LDK를 서울에 론칭하면서 대외적으로 더 널리 알려지기도 했고요. 패션에 관심이 있는 사람이라면 도쿄 여행 시 반드시 들려야 하는 숍이 1LDK일 정도로 세계적으로 유명했기 때문에 1LDK가 파리에 이어 해외의 두 번째 매장을 청담동에 열었을 때, 그 짜릿함을 잊지 못해요.

1LDK는 패션 애호가들에게 성지와도 같은 편집 숍이라 서울 오픈은 패션계의 파란이였죠. 〈1LDK 서울〉을 론칭하기까지의 과정이 궁금해요.

손준철 맨하탄스를 운영했을 때 저희가 수입했던 브랜드 중 하나인 〈유니버설 프로덕트〉는 1LDK가 운영하는 〈브랜드〉라는 연결 고리가 있었어요. 그래서 1LDK가 서울로 진출하고 싶은 의중이 있고, 한국의 여러 업체와 가볍게 연락하고 있다는 걸 알게 되었죠. 패션을 좋아하는 사람이라면 욕심이 날 수밖에 없는 이슈라 깊게 생각할 겨를도 없이 적극적으로 운영하고 싶다는 의사를 밝혔어요. 1LDK와 접촉했던 많은 업체들 중 마지막에 삼성물산과 비딩이 붙었는데 결국 저희가 운영권을 따냈고요. 저희가 소규모 사업체다 보니 1LDK 입장에서는 큰 회사에서 안정적인 운영을 해주길 바라는 마음도 있었을 거예요. 동시에 자칫 브랜드가 빨리 소비되고 끝날까 봐 걱정이 된 부분도 있었고요. 지나치게 공격적인 마케팅으로 무분별하게 소비되는 것보다 천천히 브랜드를 가꿔 가고 싶은데 우리가 그 속도를 지켜 줄 것

저에게 패션은
아름다움과 개성을
표현하는 상징이자
성취를 보여 줄 수 있는
수단이에요. 수익을
올리거나 새로운 시장에
도전하는 데 함께하는
콘텐츠죠.
— 손주철

INGRAM
THE LAST

같았다고 하더라고요.

한범수 1LDK 서울을 위해 맨하탄스와 케비넷스를 접고 1LDK에 집중했던 4년간의 시간은 남편과 저, 사업을 조금 더 진지하게 바라보고 지속 가능성을 고민했던 시간이었어요. 사업의 긍정적인 성과와는 별개로 아쉬운 것은 팬데믹이라는 유래 없는 상황 때문에 인력으로 해결할 수 없는 어려움을 겪었다는 거예요. 1LDK 본사에서도 사업을 축소했고 현실적인 운영상 저희도 서울점을 계속 끌고 가기 어려웠어요. 1LDK 본사가 일본 편집 숍이다 보니 취급하는 브랜드가 일본 로컬 브랜드가 많았는데 팬데믹과는 또 별개로 일본 제품 불매 운동이 오래 지속되기도 했고요. 정치적 관계나 상황에 따라 사업이 흔들릴 수 있다는 걸 경험한 시기였어요. 우리만 잘한다고 모든 것이 순조롭게 흘러갈 수 없다는 거예요. 일련의 사건들로 〈우리만의 것〉이 필요했고 모든 걸 재정비한다는 생각으로 십화점을 만들었어요.

패션이라는 이름의 협주

두 분은 패션 MD 출신으로 회사에서 만난 것으로 알고 있어요.

한범수 패션 브랜드 컨버스 MD로 근무하며 만났어요. 둘이 입사한 시기가 비슷했는데 저는 대학 졸업 후 짧게 일했던

마케팅 회사 이후 두 번째 회사였고, 남편은 군대 제대 후 입사한 회사였어요. 신입생 교육차 모인 지하 강당에서 남편이 제 옆에 앉았었는데 엄청 활발하고 시끄럽다는 점이 제가 기억하는 남편의 첫 인상이었어요. (웃음) 서로 호감을 가진 일은 훨씬 후였는데 메신저로 업무를 주고받다가 좋아하는 음악을 서로 추천하며 연인으로 발전했어요.

패션이라는 한길을 꾸준히 밟아 오고 있는데 두 분의 전공과 이력이 궁금해요.

한범수 저는 대학에서 심리학을 전공했어요. 중·고등 시절부터 저는 옷을 정말 좋아하던 학생이었어요. 학교에서도 〈옷 좋아하는 애〉로 통했고 제가 고르는 옷은 다 예쁘다는 이야기를 심심치 않게 들었죠. 패션을 좋아했지만 당시 제가 아는 패션 분야는 디자이너뿐이었어요. 그런데 저는 정말 손재주가 없거든요. 그러니 패턴을 그리고 가위로 원단을 오리는 패션 디자이너 쪽으로는 진학이나 접근을 할 생각을 못했고 수능 점수에 맞춰 심리학과로 진학했어요. 대학 4년을 나름 즐겁고 알차게 보냈는데 막상 졸업을 앞두고 인생을 설계하려고 보니 미래가 잘 그려지지 않는 거예요. 심리학과를 졸업하면 대학원에 가거나 임상심리학으로 병원에 취직하거나 또는 상담사가 되는 등의 보편적인 진로 단계가 있는데 그 어떤 길도 제 길이 아닌 것 같았어요. 한참을 고민하다 문득 패션이라는 제 오랜 관심사가 떠올랐고 이리저리 검색해 당시 코오롱에서 운영하던 FIK 패션 인스티튜트에 들어갔어요. 커리큘럼에서 MD라는 직업을 알게 된 이유였는데, 직접적으로 옷을 디자인하지 않아도 패션을 다룰 수 있는 다양한 직업을

SIAL
/10 SI
2
4

알게 된 거죠. 그곳에서 1년 과정을 마친 후 컨버스에 입사해 패션 MD로 일을 하며 패션에 발을 들이게 되었어요.

손준철 어렸을 적부터 패션을 좋아해 패션 디자인을 전공했지만 무엇보다 노는 것도 좋아하고 사업에 관심이 높았어요. 태생적으로 일 벌이는 것을 좋아하고 두려워하지 않는 성향이랄까요. 20대 초반, 포장마차를 운영했던 계기를 떠올리면 또래 친구들보다 제가 사업에 타고난 촉수가 있는 것 같아요. 제가 자주 지나다니던 동네에 공터가 하나 있었거든요. 그래서 공터 주인을 수소문해 지금 당장 쓸 땅이 아니면 여기서 장사를 하고 수익을 나누고 싶다고 제안해 시작했어요. 〈친구들이 편하게 찾아올 아지트 하나 만들어 볼까〉 했던 생각이 나중엔 유명한 야구 선수도 찾아올 만큼 문전성시였죠. 이후 패션 쇼핑몰도 운영했었고, 학교 선배와 패션 브랜드도 만들어 봤어요. 그러다 군대를 다녀와서 컨버스에 입사를 했죠.

사내 연애로 결혼을 하고 함께 사업을 한 과정이 궁금해요.

손준철 컨버스가 나이키로 인수될 시점에 회사가 좀 어수선했어요. 구조 조정 이야기가 나왔는데 방침상 사내 연애 금지라는 명분으로 저희 둘 중 한 명은 퇴사하라고 종용했어요. 부당한 요구하고 생각해 둘 다 나가는 것으로 결정했고, 결혼을 생각하던 시기여서 둘 다 백수 상태에서 결혼하고 신혼을 보냈죠. 돌아보면 다소 무모한 결정이었지만 젊었고, 그래서 용감했던 시기였어요. 결혼 후 각자 다른 회사의 MD로 취직했어요. 그때 당시 저는 스톤아일랜드라는 브랜드에서 근무했는데 거래처 중 한 곳이 편집 숍 맨하탄스였어요.

자연스럽게 맨하탄스 사장님과 친해지고 숍 분위기도 알게 되었는데 후에 사장님이 제가 숍을 인수받아 운영해 보는 건 어떠냐고 제안해서 우리 둘의 편집 숍 역사가 시작되었죠. (웃음) 20대부터 이것저것 사업을 해봤던 저에게는 구미가 당기는 제안이었고, 또 회사라는 조직에서도 일했던 경험이 있으니 미련 없이 다시 제 일을 할 타이밍이라고도 생각했어요.

한범수 사업 경험이 있던 남편은 맨하탄스를 인수해 운영하는 게 자연스러웠겠지만 저에게는 다소 고심이 되는 선택이었죠. 회사원에게 대출은 정말 두려운 영역이잖아요. 한 명은 회사에 남는 것이 안정적인 선택일 수도 있었겠지만 추진력이 좋은 남편을 믿고 저도 새로운 것에 도전하고 싶은 용기가 생겼어요. 조직 안에서 함께 일하는 것과 우리의 사업을 함께 운영한다는 것은 전혀 다른 차원이라는 걸 지금도 꾸준히 실감하고 있지만 돌아갈 수 없는 강을 건넜다는 생각이 듭니다. (웃음)

부부가 함께 사업을 꾸려 나가며 느끼는 장단점이 있을 것 같아요.

손준철 패션 MD 출신이라는 공통분모와 관심사요. 회사에서 만나 결혼하고 함께 사업을 꾸려 가고 있는 우리 부부에게는 가장 큰 장점이죠. 좋아하는 것이 같은, 〈영원한 내 편〉은 일을 하며 결정해야 하는 수많은 선택에서 절대적인 지지와 응원을 보내 줘요. 퇴근을 하고도 얼굴을 맞대는 사이라 업무 스위치를 끌 수 없어 24시간 일 중심으로 돌아가는 것은 저희를 포함한 함께 일하는 커플이 꼽는 공통적인 단점이죠. (웃음)

한범수 서로 다른 성향의 두 사람이 만나 예측하지 못했던 삶을 만들어 가는 일이요. 저는 남편과 결혼하지 않았다면 회사의

조직에 머물러 일을 했을 성향이에요. 지금도 가끔 생각해요. 내가 계속 회사 생활을 했으면 삶이 어떠했을까. 가보지 않은 삶이지만 남편이 아니었다면 당연한 선택이었겠죠. 어떤 선택이든 희노애락이 따르지만 가끔은 사업이라는 틀이 버겁게 다가와요. 남편에게 수월한 업무가 저에게는 어렵게 다가오기도 하고요. 하지만 이전에 불가능의 영역이라고 생각했던 것을 도장 깨기 하듯 하나둘 해결할 때 스스로의 한계를 깨고 성장하는 기분이에요.

서로의 다른 점으로 힘든 부분과 보완되는 부분은 무엇이 있을까요?

한범수 사람들이 둘의 외모만 보면, 저는 선뜻 말을 걸기 힘든 까칠하고 깐깐한 인상이고, 남편은 다가가기 쉬운 넉살 좋은 인상으로 보더라고요. 언뜻 업무 성향도 인상과 비슷할 거라고 추측하는데 남편은 작은 부분까지 꼼꼼하게 설계하고 실행하는 정말 예민한 사람이거든요. 반면 저는 큰 그림 안에서 최선을 하지만 실행이 불가능한 부분은 어쩔 수 없는 영역이라고 생각하는 사람이고요. 남편은 목표한 것은 끝을 꼭 봐야 하는 집념이 있어요. 노력의 끝이 실패일지라도요. 저는 아닌 것 같으면 이쯤에서 멈췄으면 좋겠는데 남편은 목표한 일은 반드시 해결하고 마무리해야 돼요. 집념이 강하다는 것의 이점이 있다면, 흥하든 망하든 해보지 않았으면 절대 몰랐을, 경험을 통한 학습과 고찰이에요. 그런데 남편은 계획 단계부터 여러 상황을 염두하고 꼼꼼하게 설계하다 보니 대부분 목표를 이뤄 냈고, 그래서 모든 일에 진심이죠. 결과적으로는 긍정적이더라도 함께 일하는 파트너로서 촘촘한 업무 방식이

숨 막힐 때가 있는 거죠. (웃음) 저는 삶이든 일이든 단순화시켜 생각하니까요.

손준철 일을 빠르게 추진하고 성과를 낼 수 있었던 건 제 성향 때문이기도 하지만 아내가 좋은 쪽으로 브레이크를 걸어 주는 부분이 있어요. 저는 일 욕심도 많고 욕망도 높은 편이에요. 그래서 삶에서 일이 차지하는 비중이 크고요. 반면 아내는 개인의 삶을 위해 일이 존재한다는 쪽이에요. 삶을 바라보는 아내의 태도는 동업자이자 동반자로서의 균형을 맞춰 주죠.

한범수 패션이라는 공통 관심사에서도 서로의 다름이 균형을 맞춰 주는 부분이 있어요. 저는 패션 그 자체를 좋아하고, 남편은 패션을 콘텐츠로 사업을 풀어내는 쪽에 관심이 있어요. 두 사람의 능력이나 관심이 동일한 쪽으로 치우쳐 있었다면 관심을 사업으로 꾸준히 이어 가기 힘들었을 것 같아요.

손준철 아내는 여전히 새로운 브랜드를 발굴하는 촉이 좋고 또 만들어 내는 것에 열정이 높아요. 아내가 만든 브랜드 데이지 신드롬이 현재 중국에서 관심을 보이며 중국 진출을 논의 중이거든요. 아내가 시작하지 않았다면 시작할 수 없는 이야기인 거죠. 패션 디자인학과를 나오고 여전히 패션을 좋아하는 사람이지만 패션보다는 상업적인 것에 더 촉수가 더 서 있는 저에게 제가 보지 못하는 패션에 대한 애정이 큰 도움이 되죠.

두 분의 관심과 능력에 따라 역할을 나누어 왔을 것 같아요.

손준철 저는 회사의 수익을 위한 전반적인 영업을 담당하고 있어요. 다양한 사람들과 만나 사업적으로 일을 엮어 내는 일이

STADI
/10 SEOU
275
4

즐겁고 또 잘 맞아요. 우리가 지금 하고 있는 일들, 앞으로의 비전을 사람들과 나누는 것이 정말 재미있더라고요. 사람들과 대화하며 예상치 못한 방식으로 전개되는 것이 신기해요. 사업은 인생과 같다고 생각해요. 삶이 계획한 대로 흘러가지 않듯, 촘촘한 계획 안에서도 수많은 변수가 생기죠. 그리고 내가 얼마만큼 〈주도적인가〉에 따라 사업도 인생처럼 스스로의 한계를 갱신하는 짜릿함도 있고요.

한범수 브랜드 개발, 브랜드 셀렉, 그리고 직원 관리 등의 일을 담당하고 있어요. 운영이라는 부분에서 남편과 저의 역할이 완벽히 나눠진 것은 아니지만 영업 쪽을 남편이 전담한다면 관리, 감독, 디자인은 제가 주로 맡아서 하고 있죠.

가정은 어떻게 경영하고 있나요?

한범수 가정에서 가장 큰 부분을 차지하는 육아도 분업화가 되어 있어요. 첫 아이를 낳고 육아에 관한 도움이 필요해 시부모님과 함께 살게 되었어요. 비유하자면 시부모님은 주식, 저는 간식, 그리고 남편은 불량 식품이라고 표현할 수 있어요. 시부모님이 아이들의 일과와 숙제 등 일상의 큰 부분을 맡아 주신다면, 저는 출근 전 아침 등원과 저녁 시간을 함께 보내고요. 남편은 아이들과 주말에만 허용된 게임하기와 만화책 보기 등과 같은 여가 활동을 함께 해요. 물리적으로 함께 보내는 시간이 가장 짧아도 아이들에게는 아빠가 가장 환영을 받는 존재죠. (웃음)

손준철 첫애를 낳았을 때 제가 아이와 시간을 많이 보내지 않는 부분에서 아내가 무척 서운해 했었어요. 일을 좋아하기도 하지만 아이 둘이 생기며 일에 좀 더 집중하게 된 것은

가장으로서 경제적인 풍요와 안정을 이루고 싶어서였어요. 회사의 대표와 한 가정의 가장이라는 역할이 저에게는 부담스럽기도 하지만 보수적이고 전통적인 가장의 모습과 역할을 자처하기도 하죠.

일과 삶의 균형을 위해 공통된 취미를 갖는 등 특별히 서로 노력하는 부분이 있을까요?

손준철 요즘 골프에 빠져 있어요. 아내와 함께 즐기고 싶은 취미라 아내의 생일 선물로 골프채를 선물했어요. 제가 집에서까지 업무 스위치를 못 끄는 스타일인데 집에서도 일 얘기만 하는 점이 내심 미안했는데 함께 취미 생활을 하면 일 외에 공통의 대화가 생길 것 같았어요. 둘이 사업을 하기 전, 몇 년 동안 테니스를 함께 쳤던 좋은 기억이 있어서 취미로 일 외의 공통 관심사를 찾으려고 하고 있어요. 둘이 가장 좋아했던 〈패션〉이라는 관심사는 완전히 일의 영역으로 들어오며 서로 지쳐 있기도 하고요.

한범수 저는 내향적이고 남편은 외향적인데 사업을 하며 각자의 성향이 더욱 짙어졌어요. 사람 만나는 것이 일인 남편은 퇴근하고도 저녁 약속이 많고, 저는 저만의 시간이 보장되어야 하는 성향이라 퇴근하면 대부분 집으로 가요. 모든 대화가 일과 엮이다 보니 작은 갈등도 큰 싸움으로 번지기도 하죠. 그래서 남편이 골프를 함께 배우자고 제안했을 때 저도 흔쾌히 좋다고 했어요. 골프라는 스포츠가 내키지 않는다고 해서 이것마저 거절하면 우리 개인의 공통 관심사가 정말 사라지게 될 것 같아서요. 주말에 연습장 갈 때 아이들도 데려가서 함께 시간을 보내는데 공통의 취미가 생겨서 참 좋아요.

OG
THE LAST
OPERATION
FINAL VER PRODUCTION MODEL SY-80
1/144 SY-80
[THE PINK SLAYER] OG
80
YS
M48ASK
T-50
CIRCUS

패션이 재미있는 건 내가
표현하는 아름다움이
객관적이거나 대중적인
아름다움과 일치하지
않아도 표현하는
것만으로도 가치가
있다는 거예요.
— 한범수

일을 지속 가능하게 하는 원동력은 무엇인가요?

한범수 내 결정과 동기가 구체적인 결과물로 구현화되는 짜릿함과 그 결과에서 오는 성취감이요. 또 열정과 노력을 블록처럼 차곡차곡 쌓아 완성하는 꾸준함으로 매년 스스로의 가능성을 확장하는 기분이고요.

손준철 무엇이든 끝을 봐야 하는 성격이지만 회사를 운영하며 마주하는 고비와 치열하게 싸우며 차츰 포기하는 법도 배워 가고 있어요. 포기가 실패의 단면 같아서 자존심을 세우다 문제를 키웠던 시절도 있었어요. 안 되는 건 깔끔하게 인정하고 포기하는 대신 수익을 위한 안전장치, 가능성을 선별하는 이성적 태도가 사업을 하며 배운 가장 큰 수익인 것 같아요.

패션의 매력은 무엇일까요?

한범수 나를 표현하는 방식이요. 교양을 쌓고 마음을 가꾸는 내면적인 아름다움도 중요하지만 저는 외적인 아름다움도 못지 않게 중요하다고 생각해요. 그 수단이 패션이라고 생각하고요. 패션이 재미있는 건 내가 표현하는 아름다움이 객관적이거나 대중적인 아름다움과 일치하지 않아도 표현하는 것만으로도 가치가 있다는 거예요. 패션 역시 실패를 많이 해본 사람이 잘 입기도 하고, 또 나에게 맞는 패션을 발견하고 학습하는 즐거움도 있거든요. 어떤 옷을 선택하고 입는다는 것은 삶의 경험치를 표현하는 방식이라고 생각해요. 업무와 관련해 대학원에서 소비자 심리를 공부한 적이 있어요. 그때 패션을 학문으로 다루는 방식이 개인적으로는 잘 맞지 않다는 걸 알게 되었어요. 저는 실제 스스로 경험해서 축적하고 즐기는 실용적인 패션을 좋아하는 것 같아요.

손준철 저에게 패션은 아름다움과 개성을 표현하는 상징이자 성취를 보여 줄 수 있는 수단이에요. 수익을 올리거나 새로운 시장에 도전하는 일에 함께하는 콘텐츠죠. 글로벌 베스트 아이템을 만들어 보고 싶은 것도 케이팝처럼 국적을 넘나드는 하나의 매개체가 될 수 있다는 점이 짜릿한 이유예요.

패션을 넘어 아트로

몇 해 전부터 십화점은 정기적인 미술 전시 기획을 선보이고 있어요. 패션&라이프 스타일 편집 숍에서 콘텐츠 플랫폼으로 확장을 모색하게 된 이유가 궁금해요.

손준철 기업의 규모가 크든 작든, 패션과 라이프 스타일의 유통 구조가 온라인으로 전환되는 흐름은 최근 몇 년 사이 거스를 수 없는 대세였어요. 그 변화는 팬데믹으로 가속화되었지만 이미 사드 이슈 등 외부 요인에 따라 오프라인 시장이 출렁이는 일련의 경험으로 우리 역시 온라인 쇼핑 플랫폼을 강화했죠. 한편 온라인 전환의 흐름에서도 오프라인 공간이 지닌 매력과 즐거움은 분명히 있다고 믿었어요. 셀렉 숍 〈맨하탄스〉와 〈케비넷스〉, 그리고 일본의 〈1LDK〉를 국내 론칭해 운영하고 또다시 자체 브랜드 〈십화점〉으로 돌아오기까지 근 8년간 온라인 플랫폼과는 별개로 오프라인 공간은 저희에게 언제나 〈서브〉가 아닌 〈디폴트〉였거든요. 상업 공간의 의미를 고민하고 방향을 고심하던 2018년 우연한 기회에

가나아트센터와 프린트베이커리의 제안을 받고 십화점에서 전시를 진행했어요. 이 과정에서 면 대 면 방식으로 경험할 수 있는 콘텐츠의 매력과 가능성을 확인했어요.

콘텐츠 플랫폼의 기반이 왜 〈아트〉였나요?

한범수 경계 없는 아트의 즐거움을 보여 주는 것이 십화점의 목표예요. 음악은 비교적 쉽게 접하고 또 어렵지 않게 유희를 자극하는 콘텐츠잖아요. 반면 미술관에 가는 것 자체를 어려운 고급문화로 인식하는 것이 다수인데 미술 역시 문턱이 높지 않길 바랐어요. 싸이월드에 올리기 위한 한 장의 사진을 위해 공연장이든 전시장이든 돌아다녔던 20대, 당시는 일종의 허세를 위한 문화 생활이었지만 그때 느꼈던 다양한 감정과 경험이 지금 우리의 삶을 풍요롭게 하고 일로 쓰임이 되는 것에 대한 신기함이 있어요. 만약 20대에 찾아갈 다채로운 전시 공간이 있었더라면 한결 편하게 미술을 즐길 수 있지 않았을까, 하는 아쉬움이 있어요. 십화점이 펼치고자 하는 아트의 방향은 특정층만 향유하는 콘텐츠보다는, 누구나 직관적이고 본능적으로 즐길 수 있는 카테고리에요.

갤러리가 아닌 상업 공간에서 정기적인 전시를 연다는 게 쉬운 일은 아니에요.

손준철 십화점에서 본격적으로 전시를 전개했던 2018년부터 초기 2년은 전시의 순수한 재미와 즐거움만 보고 달렸어요. 그러던 어느 날 문득 소모적이고 공허한 느낌이 들더라고요. 지출 비용은 늘어 가는데 전문 갤러리 공간이 아니다 보니 작품 판매는 전무했고, 팬데믹으로 모객이 어려운 시기가 길어지며

$1.99
$2.99
$3.99
SOUNDSLIFE

지친 것도 있고요.

그럼에도 불구하고 현재까지 전시를 이어 오고 있어요.

손준철 패션과 라이프 스타일이 중심인 공간에 〈아트〉를 더한다는 단순한 개념에서 출발했지만, 전시로 〈상업 공간의 의미와 매력이 무엇인가〉라는 오랜 질문의 실마리를 얻었던 이유로 쉽사리 접을 수 없었어요. 인테리어의 요소로 작품을 인식하던 수준에서 공간 기획의 이해도를 높이며 진화하기까지 우리 스스로 많이 배우고 성장한 시간이기도 했고요. 무엇보다 전시의 매력을 알게 된 이상, 돌아올 수 없는 강을 건넜다는 생각이 들더라고요. (웃음) 다행히 다채로운 품목으로 〈아트 굿즈〉를 확대해 수익을 끌어낸 것이 캐시 카우가 되어 전시의 운영 자금으로 선순환되고 있어요.

아트 굿즈도 전시의 일부로 어우러지는 느낌이에요.

한범수 십화점의 강점이라면 패션부터 라이프 스타일에 이르는 다양화 상품화가 가능한 조직이라는 거예요. 미술 작품 컬렉터의 연령이 20대까지 낮아지는 흐름과 함께 굿즈 시장도 커졌고, 굿즈를 예술 수집의 또 다른 카테고리로 인식하는 〈니즈〉에 주목했어요. 단순히 티셔츠에 작업을 찍어 파는 방식을 탈피해, 작업을 세련되고 대중적인 방향으로 해석한 상품 기획에 주력했죠. 젊은 작가들 역시 굿즈의 이해도가 높아 함께 전시를 했던 작가들 중 일부와는 십화점과의 합작 브랜드를 만들어 〈작가의 브랜드화〉를 전개하고 있어요.

손준철 상품 기획이 전시의 일부로 느껴지는 건 과정 속에서 심도 있는 이야기를 나누기 때문이에요. 예를 들어 우리와 같은

80년대 초반 태생인 주재범 작가와 나눴던 유년 시절의 컴퓨터 게임과 프라모델 등의 추억, 275C 작가와 공유한 빈티지 이야기는 상품과 전시 공간 연출에 자연스럽게 스몄어요.

〈확신〉하는 일도 〈확인〉이 필요한 순간이 있어요.

손준철 네임드 작가들이 먼저 손을 잡아 주던 때가 우리의 확신을 확인받은 순간인 것 같아요. 작가 입장에서는 전문 갤러리가 아닌 상업 공간에서 선뜻 전시를 진행하기 어려운 분위기가 있어요. 전시를 거듭하며 작가에게 먼저 프러포즈를 받고, 또 그들 사이에서 재미있는 공간이라는 입소문이 퍼지면서 십화점이 지향하는 색과 역할이 견고해졌어요. 또 전시 초기 50만 원대의 원화를 판매하는 것도 어려웠다면, 회차를 거듭할수록 높은 가격대의 작품도 판매가 되면서 작가들이 전시를 고려하는 공간으로 리스트 업이 된 이유도 더해졌고요.

작가 선정 기준은 무엇인가요?

한범수 〈공간에 어울리는 작가〉요. 패션&라이프 스타일이 공존하는 공간이라 시즌별 공간 콘셉트가 있어요. 이에 따라 시즌 주제와 어울리는 작가에게 연락해요. 라이징이나 네임드 작가보다는 시즌별 공간을 중점으로 선정하는 이유는 작품과 더불어 작업자의 라이프 스타일까지 보여 줄 수 있는 공간 연출과 굿즈를 소개하기 위해서예요. 작가들이 십화점을 다음으로 가기 위한 쉼표, 혹은 거쳐 가는 재미있는 공간으로 인식했으면 좋겠다는 바람 역시 이 맥락과 함께해요.

두 분이 꼽는 가장 기억에 남는, 혹은 성공적인 전시는 무엇인가요?

한범수 갤러리아백화점과 십화점이 협업으로 기획한 전시 「앙상블」이요. 전통적인 순수 미술 전시를 라이프 스타일 편집숍에서 담아냈다는 것이 가장 의미 있고, 우리의 시도가 헛되지 않았다는 방증 같아 감회가 새로웠어요. 한국 미술의 거장인 김창열과 백남준은 이름 석 자만 봐도 가슴이 두근거리는 이름이잖아요. 미술관에서 펜스 너머로 어렵게 보던 작가의 작품을 의자를 놓고 편하게 사유할 수 있는 공간으로 기획해서 좋은 평을 받기도 했죠. 김창열 작가님의 4억 원대 작품이 전통 갤러리가 아닌 십화점에서 판매되었다는 것도 유의미했죠.

손준철 가구 디자이너 핀 율과 김영진 작가의 「The Zero Point」 전시를 꼽고 싶어요. 20세기 북유럽 가구사의 독보적인 인물이자 미드 센추리 모던 시기를 대표하는 디자이너 핀 율의 가구와 현대인들의 고뇌와 내면의 심정을 표현한 김영진 작가의 작품을 한 공간 안에 유기적으로 연결한 전시였어요. 이 전시를 기점으로 우리 스스로 이제 정말 전시다운 전시를 하고 있다고 자부할 수 있었어요. 전시 마지막 날 철수하는 것이 싫었을 만큼 기획부터 전시, 마무리까지 애정이 남달랐어요.

앞으로 십화점을 어떻게 이어 나가고 싶은가요?

한범수 남편과 제가 합의하고 중점을 두는 부분은 이제 우리는 점점 실무를 내려놓아야 한다는 거예요. 20대 친구들이 저에게 어떤 브랜드를 물어봤을 때 이제는 제가 생소하게 들릴 브랜드가 늘어날 거예요. 그럴 때 우리가 뒤쳐졌다고 생각할 게 아니고 잘하는 친구들에게 우리의 역할을 넘겨 발전을 이끌어

줄 역할을 맡아야 한다고 생각해요. 한발 물러나 다음 세대를 키워 주어야 할 타이밍이라고요. 새로운 세대가 생각하는 〈핫〉함과 우리가 생각하는 〈핫〉함은 서로 다르고 모두 매력적이라고 생각해요. 하지만 십화점이 젊음을 유지해야 하는 브랜드라면 다음 세대가 신나게 즐기며 만들어 갈 수 있도록 우리는 디렉터로서 그 놀이터를 만들어 주어야 해요.

십화점

십화점은 손준철, 한범수 듀오가 운영하는 편집 숍으로 패션부터 리빙, 그리고 예술까지 전방위 라이프 스타일 콘텐츠를 지향한다. 십화점은 패션에서 한발 더 나아가 전시의 형태로 대중을 위한 유쾌한 예술을 소개하고 있다.

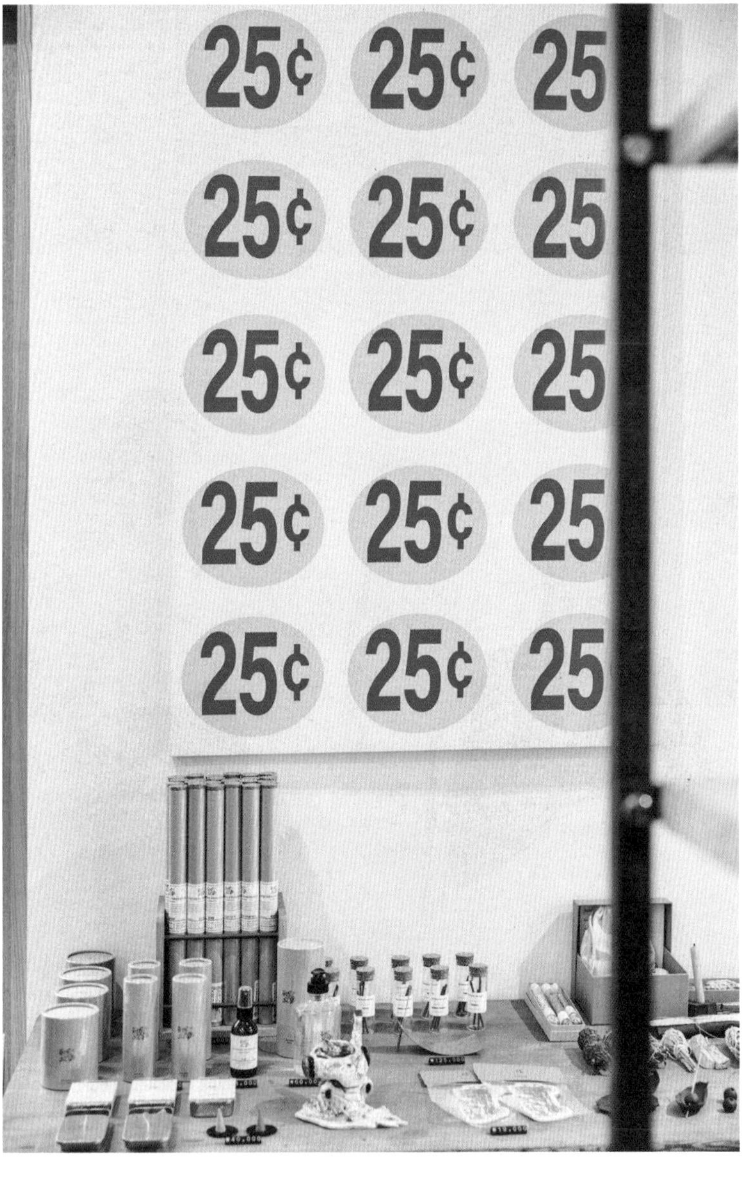
25¢ 25¢ 25
25¢ 25¢ 25
25¢ 25¢ 25
25¢ 25¢ 25
25¢ 25¢ 25

플롯

사람과 만나는 건축

〈여성의 날〉을 맞아 업로드 된 플롯 건축사 사무소(이하 플롯)의 인스타그램 게시물에는 최여진, 김명재 소장이 함께 웃고 있는 사진과 이들의 소소한 이야기가 게재되어 있다. 2007년 런던에서 만난 이후 함께 밥을 먹고 커피를 마시며 보냈던 수많은 시간들, 틈나는 대로 다녔던 건축 여행에 대한 추억과 2018년 플롯으로 함께하기까지의 여정이 파노라마처럼 펼쳐진 내용이었다. 그렇게 온라인 속, 작고 네모난 공간에 담긴 두 사람의 이야기와 미래를 향한 힘찬 다짐은 〈플롯〉이 구현하고자 하는 건축과 공간에 대한 은유를 나타내는 듯했다. 단순히 멋진 건물을 짓기보다 건축이 어떤 이야기를 담을 수 있을지에 집중하는 것, 그 이야기의 주인공이 소수이든 다수이든 상관없이 다양한 스토리를 담은 공간을 만드는 일이 바로 이 듀오의 목표이기 때문이다.

최여진

김명재

플롯, 이야기를 짓다

두 분의 첫 만남부터 이야기 들어 보고 싶어요.

최여진 저희는 영국의 UCL 바틀릿 건축 대학The Bartlett에서 공부했어요. 제가 졸업한 뒤에 김 소장님이 입학했는데 한국 학생 모임에서 만나 친해지게 됐죠. 한 학년에 한국 학생은 2~3명밖에 없었고, 그중에서 여학생은 더 드물었기 때문에 서로 의지했던 것 같아요. 이후 각자 직장 생활을 하며 플랫메이트flatmate로 함께 살았고요.

김명재 영국에 있는 8~9년 동안 정말 친하게 지냈죠. 둘 다 클래식을 좋아해서 한 해 공연을 미리 예매해 놓고 같이 보러 다녔어요. 주말이면 함께 유럽의 다양한 도시로 건축 여행을 가기도 했고요.

당시 호칭은 〈언니〉였나요?

김명재 네, 맞아요. (웃음) 개소 초반에도 〈언니〉라고 했는데 이제는 직원도 있으니까 서로를 〈소장님〉으로 부르죠.

최여진 저희끼리 있을 땐 상관이 없는데, 외부에 나가서 미팅을 하거나 다른 사람이 있을 때도 그렇게 부르면 안 되니까요. 둘이 있거나 사적인 자리에서도 명재를 〈김 소장님〉으로 불렀어요. 지금은 습관이 돼서 단둘이 이야기할 때도 서로를 〈소장님〉으로 부르고 있어요.

바틀릿에서 공부한 경험이 건축에 대한 공통분모예요. 그만큼 플롯의 활동에도 많은 영향을 주었을 것 같은데요.

김명재 내러티브가 기본이었어요. 한 사람의 사적이면서도 소소한 내러티브를 건축에 반영함으로써 공간을 더 흥미롭고 풍부하게 만든다는 것이 교육의 시작이었죠. 한국에서 건축을 공부할 땐 왜 여기에 벽이 있어야 하고, 문이 위치해야 하는지 등을 논리적으로 사고하고 설계하는 것이 핵심이었다면, 바틀릿에서는 하나의 주제를 정해서 그에 대한 나의 관심사를 건축적으로 어떻게 풀어내느냐가 중요했어요.

최여진 한국의 대학에선 대지가 주어지고 프로그램과 방향도 미리 정해지기 때문에 한 학년 전체가 모두 똑같은 조건으로 프로젝트를 진행해요. 하지만 바틀릿에선 주제만 있을 뿐, 어떤 땅을 가지고 무슨 프로그램을 진행할지는 자신이 직접 정해야 하기 때문에 건축적 상상력이 중요할 수밖에 없죠. 한 학년에 스무 개가 넘는 유닛이 있는데 각 유닛마다 주제 또한 다르고요. 예를 들어 제가 속했던 유닛은 〈베니스〉에서 「Ordinary and Extraordinary」를 주제로 프로젝트를 풀어내야 했어요. 당시 저는 베니스 부라노섬으로 갔는데요. 과거, 남성들이 어업을 나가면 여성들은 생계를 위해 레이스를 떠서 판매했기 때문에 전통적으로 레이스가 매우 유명한 곳이죠. 그런데 생각해 보면 어업을 하는 그물 역시 〈네팅netting〉으로 만들잖아요. 그래서 레이스와 어업의 공통점인 〈네팅〉을 어떻게 건물에 반영할 수 있을지 고민했어요. 남성들이 어업할 때 하는 네팅이 일상적인 것이라면 여성들이 레이스를 뜨는 네팅은 특별한 것이라는 상징하에 〈Extraordinary〉라는 주제를 풀어낸 것이죠.

대상지와 추상적인 주제만 정해져 있기 때문에 개인의 관심사나 작업 방식에 따라 프로젝트가 굉장히 광범위하게 나올 수 있을 것 같아요.

김명재 그래서 다양한 주제에 대한 해석과 프로젝트의 접근 방식을 직·간접적 경험할 수 있었어요. 익숙한 시설, 용도, 재료의 전형성에서 벗어나 다양하고 풍성한 공간을 만들기 위해선 〈건축적 상상력, 우리들만의 이야기〉가 필요한 거죠. 바틀릿에서의 이런 연습들이 유니크한 공간을 만들어 내는 원동력을 주었다고 생각해요.

최여진 상상력을 기반으로 진행하다 보면 논리적인 설명이 어려울 때도 있어요. 그래도 디자인을 발전시키는 과정에서 개연성 있는 전개 과정으로 설명이 가능하다면 그걸로 충분하다고 봐요. 그만큼 건축가의 창의적인 해석 능력이 중요한 것 같아요.

플롯을 개소하기 전에는 런던에서 각자 직장 생활을 했다고요. 한국으로 돌아온 특별한 계기가 있었나요?

최여진 더 나이가 들기 전에 어느 시점이 되면 돌아가겠다고 늘 생각했어요. 젊을 땐 치열하게 살며 그곳 사회에 녹아들고 일원이 되는 게 확실히 의미 있고 가치 있는 일이라고 봐요. 하지만 단순히 〈인종차별이 있고, 없고〉의 문제를 떠나서 저는 외국인이고 또 동양인이기 때문에 직장 내에서의 승진이랄지 사회적 성취를 이루는 데에 어느 정도의 분명한 한계가 있다고 생각했어요. 평생 살 것이 아닌 이상 언젠가는 한국에 돌아가야 할 텐데 그 시점을 언제로 정할지 몰라 계속 고민하고 있었죠. 때마침 영국이 〈브렉시트〉를 개시하면서

〈아, 이젠 돌아가야겠다〉라는 생각이 들더라고요.

김명재 개인적으로 런던에 살면서 가장 좋았던 것은 도시가 품고 있는 다양성이었기 때문에 브렉시트에 대한 실망이 컸어요. 그래서 저 역시 매우 심란한 상태로, 둘이서 이런저런 이야기를 나누다가 최 소장님한테 〈나도 한국 가서 사무소나 할까? 같이 할래?〉라고 했어요. (웃음) 사실 저는 남편이 외국인이기 때문에 한국에 꼭 돌아가겠다는 생각은 없었는데 정말 갑자기, 즉흥적으로 결정한 거죠. 그날 집에 가서 남편한테 우리 한국 가야 한다고, 같이 가자고 하니까 남편도 알겠다고 하더라고요. (웃음)

최여진 저희 둘 다 큰일을 결정할 때 심각하게 고민하는 편이 아니에요. 당시 김 소장님이 다니던 회사 근처에서 같이 점심을 먹고 카페에서 이야기를 하다가 〈그래, 하자〉라며 결단을 내렸어요.

한국에서의 실무 경험은 없었기 때문에 만반의 준비가 필요했을 것 같은데요. 플롯만의 경쟁력, 무기는 무엇이라고 생각했나요?

김명재 지금도 여전히 고민하고 있는 부분이에요. 저희는 건축이 좋아서, 건축을 하기 위해 개소한 것이지 비즈니스적 마인드나 수완이 뛰어난 사람이 아니에요. 다행히 한국에서 일하는 방식은 저희가 경험한 것과 크게 다르지는 않았어요. 둘 다 영국의 대형 건축사 사무소를 다니긴 했지만 소규모의 팀 안에서 아틀리에 방식으로 일했기 때문에, 기획 설계부터 실시 설계, 시공 단계까지 프로젝트의 전 과정에 있어 다양한 경험을 할 수 있었어요. 또 영국에서 일을 할 때는 설계 기간이

상대적으로 길었기 때문에 꼼꼼하게 디자인 대안들을 검토한다거나, 새로운 재료나 공법들을 시도할 수 있는 기회들이 많았어요. 프로젝트를 진행하는 과정에서 일대일 목업을 만들어 디자인 테스트를 하기도 하고, 재료의 속성을 이해하고 적용하기 위해 자재 생산 공장도 직접 방문하기도 했죠. 이런 과정을 통해 건물의 완성도에 미치는 영향을 눈으로 직접 확인할 수 있었는데, 확실히 영국에서 오랜 실무를 하며 얻은 값진 경험이라고 생각해요. 이런 경험들을 바탕으로, 저희는 기본 설계부터 실시 설계, 감리까지 설계의 전 과정을 직접 진행하고 있어요. 이런 과정들이 쌓여서 플롯만의 디테일이나 경쟁력을 만들어 나갈 수 있다고 생각해요.

최여진 저희가 2018년에 개소를 했는데 다른 사무소에 비해 프로젝트 수가 좀 적은 이유이기도 해요. 사실 건축은 사이클이 워낙 길고 느리기 때문에 플롯은 이제 막 걸음마를 뗀 사무소라고 할 수 있어요. 디자인에 있어서도 여전히 실험 단계이고요. 끝까지 붙잡고 해야 차이가 생긴다고 믿고 지금까지 진행한 프로젝트의 실시 설계를 모두 직접 했는데 그 결과는 좀 더 두고 봐야 알 수 있겠죠.

〈볼드〉와 〈디테일〉이 만났을 때

두 분의 건축적 성향은 잘 맞는 편인가요?

최여진 저희가 영국에서 같은 학교를 졸업했고, 실무를 경험했던 사무실의 운영이나 작업 방식에 공통점이 많았기 때문에 플롯을 시작하고 크고 작은 의견을 맞춰 가는 과정 역시 수월했어요.

김명재 7~8년 이상 같이 건축 여행을 다니면서 사진도 찍고 공감대를 나누었던 경험이 플롯 작업의 토대가 된 것 같아요. 당시에는 편안한 마음으로 취미 생활하듯 다녔지만 그때부터 공공연하게 서로 영향을 주고받으면서 건축을 바라보는 눈이 상당히 비슷해졌죠. 지금도 좋다고 생각하는 것은 거의 99퍼센트 일치해요. 서로 의견이 갈리는 건 마지막 단계에서의 아주 사소한 것뿐이고요. 좋다고 생각하는 것이 유사하니까 디자인에 있어서는 좀처럼 충돌이 나지 않아요. 물론 성격의 차이는 있지만요.

어떤 차이가 있는지 궁금한데요.

김명재 제가 좀 더 〈볼드〉하고 선이 굵다고 할까요? 예를 들어 건물의 형태를 잡을 때도 최 소장님은 컨트롤할 수 있는 절제된 디자인을 선호한다면 저는 더 과감하게 가길 바라죠.

최여진 저 혼자 했다면 일정 단계에서 멈추었을 텐데 김 소장님과 함께해서 더 나아갈 수 있었다고 봐요. 속으로 〈저렇게 무모하게 한다고?〉라고 생각할 때도 있지만 사실 과감한 아이디어로 시작했기 때문에 제가 했을 때와 다른 결과를 낼 수 있었던 거죠. 〈나 혼자라면 하지 못했을 텐데〉라고 생각할 때가 많아요. 반대로 김 소장님은 저로부터 받는 영향이 있을 테고요.

김명재 최 소장님은 디테일한 부분을 잘 보고 세심하게, 끝까지 풀어 나가는 힘이 있어요. 건축 용어로 〈어텐션 투 디테일Attention to Detail〉이라고 하는데 이 부분이 강점인 것 같아요. 설계를 할 때도 제가 처음 콘셉트나 큰 줄기를 잡아서 끌고 나가는 역할을 한다면 최 소장님은 그 안에서의 디자인을 정리하고 발전시키는 역할을 하고요.

프로젝트에 따라 다르겠지만 각자 하는 일, 맡는 역할이 있나요?

김명재 프로젝트 초반에 디자인은 항상 같이 작업하고요. 이후에는 각자 메인을 맡아서 하되 프로젝트에 대한 도움은 주고받죠. 하나의 프로젝트를 처음부터 끝까지 전부 같이 하면 효율성이 떨어지더라고요.

최여진 원래 사람이 한 가지만 계속 들여다보고 몰두하면 무뎌지고 다른 생각은 못 할 때가 많은데, 그렇게 장벽에 맞닥뜨리는 순간 상대방이 해법을 찾아 주기도 해요. 오히려 한 발자국 떨어져서 보면 안 보이던 것도 눈에 띄고 쉽게 정답을 구할 수 있으니까요.

각자 기억에 남는 프로젝트를 소개해 주세요.

최여진 용인 대지중학교의 마스터플랜이 기억에 남아요. 개소 후 초반에 시작한 프로젝트인데 당시 교장 선생님께서 〈나무만 보지 않고 숲을 봤으면 좋겠다〉고 해서 설계 이전에 마스터플랜을 진행했어요. 또 〈내가 만드는 학교 공간〉을 주제로 전교생 대상의 워크숍을 진행하기도 했고요. 2019년부터 2022년까지 총 3차에 걸쳐 공간을 재구조화한 사업으로 단순히 인테리어만 바꾸는 게 아니라 공간이 달라짐으로써 학생들의 행동, 학교의 풍경이 달라질 수 있다는 걸 직접 경험한 프로젝트였죠. 예를 들어 1층에는 로비 같은 큰 홀의 다목적실을 만든 뒤 폴딩 도어로 구획을 해서 좀 더 유연하게 사용할 수 있게 했는데요. 1차 프로젝트를 마치고, 2차 프로젝트를 위해 방문했을 때 실제로 그곳에서 음악 수업을 하는 걸 볼 수 있었어요. 각 조별로 공간과 연결된 덱deck으로 나가서 리코더를 연습하다가 다시 모이는 등 자유로운 분위기에서 수업하는 모습이 참 보기 좋았어요. 또 보통은 운동장 덱에 캐노피 스탠드를 설치하는데 저희는 파라솔 스탠드를 설치했거든요. 어느 날 가보니 그곳에서 태양 고도를 측정하며 과학 수업을 하고 있더라고요. 사실 저희가 공간을 만들 땐 사람들이 이곳을 어떻게 사용할지 확신할 수 없어요. 그런데 선생님과 학생들이 체육 시간 외에도 야외 공간을 다양하게 활용하며 사용하는 모습을 보니까, 무척 보람 있고 뜻깊었어요. 리모델링 프로젝트에서도 전체적인 그림을 그리고 변화를 만들어 나가는 게 중요하다는 걸 다시 한번 느낄 수 있었죠. 그렇게 하기 위해선 무엇보다 클라이언트의 장기적인 안목과 과감한 결단력이 필요하고요.

김명재 나태주 문학 창작 플랫폼 역시 장기간 진행한 프로젝트예요. 나태주 시인님을 중심으로 문학을 통해서 주민들과 함께할 수 있는 소통 공간을 설계했는데 살아 있는 시인을 기념하는 건물을 짓는 게 이번이 국내에서 두 번째라고 하더라고요. 그래서 〈살아 있는 문학관〉이라는 콘셉트로 디자인을 진행했어요. 단순히 〈기념〉을 목적으로 한다면 사람들이 한번 들러, 전시되어 있는 것들을 쓱 보고 나가겠지만 그보다는 문인을 비롯해 문학을 중심으로 지역 주민도 교류할 수 있는 장이 되길 바랐어요. 따라서 어떻게 하면 사람들이 자연스럽게 유입되고 그 흐름이 확장될 수 있을지 고민하며 벽과 문을 최소화한 유연한 공간을 제안했고요. 얼마 전 착공식을 마쳤는데, 설계 의도가 그대로 잘 구현되어 많은 사람들이 찾는 장소가 되길 바라고 있어요. 개관 이후에도 언제든 가서 사람들이 사용하는 모습을 볼 수 있으니까, 직접 가보면 알겠죠. (웃음)

사람과 반응하는 건축

두 분 다 〈서울시 공공 건축가〉이기도 해요.

최여진 심사를 통해 위촉되면 서울시가 주관하는 공공 건축물의 기획, 설계 업무에 대한 조정, 자문을 하거나 소규모 공공 건축물 설계 응모에 참여할 수 있어요. 워크숍이나 소규모

프로젝트 참여를 통해 우리의 일상 속에서 개선이 필요한 곳에 관심을 가지고 건축가로서 아이디어를 제안하고 있고요.

김명재 공공 건축의 경우 내가 언제라도 문을 열고 들어가서 볼 수 있다는 데에 큰 의미가 있다고 생각해요. 사람들이 이 공간을 디자인 의도에 맞게 사용하는지 아니면 건축가가 상상하지 못했던, 다른 방법으로 사용하는지 등을 실제로 확인할 수 있으니까요. 투철한 사명감이 있다고 말할 순 없지만 사실 건축가로서 어느 정도 사회적 소명 의식을 갖고 일하고 있어요. 아무리 개인이 의뢰한 프로젝트라고 해도 건물을 짓는 일은 도시를 구성하는 하나의 풍경을 만드는 일이니까요.

요즘 관심을 갖고 있는 건축계 이슈가 있다면요?

김명재 최근 저희가 5주년을 맞아 〈주목받는 기술을 접목한 건축 분야의 새로운 작업 방식〉을 주제로 작은 세미나 시리즈를 기획했어요. 거창한 행사는 아니고요. 실무에 바로 적용할 수 있지만 우리에겐 아직 익숙하지 않은 기술들을 어떻게 하면 잘 활용할 수 있을지 함께 고민해 보자는 차원에서 마련한 것인데요. 〈건축과 드론이 만든 경계〉, 〈한국형 Sub Assembly 프리패브 건축〉, 〈소규모 설계 사무소의 BIM 내재화〉, 〈인공지능을 활용한 건축 디자인〉을 주제로 강사를 초청해서 세미나를 진행했어요.

최여진 어떻게 하다 보니 큰 행사가 되었는데, 앞서 말씀드렸듯이 저희는 큰 결정을 할 때 별다른 고민을 하지 않기 때문에 5주년을 의미 있게 기념할 수 있는 방법에 대해서 이야기를 주고받다가 5분 만에 기획했어요. 저희가 요즘 관심 갖고 있는 이슈에 대해 강사를 초청해서 세미나를 기획해

보자는 계획으로 이어진 거죠.

김명재 건축계에 있는 지인들은 직접 초대하고 혹시나 하는 마음으로 인스타그램으로 공지도 했는데 그것을 보고 건축 전공 학생들, 그리고 사회 초년생들도 참석해서 좀 놀랐어요. 아무도 안 올 줄 알았거든요. (웃음) 사실 저희가 기획한 주제는 정말 새롭거나 첨단의 기술은 아니고요. 이미 5~10년 전부터 일하며 사용하던 것들이에요. 그런데 건축 분야 자체가 새로운 테크놀로지를 흡수하는 데에 있어 워낙 느리고 보수적일뿐더러, 특히 한국은 여러모로 열악한 환경이기 때문에 이러한 기술을 빠르게 받아들일 만한 여력이 없는 것 같더라고요. 그래서 기획하게 됐어요. 요즘엔 한두 달 사이에도 새로운 테크놀로지가 발명되고 세상이 달라지니까, 건축사 사무소로서 경쟁력을 갖추고 원하는 디자인을 만들어 내기 위해선 기술을 현명하게 이용하는 것도 중요하다고 생각해요. 특히 저희는 요즘 AI에 관심이 많은데요. 이걸 우리 디자인과 접목시켜서 어떻게 하면 좀 더 현명하게 사용할 수 있을지 효과적인 방법을 찾기 위해 노력하고 있어요.

플롯을 운영하면서 가장 위기라고 생각한 순간이 있나요?

최여진 지금인 것 같아요. (웃음) 요즘 경기가 안 좋아서 힘든 상황이에요. 안 그래도 지금 이 위기를 어떻게 헤쳐 나가야 할지, 어떤 방식으로 운영해야 할지 고민하고 있습니다. 개인적인 친분이 있거나 지인으로부터 소개를 받지 않는 이상 프로젝트를 할 수 없는, 자생해야 하는 구조이니까요.

김명재 사실 저희가 플롯을 시작할 때도 그렇고 경기는 언제나

안 좋았어요. (웃음) 건축계는 늘 그렇기 때문에 지금 당장보다는 장기적인 안목을 갖고 방향을 정해야 하죠. 보통 건축 설계를 한다고 하면 사람들이 〈어떤 건물 하세요?〉라고 묻는데 저희는 다양한 분야를 골고루 하고 싶어요. 다양한 분야의 프로젝트를 두루 경험했을 때 생기는 시너지도 있고요. 물론 회사 운영의 관점에서는 특정 분야의 한 가지 타입을 정해서 집중하는 것이 훨씬 효율적이고 경쟁력이 있지만 그렇게 하면 건축가로서 매너리즘에 쉽게 빠질 것 같아요. 무엇보다 저희는 건축을 즐겁게 오래 하고 싶기 때문에 익숙한 작업에 안주하기보다는 다양한 유형의 건물을 디자인하며 도전해 보고 싶습니다.

플롯의 건축 이미지나 포트폴리오를 보면 늘 그 공간을 사용하는 사람들의 모습이 눈에 띄더군요. 삶 속에 자리하는 건축적 풍경이 인상적이었어요.

최여진 대부분 건축 사진을 찍을 땐 수직 수평을 맞추는 데에 굉장히 집착하면서, 공간 자체를 주인공으로 삼아 찍잖아요. 일부러 사람들이 지나가길 기다렸다가 아무도 없을 때 찍고요. 저 역시 그랬는데 김 소장님과 둘이 스위스 로잔으로 건축 여행을 다녀온 뒤 생각이 많이 달라졌어요. 로잔 연방 공과 대학교에 가면 일본의 유명 건축가 세지마 가즈요가 지은 롤렉스 러닝 센터Rolex Learning Center가 있어요. 마치 물결이 치는 것처럼 유동적인 곡선으로 이루어진 건축인데, 당시 방학 때라 학생들이 없었거든요. 카메라를 갖다 대니 뭔가 막막함이 느껴지더라고요. 사용하는 사람들이 없으니까, 공간감도 부재할 뿐더러 사진을 찍어도 공간이나 건축에 대한 아무런

설명이 되지 않는 거예요. 그 이후로는 미적으로 아름다운 건축을 하는 것도 중요하지만 사람이 그 공간을 사용하고 점유했을 때 힘이 더 커지는 건축을 하고 싶다고 생각하게 됐어요.

김명재 사실 〈플롯〉이라는 이름 역시 건축과 공간에 사람들의 이야기를 풀어내고 싶다는 바람으로 지은 것이잖아요. 그런데 결과물을 보여 주는 사진에 그 주체인 사람이 없다면 말이 안 된다고 생각해요. 사람들의 작은 움직임이라도 사진 속에 담아냄으로써 우리의 디자인 의도를 보여 주는 거죠.

미혼과 기혼, 일과 여가 사이

하루 일과는 어떻게 보내시나요?

김명재 최근에 수영을 시작해서 운동을 하는 날에는 아침 6시에 일어나서 수영장에 가요. 바쁠 때는 바로 사무실로 출근하지만 그렇지 않으면 집에 들러 아이 유치원 보내고요. 여느 워킹 맘과 같이 〈빨리빨리〉를 외치며 정신없이 하루를 시작하죠. 주중에는 남편과 번갈아 가며 아이를 돌보기 때문에 주말에는 온 가족이 함께 보내려 하고요.

최여진 저는 미혼이기 때문에 주말에는 야구를 보러 가거나, 좋아하는 공연 관람도 하면서 나름의 개인 생활을 해요.

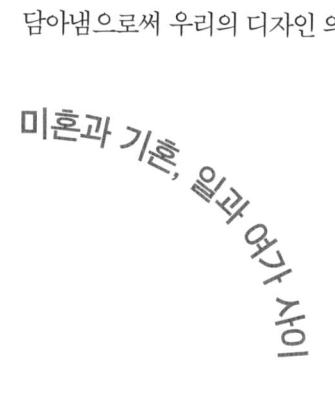

일을 하다 보면 그리 큰
문제가 아니고 심지어
확실한 정답을 알고
있음에도 누군가의 동의를
구하고 싶은 순간이
있잖아요. 〈맞아, 그렇게
하면 돼〉라고 말해 주는,
내 확신에 힘을 실어 줄 수
있는 사람이 있다는 게 참
좋아요.
— 최여진

401 플롯

기혼과 미혼은 라이프 스타일이 확실히 다르잖아요. 물론 일과 여가를 잘 분리한다면 문제가 발생하지 않지만 혹시 일과 여가 사이에서 갈등은 없는지 궁금해요.

김명재 처음 플롯을 시작하기로 마음먹었을 때는 아이가 없었어요. 이후 임신을 하고 아기를 낳으니까 처음에는 좀 버겁더라고요. 함께 일하는 파트너로서 최소한 해야 하는 일의 기본값이라는 게 있으니, 그걸 해내기 위해 노력했죠. 그런데 지금 생각해 보면 오히려 최 소장님이 있었기 때문에 제가 더 빨리 일에 몰두할 수 있었던 것 같아요. 같은 아기 엄마 입장이었다면 마냥 이해를 구했을 수도 있고, 또 저 혼자 했다면 아이를 낳고 복귀해서 일에 적응하기까지 더 오랜 시간이 걸렸을 것 같거든요. 반대로 제가 아이가 있는 기혼자이기 때문에 최 소장님도 일과 여가의 밸런스를 더 잘 맞추게 된 것일 수도 있다고 생각해요. 만약 저희 둘 다 미혼이었다면 주말에도 나와서 일하고, 밤에도 밥 먹듯이 야근을 했을 수도 있으니까요. (웃음)

최여진 기혼과 미혼, 자녀 유무에 상관없이 누구에게나 〈개인 생활〉은 필요하니까요. 퇴근 이후, 그리고 주말에는 그걸 보장해 주는 게 맞지요. 저 역시 주말에는 최대한 일로부터 멀리 떨어져 있으려고 노력해요. 그래서 클라이언트에게는 좀 죄송한 얘기지만 주말에 오는 전화, 문자에는 일부러 답하지 않아요. 사실 이건 저희가 영국에서 일하며 자연스럽게 습득한 방식이기도 해요. 평일 오전 9시부터 오후 6시까지 정말 몰입해서 일했기 때문에 주말 근무는 물론이고 야근도 거의 하지 않았어요. 상사들 역시 6시가 되면 퇴근하라고, 회사를 나서는 순간 일은 잊으라며 늘 잔소리했고요. 일과 여가의

분리가 자연스럽게 이루어진 거죠. 물론 그렇게 하기 위해선 업무 시간 동안 정말 집중해서 일해야 했어요. 제가 일했던 회사에선 업무에 필요한 인터넷 검색 정도만 할 수 있을 뿐, 개인 이메일, SNS, 커뮤니티 게시판 등에 아예 접속할 수 없는 환경이었고요. 그렇게 집중해서 일하고 나면 야근할 기운도 없어요.(웃음)

내 생활을 지키는 비법이군요.

최여진 그래야 내 정신 건강에도 이롭고 출근을 할 때도 덜 괴로운 것 같아요. 저희 둘이 주말에 연락을 안 하는 것 역시 그 연장선상이고요. 함께 일하기 전에는 주말에 만나서 놀고 연락도 더 자주 했지만 플롯을 시작한 이후로 주말에는 연락하지 않아요.

김명재 아무래도 일로 엮인 사이니까, 주말에도 연락하면 업무의 연장선으로 느껴질 수 있잖아요. 그리고 정말 순수하게 사적인 얘기를 하려고 연락해도 결국엔 회사, 일 얘기로 이어지더라고요. (웃음) 그래서 정말 급한 일이 아닌 이상, 주말에는 서로 연락하지 않아요. 미리 약속해서 정한 것도 아닌데 자연스럽게 그렇게 됐어요.

우정에도 관리가 필요하잖아요. 함께 일하는 파트너가 아니라 친구로서 우정을 잘 유지하기 위해 특별히 하는 일은 없나요?

김명재 예전만큼 자주 다니지는 못하지만 꾸준히 함께 건축 답사나 여행을 다니고 있어요. 이 경험을 통해 서로 더 친해진 것은 물론 디자인적으로 공감대를 형성하고 소통할 수 있었기

때문에 여전히 중요하게 생각하는 이벤트예요. 요즘엔 직원들도 함께하고 있고요. 가장 최근엔 다 같이 해방촌 신흥 시장에 가서 맛있는 것을 먹으면서 놀다 왔어요.

우정을 나누는 것과 비즈니스 파트너가 되는 건 완전히 다른 범주의 일이에요. 함께 일하며 힘든 점은 없나요?

김명재 만약 저희에게 우정을 쌓으며 만든 7~8년이 없었다면 함께 일하기 힘들었을 거예요. 건축을 하는 것에 있어서의 공감대도 그렇지만 경영이나 운영의 측면에서도 무한한 신뢰가 있어야 가능한 일이니까요. 물론 부딪칠 때도 있어요. 남편보다 훨씬 많은 시간을 함께 보내는데 어떻게 갈등이 없을 수 있겠어요. 서로 의견이 다를 때도, 마음에 들지 않는 부분도 있지만 〈상대방 없이 내가 이 일을 할 수 있을까〉라고 냉정히 생각하면 답은 명쾌해요. 함께하는 것이 훨씬 이득인 것이죠. 함께해서 불편한 점도, 배려해야 하는 부분도 분명 존재하지만 반대로 얻는 에너지와 시너지, 할 수 있는 일의 규모, 기회, 범위 등을 고려하면 〈듀오〉로 활동하는 게 맞아요. 인간은 이기적인 동물이잖아요. 때로는 이렇게 자신에게 이득이 되는 점을 냉철하게 따져 보는 것이 건강한 파트너십을 유지하는 비결이 되기도 해요.

최여진 주변에 동업해서 힘들지 않느냐고 묻는 분들이 많아요. 실제로 같이 활동하다가 헤어지는 경우도 많잖아요. 그런데 대부분 돈을 많이 벌었을 때, 문제가 생기더라고요. 우스갯소리로 저희는 아직 돈을 많이 못 벌어서 잘 지내는 것 같다고 대답하기도 하는데, 사실 저희 둘 다 돈 욕심이 많지 않아요. 당연히 생계를 위해선 돈을 벌어야 하지만 단순히

함께해서 불편한 점도,
배려해야 하는 부분도
분명 존재하지만 반대로
얻는 에너지와 시너지,
할 수 있는 일의 규모,
기회, 범위 등을 고려하면
〈듀오〉로 활동하는 게
맞아요.
— 김명재

상품을 팔기 위한 가게를 운영하는 게 아니잖아요. 이런 지점에서도 가치관이 잘 맞는 편이죠.

김명재 인간적인 신뢰가 정말 중요한 것 같아요. 이게 기본 바탕이 돼야 함께할 수 있는 건데, 가장 기본적이지만 쉽게 충족시킬 수 없는 조건이라고 생각해요. 그런 면에선 저희 둘 다 운이 좋은 편이죠.

듀오로 활동하는 것이 훨씬 이득이네요.

최여진 제가 생각하는 듀오의 가장 큰 장점은 의견을 나눌 사람이 있다는 거예요. 일을 하다 보면 그리 큰 문제가 아니고 심지어 확실한 정답을 알고 있음에도 누군가의 동의를 구하고 싶은 순간이 있잖아요. 〈맞아, 그렇게 하면 돼〉라고 말해 주는, 내 확신에 힘을 실어 줄 수 있는 사람이 있다는 게 참 좋아요.

김명재 호흡을 맞춰 온 시간이 나름 길었기 때문에 장황하게 설명하지 않아도, 단어 하나만으로도 의사소통이 가능하니까요. 의사 결정도 빠르게 할 수 있고 여러모로 장점이 있어요.

플롯의 이름으로 세상에 전하고 싶은 메시지가 있다면 무엇인가요?

김명재 〈플롯〉이라는 저희의 이름처럼 건축 디자인을 통해 사람들의 다양한 이야기를 풀어내고 싶어요. 그것이 작든 크든 또 다수이든 소수이든 관계없이 그에 걸맞은 이야기가 담긴 풍성한 공간을 만들고 싶은 거죠. 그래서 궁극적으로는 사람들이 경험하는 삶과 건축이 더 풍부해졌으면 좋겠고요. 무엇보다 지금 한국 사회에 가장 필요한 건 〈다양성〉이라고

생각해요. 여담이지만 제가 영국의 주택에서 살다가 한국의 아파트로 이사 왔을 때 뜨악했던 점이 TV부터 전등 위치까지 모두 정해져 있다는 것이었거든요. 살고 머무는 일상적인 공간이 모두 획일화되어 있으니까, 사람들 역시 공간이 주는 행복의 가치를 저평가하는 게 아닐까요? 단순히 유명 건축가가 지은 것만이 좋은 공간이 아니라 나만의 개성, 이야기가 담긴 공간에 대한 가치를 사람들이 많이 알아봐 줬으면 좋겠고, 거기에 일조하는 것이 저의 소박한 바람입니다.

플롯

플롯은 최여진, 김명재 듀오가 2018년 설립한 건축사 사무소이다. 〈이야기〉와 〈땅〉이라는 사전적 의미를 갖는 〈플롯〉은 이 듀오의 건축적 접근 방식과 추구하는 가치를 내포한다. 아울러 플롯은 고유하고 개별적인 공간 경험을 이끌어 내는 것을 중요한 디자인 요소로 삼고 있다.

Ru-Pide
RF
PETON
WHY CORK
VOXFLOR
LVT IN STOCK
Le Corbusier Polychromie Architecturale
BOLON
BOLON
fitnice
RUBBER FLOORING
LVT
LVT
ECOLAY
FORESCOLOR
SHINE THE WORLD LIKE MOON BY OUR PRODUCT
에코 SIKA 컬러논슬립 마블스톤
WEPEAK

프론트도어

과정에 집중한다

프론트도어의 탁월함은 꾸준함에서 나온다. 2017년부터 수행자로서 고요하게 작업해 온 결과물이 켜켜이 쌓여, 두 디자이너만의 공통분모를 만들었다. 표현하고, 제시하고, 내세우며 주장하는 것을 미덕으로 삼는 세계에서 나지막이 고요한 목소리로 이야기하는 디자인이 바로 그것이다. 〈디자인은 디자인일 뿐〉이기에 내용에 더 집중한다는 이들은 그래서 타인의 목소리에 더 귀 기울인다. 그래픽 디자이너를 빈번이 소환하는 문화 예술계뿐 아니라 거리에서, 잊힌 역사에서, 시골의 작은 농장에서도 이 둘은 디자이너로서의 할 일을 찾는다. 화려하거나 특유의 개성이나 스타일을 자랑하지도 않아서 눈에 잘 띄지 않지만 두 사람이 공동 작업으로 쌓아 가는 꾸준함의 무게는 묵직하다. 프론트도어의 디자인이 감동을 전해 준다면 바로 이 〈꾸준함〉 때문일 것이다.

강민정

민경문

front
OPEN
door

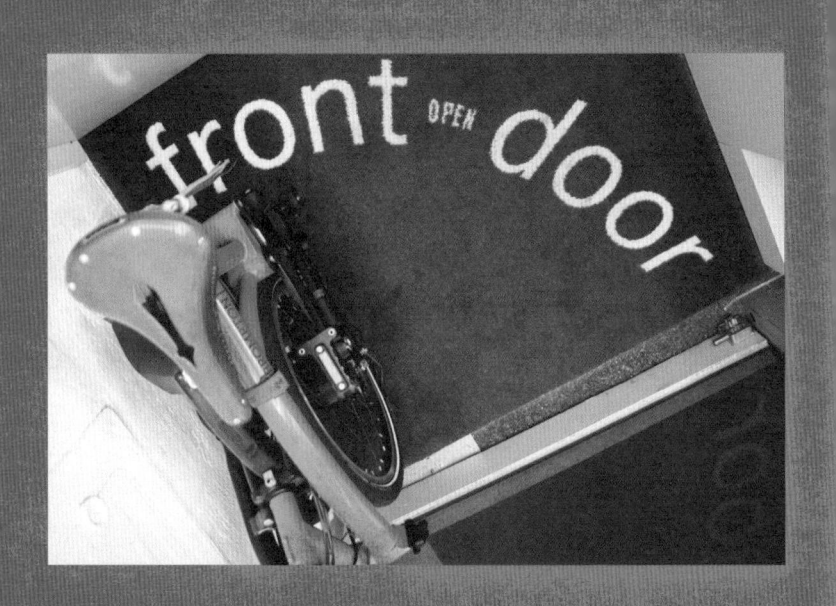

디자인의 정문을 열다

두 분의 첫 만남부터 이야기를 들어 보고 싶어요.

강민정 대학교 1학년 때 학과 내 〈TW〉라는 타이포그래피 동아리에서 만나 함께 활동했어요. 프로젝트를 같이 하다 보니 자연스럽게 만나게 됐죠. 경문 씨는 그전에 회화를 전공해서 저와 한 학번 차이지만 나이는 다섯 살이 더 많아요.

민경문 전과를 하지 않고 아예 대학 입시를 다시 했어요. 시각디자인학과에 진학하려고요.

수능을 다시 보다니, 대단한 결심인데요. 회화에서 디자인으로 전공을 바꾼 특별한 계기가 있었나요?

민경문 제가 예고 출신인데 대학에 들어가서 회화를 전공하다 보니 미술의 역사에 많은 관심이 생겼어요. 특히 모더니즘 시대 옵아트optical art, 팝 아트pop art같이 예술이 대량 생산됨에 따라 공공 미술, 더 나아가 디자인으로 치환됐다고 할 수 있는 것들에 흥미가 있었고요. 또 제가 쌍둥이 동생이 있는데 그 친구는 디자인과에 진학했거든요. 저는 붓을 들고 있는데 동생은 코딩하는 걸 보니까 동시대성에 대해서도 고민하게 됐죠. 내가 하고 싶은 건 단순히 피사체를 묘사하는 게 아니라 좀 더 추상적이고 현대적인 미술, 나만의 만족보다는 사람들과 함께 향유할 수 있는 미술인데 그게 바로 디자인이라고 생각했어요.

순수 미술을 한 경험이 디자인을 하는 데에 어떤 영향을 끼쳤는지 궁금한데요.

민경문 이브 클랭, 뒤샹 같은 개념 미술 작가와 그들의 작업에 흥미가 많았는데 추상적인 개념을 일상적이고 단순한 형태로 변환하는 것에 매력을 느꼈어요. 실제로 이러한 개념은 저희가 디자인할 때 추구하는 방향과 비슷하다면 비슷해요. 도움도 많이 되고요. 특히 사진 책을 디자인할 때는 기본을 바탕으로 하되 새로운 요소를 넣으려고 노력하는데, 고정적인 시선을 다르게 변환시킨다는 점에서 확실히 도움이 돼요. 하지만 이러한 배경이 남다르고 개성 있는 디자인을 할 수 있는 저희만의 무기는 아니라고 생각해요. 이미 그렇게 하고 있는 디자이너들도 많고요. 오히려 저희는 좀 더 고요하게 디자인하길 바라죠. 자신의 에고ego를 많이 표출하는 형태적 디자인보다는 단순하지만 선이 굵은 디자인이요.

강민정 디자이너나 디자인을 내세우기보다는 내용을 잘 담아내고 싶어요. 우리가 만든 개념으로 다른 사람의 이야기를 표현함에 있어, 우리의 디자인이 그 사람의 또 다른 면모를 드러내 보여 줄 수 있는 계기가 되길 바라고요. 저희가 사진 책 작업을 많이 하는데 바로 이런 지점에서 사진작가들이 프론트도어를 좋게 봐주는 것 같아요.

그래픽 디자이너 듀오로서 서로의 지향점이 같아야 할 텐데요. 프론트도어를 어떻게 시작하게 됐나요?

강민정 원래는 그래픽 디자인 스튜디오를 운영할 계획이 없었어요. 경문 씨는 5년 차, 저는 3년 차까지 회사에 다니면서 착실하게 돈을 모은 뒤 함께 유학을 떠날 계획이었거든요. 그

RMONES
IN THE SPOTLIGHT
TOMATO OF TOMO

과정에서 부모님들을 안심시키기 위해 결혼식까지 올렸고요. 그런데 제가 앓고 있는 자가 면역 질환이 있어요. 회사에서 자주 야근하며 몸 관리를 제대로 못한 탓에 퇴사 후 크게 악화됐죠. 거의 1년 동안 누워만 있을 정도로 많이 아팠기 때문에 유학에 대한 생각은 자연스럽게 접고 프론트도어를 시작하게 됐어요.

민경문 생존을 위한 선택이었어요. 당시 저는 또 다른 회사로부터 입사 제의를 받았기 때문에 고민이 많았는데 민정 씨가 기왕이면 새로운 시작을 해보자고 했죠. 〈혹시 모르잖아, 우리가 잘될지〉라며 민정 씨가 저를 다잡고 꼬드겨서 프론트도어를 시작하게 됐습니다. (웃음)

프론트도어가 활동을 시작했을 땐, 이미 디자인 스튜디오의 열풍이 불던 시기였어요. 모두가 저마다의 장점을 가지고 최전선에서 활동하던 때였기 때문에 프론트도어만의 경쟁력과 무기가 필요했을 것 같아요.

민경문 그런 게 없었어요. 당시 쟁쟁한 실력의 그래픽 디자인 스튜디오가 정말 많았기 때문에 우리는 가망이 없다는 게 저의 판단이었습니다. (웃음) 무엇보다 그때 저는 어디든 취직을 해서 민정 씨가 편하고 안정적인 삶을 살게 해주고 싶다는 마음이 컸어요. 민정 씨가 조금 덜 아팠으면 좋겠다는 생각이 전부였죠.

강민정 시장에 뛰어든다 해도 이미 좋은 결과를 내고 있는 그래픽 디자인 스튜디오가 많았기 때문에 성공할 가능성은 적었어요. 저희같이 조용하고 고요한 작업 스타일을 선호하는 디자인 스튜디오는 눈에 잘 띄지 않을 게 분명했고요. 그런데 한편으로는 〈우리만의 색깔을 꾸준히 만들면서 오래도록 묵묵히 해나간다면 그래도 누군가 일을 주지 않을까?〉라고

생각했던 것 같아요. 저희도 일을 하면서 점점 더 발전해 나갈 수 있을 테고요. 처음엔 그냥 이렇게 막무가내로 시작했어요. 어차피 유학을 가려고 일정 부분 꾸준히 모아 온 돈이 있었기 때문에 그게 큰 힘이 됐죠. 말 그대로 정말 아무도 저희를 찾지 않았던 공백의 시간을 버틸 수 있게 해줬으니까요.

유학 자금이 초기 자본금이었군요. 얼마였나요?

민경문 1억이 있었습니다. 스튜디오를 시작한 이후 3년간 적자였고요.

강민정 지금은 스튜디오가 따로 있지만 3년 차까지는 지출을 최대한 줄이기 위해 집에서 일했어요. 월세부터 생활비까지 나갈 돈은 많았는데 첫해 수입이 둘이 합쳐 천만 원도 안 됐으니까요.

민경문 결국 제가 막 울고불고하면서 이건 아니라고, 어디든 취직하겠다고 했죠. (웃음) 그렇게 고생을 하다가 3년 차에 지금 이곳 디자인 스튜디오를 구해서 옮겼어요. 저희에게 이 사무실은 정말 특별해요. 다양한 사람들을 만나고 많은 일이 시작됐으니까요.

강민정 집에서 둘이 일할 때는 고립된 〈섬〉 같았는데 스튜디오가 생기면서 많은 것이 바뀌었어요. 주변에 함께 일하는 미술관, 갤러리도 많기 때문에 협업자들도 마치 사랑방처럼 오가며 자주 들르고요.

〈프론트도어〉라는 이름에는 어떤 의미가 있는지 궁금한데요.

강민정 저희가 상황에 맞추어 스튜디오를 시작해서 원대한

혼자 다 하고 나면
맛은 있어도 2퍼센트
부족한 것 같아요. 〈서로
피드백을 주고받는
과정을 거쳤다면 더
맛있었을 텐데〉라는
아쉬움이 남죠. 저희에겐
이 과정이 재미있는
놀이예요.
— 강민정

SCUMB MANIFESTO
THE WORLD OF CHARLES AND RAY EAMES
1 2 3 4
東京 TDC
THE SHOWS OF VENICE
I WILL SURVIVE
HITO STEYERL
JONAS MEKAS CONVERSATIONS WITH FILM MAKERS
Alexander Calder & Fischli Weiss
STEVE McQUEEN
EDGES OF THE
TRACK
S.M.A.K.
Peggy Buth: Vom Nutzen der Angst / The Politics of Selec
KOUDELKA
IKONAR
documenta 14: Daybook
YOUNG-OLD
Rafaël Rozendaal
Vinex Atlas

포부 같은 건 없었지만, 그래도 우리의 이름을 걸고 해보자는 마음으로 정했어요. 강민정의 〈정〉, 민경문의 〈문〉 이렇게 둘의 이름에서 마지막 한 글자씩을 따와서, 스튜디오 〈정문〉이라고 하려 했는데 주변 반응이 별로였어요. 디자인 스튜디오보다는 인쇄소 이름 같다고요.

민경문 그래서 좀 더 알아듣고 이해하기 쉬운, 직관적인 이름을 고민하다가 〈정문〉을 영어로 바꿔서 〈프론트도어〉라고 지은 거예요. 어감 자체도 나쁘지 않고 사람들이 문을 열고 저희를 찾아 줄 것 같은, 여러모로 마음에 드는 이름이에요. 요즘엔 사람들이 애칭처럼 줄여서 〈프도〉라고 부르기도 하는데 참 감사한 일이죠.

두 분 모두 국내 유명 디자인 전문 회사에서 오랜 시간 일했어요. 회사를 그만둔 특별한 이유가 있었나요?

민경문 제가 나이를 먹고 비교적 뒤늦게 처음으로 해외여행을 갔어요. 가면서 정확한 제목은 기억이 안 나지만, 작가가 〈5년에 한 번씩 새로운 인생을 살기 위해 거주 도시와 직업을 바꾼다〉는 내용의 책을 읽었거든요. 그 책을 비행기에서 읽고 유럽에 도착했는데 지금까지 살던 세상과 모든 게 정반대인 세계에 온 것 같았어요. 더 알고 싶었어요. 그렇게 잔뜩 영감을 받아 한국에 돌아온 뒤 〈나도 세계여행을 하면서 5년마다 다른 인생을 살겠다〉라고 다짐했는데, 주변에서 차라리 유학을 가라고 하더라고요. 좀 더 실용적이고 장기적인 목표를 가지라고요. 너무 단순하지만 그래서 유학을 가겠다고 결심했어요. 정말로요. (웃음) 회사를 그만둔 이유 역시 일이 힘들거나 불만이 있어서 그런 게 아니었어요. 오히려 회사도

오래 다니다 보면 일이 몸에 익어서 편해지는데 저는 바로 그때 그만뒀거든요. 앞으로 내 인생이 어떻게 바뀌고 달라질지 기대하면서요.

강민정 저는 현실적인 고충이 있었어요. 작업적으로는 제가 졸업하자마자 회사를 다녔기 때문에 스스로 좋아하는 것도 찾고 탐색하며 일하고 싶었는데 워낙 해야 하는 일이 많다 보니까, 불가능했고요. 조금 더 넓은 곳에 나가서 내가 좋아하는 걸 찾아보자고 생각했던 것 같아요.

프론트도어가 일하는 방식 3·3·3 법칙

프론트도어는 디자인을 할 때 각자 하는 일과 맡고 있는 역할이 고정되어 있는지 궁금해요.

민경문 저는 감수성이 풍부해서 하나의 대상을 다각도로 바라보는 편이에요. 추상적인 느낌으로부터 콘셉트를 캐치하고 이를 토대로 표현할 수 있는 이미지에 대해 민정 씨와 상의하죠.

강민정 그럼 그다음부터 제가 전반적인 구조나 형태를 만들어 가요. 저희는 각자 작업을 하기도 하지만 대부분 함께 작업해요. 경문 씨가 어떤 개념을 던지면 제가 구조를 만들어서 다시 던지고, 그러면 경문 씨도 이를 구체화해서 다시 저에게 던지는 식으로 주고받는 거예요. 마지막 점검도 함께 하고요.

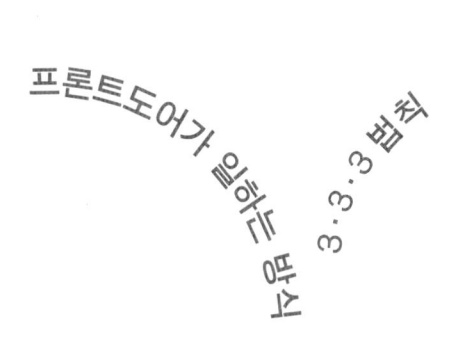

두 분의 성향은 어때요? 서로 비슷한가요?

민경문 거의 모든 작업을 같이 하는데 성향은 정반대예요. 저는 끊임없이 표현하려고 하는, 감정에 호소하는 디자인을 하는 반면 민정 씨는 많이 절제하고 덜어 내는 편이죠. 서로 양극단에 있다가 조율을 해가며 만나는 중간 지점이 바로 프론트도어 디자인이에요.

강민정 요즘엔 MBTI가 그 사람이 어떤 유형인지 쉽게 정의해 주잖아요. 경문 씨는 ENFP, 저는 ISFJ로 겹치는 게 별로 없어요. 저희도 얼마 전에 처음 알게 됐는데 정말 달라서, 반대이기 때문에 더 잘 맞는 것일 수도 있겠다고 생각했어요.

다른 사람의 디자인을 수정한다면 갈등이 생길 텐데요.

민경문 저희는 디자인을 별게 아니고 그냥 디자인이라고 생각해요. 디자인에 큰 의미를 부여하지 않기 때문에 상대방이 내 디자인을 수정해도 충분히 그 이유를 말한다면 납득할 수 있어요. 또 성향은 다르지만 함께 오랜 시간 지내면서 자연스럽게 공감대가 형성되었기 때문에 누군가 어떤 의견을 내면 나머지 사람도 어느 정도 그에 동의할 수 있고요.

강민정 혼자 다 하고 나면 맛은 있어도 2퍼센트 부족한 것 같아요. 〈서로 피드백을 주고받는 과정을 거쳤다면 더 맛있었을 텐데〉라는 아쉬움이 남죠. 저희에겐 이 과정이 재미있는 놀이예요. 예전에는 내 것과 네 것을 나눠서 각자 작업해야 디자이너로서 자아나 결과물이 더 발전할 수 있다고 여겼는데 하다 보니 생각이 달라졌어요. 어차피 우리는 앞으로도 계속 디자인을 할 거고, 함께 즐기면서 즐겁게 할 수 있는데 혼자 고독하게 할 필요가 없잖아요.

민경문 그런데 그런 건 있어요. 작업에 있어 고유한 나만의 표현을 사용해야 하고 그 안에서 기승전결로 마쳐야 할 경우, 그때는 서로의 디자인을 절대 건드리지 않아요. 그 외에 나머지는 일을 해나가는 데 있어서 최대한 서로의 장점을 내포할 수 있도록 노력하고요. 이를 의식적으로 작업에 반영하기 위해 만든 법칙도 있어요. 〈3·3·3 법칙〉이라고 저희끼리 피드백을 충실히 주고받고 이를 적극적으로 반영하기 위해 작업 프로세스에 일부러 만들어 넣은 거예요.

3·3·3 법칙이라니 무척 흥미로운데요?

민경문 클라이언트가 작업을 의뢰하면 총 3개의 시안을 만드는데요. 그중 하나가 채택되면 그걸 가지고 저희 둘이 피드백을 주고받으며 세 번에 걸쳐 발전시켜요. 이후 결과물이 나오면 총 세 번의 검수 과정을 거치고요. 그래서 3·3·3 법칙입니다.

강민정 모든 프로젝트에 이렇게 정성을 다하기 때문에 사람들도 저희를 다시 찾는 것 같아요. 처음엔 그냥 우리 스스로 더 잘하고 싶은 마음에 만든 시스템이었는데 꾸준히 하다 보니 클라이언트에게도 믿고 맡길 수 있는 신뢰의 기반이 됐어요.

서로 다른 성향으로 양극단에 있다가 중간 지점에서 만나면 그게 프론트도어의 디자인이라고 했어요. 그렇다면 프론트도어만의 스타일을 어떻게 정의할 수 있을까요?

강민정 프론트도어의 스타일이 형태나 표현 방식에 있다고 생각하지 않아요. 그보다는 사물을 보는 관점과 과정에 있다고 봐요.

클라이언트가 작업을 의뢰하면 총 3개의 시안을 만드는데요. 그중 하나가 채택되면 그걸 가지고 저희 둘이 피드백을 주고받으며 세 번에 걸쳐 발전시켜요. 이후 결과물이 나오면 총 세 번의 검수 과정을 거치고요. 그래서 3·3·3 법칙입니다.

— 민경문

민경문 저희는 스타일이랄 게 없는 스튜디오예요. 작업을 할 때도 우리가 디자인해야 하는 대상을 어떻게 바라볼지 관점과 개념을 잡는 것에 집중하기 때문에 형태나 표현에는 큰 관심을 두지 않고요. 디자인을 하는 행위 자체에 더 집중하는 편이죠. 그런데 바로 이 점이 프론트도어를 찾는 분들에겐 오히려 장점으로 작용하는 것 같아요.

구체적인 예를 든다면요? 프론트도어의 정체성을 가장 잘 보여 주는 작업에는 무엇이 있나요?

강민정 경문 씨도 같은 의견일 것 같은데 저희가 직접 기획, 편집한 프론트도어 프레스의 첫 책 『감각이상*Abnormal Sense*』이요. 인터넷 리서치를 하다가 우연히 발견한 두 장의 사진으로부터 시작된 김효연 작가님의 사진집이에요.

민경문 사진 속 공간이 제가 결혼 전까지 살았던 집과 정말 비슷했어요. 저는 어머니가 안 계셔서 할머니가 키워 주셨는데, 오래된 의자 정물, 그리고 쪽 진 머리를 길게 풀어낸 노인의 뒷모습에서 형용할 수 없는 노스탤지어가 느껴졌어요. 무작정 작가님께 연락을 드리고 찾아갔죠. 민정 씨 역시 저의 이런 마음을 이해했기 때문에, 사진 속에 담긴 시간과 이야기가 궁금하다며 흔쾌히 찬성했고요.

프론트도어가 만든 출판사, 프론트도어 프레스에서 나온 첫 책이군요. 원래 출판사를 세울 계획이 있었나요?

민경문 아무래도 디자이너로서 저희가 하는 일은 클라이언트가 의뢰한 작업이니까요. 우리가 이상적으로 생각하는 결과물을 만들어 보고 싶었어요. 그 결과물이

아름다웠으면 좋겠다고 막연히 생각했고요. 무엇보다 저희가 작업할 때 가장 중요하게 생각하는 것은 이야기예요. 김효연 작가님의 사진을 봤을 때도 그 찰나의 순간 앞뒤로 수많은 시간과 이야기가 내재되어 있는, 마치 소설 속 한 장면처럼 느껴졌어요. 알고 보니 이 사진의 주제가 히로시마에 원폭 투하 후 피해를 입은 우리나라 사람들 이야기였어요. 당시 히로시마에는 10만 명의 한국인이 거주하고 있었다고 해요. 그만큼 희생자가 많았지만 지금 우리는 이들의 존재를 잘 모르잖아요. 실제로 우리나라가 전 세계에서 피폭 피해자가 두 번째로 많은 국가라는 걸 국민 대다수가 모를 거예요.

네, 저도 몰랐던 사실이에요.

민경문 당시 히로시마에 있던 대부분의 한국 사람들은 합천 출신으로, 원폭 이후 생존자들은 다시 고향으로 돌아와 지금까지 고립된 생활을 하고 있어요. 자신들이 입은 피해가 후손에게 유전적으로 대물림되기 때문에 나서서 밝히기를 꺼리는 거죠. 그래서 이 사진들은 합천과 히로시마를 배경으로 해요. 일본의 강제 징용에 의해, 혹은 생계를 위해 히로시마로 떠났던 우리나라 사람들이 원폭 피해를 입고 한국으로 돌아와 50년 넘게 자신들의 존재를 숨기며 고립 생활을 하는 이야기를 기록하죠. 작가님으로부터 이 사연을 듣고 우리가 꼭 책으로 만들어야겠다고 결심했어요.

강민정 누군가에겐 거부감을 줄 수도 있는 주제이기 때문에 최대한 섬세하게 담아내는 것은 물론 최고의 만듦새로 제작해서 사람들에게 알려야겠다고 생각했어요. 작가님에게도 우리는 디자인뿐만 아니라 편집, 제작도 할 수 있으니 믿고 맡겨

주면 정성을 다해서 아름답게, 가치 있는 책으로 만들겠다고 약속했고요. 실제로 제작비도 1년간 저희가 직접 모았어요.

기획자로서 또 편집자이자 디자이너로서 이 어마어마한 내용을 어떻게 다루었는지 궁금한데요.

민경문 이 책은 크게 사진집과 자료집 두 권으로 나눠져 있어요. 사진집이 작가가 대상을 바라보는 따스한 시선, 감성적인 면모를 보여 준다면, 자료집은 이러한 작업을 작동하게 한 계기, 동기를 다큐멘터리적 시선으로 보여 주는 아카이브 책이죠. 사진집의 경우 한 편의 소설처럼 느껴졌으면 좋겠다고 생각했기 때문에 실제로 장혜령 소설가에게 이들의 이야기를 소설로 써달라고 의뢰했고요. 자료집에는 피폭자들이 갖고 있던 히로시마 풍경 사진부터 원폭 피해자 증명 발급 카드까지 세상에 한 번도 공개되지 않은, 역사적으로도 가치 있는 자료들을 수록했어요. 사실 이 책은 외형이나 형태적인 면에 있어 디자이너들이 좋아할 만한 큰 특징은 없어요. 기획, 편집부터 디자인, 제작까지 저희가 직접 다 했다는 점에서 그만큼 애착이 강할 뿐이죠. 작업 이후, 〈앞으로 이런 책을 또 만들 수 있을까?〉라고 생각할 만큼 깊이 푹 빠져 있었고요.

그래도 디자인에 있어 가장 신경 쓴 부분과 의미가 있는 지점이 있을 텐데요.

민경문 전체를 아우르는 표지의 바탕은 원폭 이후 한국으로 돌아오기 위해 사람들이 건넜던 바다예요. 실제로 당시 피폭자들이 바다를 건너 고국으로 올 때 느꼈던 불안과 절박함에 닿아 보고자 김효연 작가가 그 경로 그대로 배를 타고

오가며 찍은 사진들이죠. 마치 물속에 잠긴 듯 책 제목과 작가 이름이 잘 보이지 않아요. 사진집 표지에는 그 바다 위로 투명한 소녀의 형상이 드리워져 있는데요. 피폭 3세대 아이들을 찍은 사진 중 커튼을 가지고 〈유령 놀이〉를 하는 장면에서 가져왔어요. 〈그럼 우리가 유령이에요? (……) 우리가 분명 있는데, 아무도 우리를 모르는 거잖아요〉라는 아이들의 말이 무척 인상적이었기 때문에 그에 대한 은유라고도 할 수 있어요. 또 소설 파트에만 차용한 종이는 얇고 찰랑거리는 느낌이 마치 바다처럼 느껴져서 택한 것인데, 책을 만들 당시 저희 역시 온 신경이 〈바닷길〉에 꽂혀 있었거든요. 바다를 넘어온 사람들, 바닷속에 수장된 사람들, 그리고 그 바다를 다시 건너는 작가의 시선에 이 책이 말하고자 하는 바가 담겨 있다고 생각했기 때문에 곳곳에 이를 나타낼 수 있는 장치로 사용했죠.

한 권의 책 자체가 곧 의미라는 생각이 드네요.

민경문 상업적인 기획 전략이 있었던 게 아니라 진짜 마음에 와닿아서, 잘 만들어야겠다는 의무감으로 만든 책이에요. 세상에 반드시 존재해야 할 책을 우리가 만든다는 자부심으로요. 다만 저희가 좀 더 크고 힘 있는 출판사였다면 부수도 많이 찍고 해외 유통도 하면서 세계적으로 알릴 수 있을 텐데 그렇지 못했다는 점에서 아쉬움이 남아요.

강민정 책의 원래 단가는 7만 원인데 가격 때문에 진입 장벽이 높아지면 안 되잖아요. 조금이라도 많은 사람들이 더 봤으면 좋겠다는 마음으로 수익을 포기하고 4만 5천 원에 판매했어요. 제작비보다 낮은 가격이어서 다 팔아도 손해지만, 널리 봐줬으면 좋겠다는 마음이 훨씬 커요.

프론트도어 프레스 설립 외에도 최근 프론트도어의 활동이 눈에 띄게 많아졌어요. 전주국제영화제, 타이포잔치와 같은 문화 예술 행사에서도 여지없이 존재감을 발휘하고요.

민경문 운이 좋게도 지난해에는 특히 많은 분들이 찾아 주셔서 프론트도어의 디자인을 더 다양하고 폭넓게 선보일 수 있었는데요. 프론트도어를 시작하고 가장 많은 기쁨을 느꼈던 것 같아요. 덕분에 처음으로 돈 걱정 없이 긍정적인 미래를 그렸습니다. (웃음)

강민정 다양한 분야의 사람들을 만나고 여러 프로젝트를 진행하다 보니 그동안 우리가 너무 둘이서만 지냈다는 생각도 들었어요. 사람들과 교류 없이 일만 하기도 했고요. 물질적인 면에서도 그렇지만 정신적으로, 경험적으로 풍요로운 한 해를 보냈어요.

민경문 무엇보다 저희는 사람들의 일상, 주변에 있는 작은 것에서부터 변화를 만들어 나가는 일에 관심이 많기 때문에 여러모로 뿌듯했어요. 이전에 했던 프로젝트, 작은 경험들을 통해 새로운 일을 만들었다는 점에서도 무척 고무적이었고요. 과거에는 말 그대로 어둠 속에서 디자인을 하는 기분이었는데, 요즘에는 환한 곳으로 나온 것 같아서 무척 행복해요. 한동안은 디자인하는 게 정말 싫었거든요.

왜요? 어떤 점이 싫었나요?

민경문 학창 시절에도 그렇고 회사에 다닐 때도, 프론트도어를 처음 시작할 때도 저희는 남들보다 뛰어나게 잘하는 디자이너가 아니었어요. 스타 디자이너와는 거리가 멀었죠. 그래서 늘 〈우리를 찾아 줄 클라이언트가 있을까?〉라며

불안해했고 걱정도 많았어요. 실제로 프론트도어를 시작하고 3년간은 그렇게 어두운 시간을 보내며 외로웠고요. 그런데 저희를 어둠으로부터 끄집어내 준 몇몇 동료, 선생님들 덕분에 지금 이렇게 환한 곳에서 디자인할 수 있게 됐어요. 〈잘하고 있다〉라며 〈자신감을 가져라〉고 해준 작은 응원들, 따뜻한 격려가 있었기에 지금의 프론트도어가 있다고 생각해요.

그들이 프론트도어를 응원하고 격려해 준 이유가 분명히 있을 텐데요.

강민정 저희는 차곡차곡 적금을 잘 부어요. (웃음) 작더라도 우리만의 것을 조금씩 천천히 쌓아 올리며 꾸준히 가꾸어 나가죠. 정말 일이 없을 땐 유명 디자이너의 스타일이랄지, 눈에 띄는 시도 같은 것도 해볼 법한데 휘둘리지 않았거든요.

민경문 꼭 새롭거나 특별한 것이 아니어도 우리만의 섬세하고 신중한 태도로 디자인한다면, 그리고 그것을 꾸준히 쌓아 올리다 보면 언젠가는 프론트도어만의 차별성이 생기리라 생각했어요. 주변에서 그걸 알아봐 줬다면 무척 감사한 일이죠.

〈빽도어〉에서 벌어지는 일

두 분의 일상도 궁금합니다. 보통 하루를 어떻게 보내시나요?

민경문 저희는 수도자 같은 삶을 살아요. 매일 새벽 5시 반에 일어나서 6시에 운동을 가고요. 스튜디오와 집이 무척 가깝기 때문에 삼시 세끼 모두 집에서 밥을 해 먹어요.

강민정 일부러 스튜디오 근처에 있는 집을 구해서 이사 왔어요. 도로에서 시간을 허비하는 대신 우리의 〈생활〉을 늘려 가려고요. 평일에는 보통 10시쯤 퇴근하는데 스튜디오에서 일만 하는 게 아니라 갤러리나 책방에 가는 식으로 여가 시간을 갖고요. 주말 중 하루는 무조건 쉬는 날로 그때도 맛있는 요리를 해 먹거나 청소도 하면서 소소하게 보내요. 제가 원래 몸이 아팠는데 운동을 시작한 지 딱 3년 됐거든요. 많이 건강해져서 이젠 밥도 한 공기 다 먹어요. 이게 다 경문 씨가 열심히 요리한 덕분이에요.

민경문 네, 열심히 하고 있어요. 예전에는 제가 요리를 해도 민정 씨가 잘 못 먹으니까 속상했는데 이젠 정말 신나게 요리하죠.

요즘엔 걱정이 없을 것 같은데요.

민경문 네, 그런데 저는 일과 마찬가지로 이 모든 게 적금을

붓듯 차곡차곡 루틴을 쌓은 덕분이라고 생각해요. 건강, 평온한 일상, 행복 모든 게 다요. 상황이 나빴는데 갑자기 좋아지거나 공짜로 얻어지는 것은 없으니까, 매일매일 노력해야 하죠. 민정 씨가 하는 운동도, 제가 하는 요리도 적금을 든다고 생각하고 꾸준히 하는 거예요. 그렇게 부단히 한 결과 이제는 요리 레시피도 정말 다양해졌어요.

민경문 디자이너는 원래 요리를 잘하고 좋아했나요?

민경문 저는 중학교 3학년 때부터 자취를 하며 혼자 살았기 때문에 밥도 할 줄 알고 살림에 대한 기본적인 기술을 갖고 있어요. 반면 민정 씨는 공부만 해왔기 때문에 집안일이나 요리엔 익숙하지 않죠. 웬만한 건 제가 다 하고 있어요.

강민정 〈빽도어〉라고 경문 씨가 요리 사진만 업로드하는 인스타그램 계정(@doors.table)도 있어요. 경문 씨의 주무기가 한식, 백반인데 그 밖에 이탈리안 요리나 중식, 일식까지 모두 다양하게 잘해요. 오늘은 불고기를 해줘서 맛있게 먹고 나왔습니다. (웃음)

민경문 저에겐 요리하는 과정도 디자인과 비슷해요. 재료를 고르고 손질하고 어떻게 조리할지 고민한 다음 접시에 담아 먹는 모든 것이 그래요. 디자인이라는 게 어떤 형태를 만드는 것이기보다는 삶을 잘 살게 하는 기술이란 생각이 들어요.

서로가 고마운 순간은 언제인가요? 살다 보면 〈이 사람이 내 배우자여서 정말 다행이다, 좋다〉라고 느끼는 순간이 있잖아요.

민경문 저는 무척 감성적인 사람이에요. 그래서 되게 잘 울고

힘들어할 때가 많은데 민정 씨가 다 받아 주죠. 〈왜 이렇게 나약하냐〉, 〈또 우냐〉라는 식으로 비난하거나 탓하지 않아요.

강민정 저는 경문 씨의 풍부한 감수성, 감성적인 면이 무척 고맙고 본받을 만한 점이라고 생각해요. 어떤 대상이든 편견 없이 따뜻한 시선으로 바라본다고 할까요? 꼭 내 배우자여서가 아니라 사람 자체로도 멋진 사람이에요.

가끔 싸우기도 하나요? 서로 의견이 다르면 어떻게 조율하는지 궁금해요.

민경문 일상에서 크고 작은 문제로 다툴 때는 있지만 작업을 가지고는 싸우지 않아요. 어차피 디자인이잖아요. (웃음) 우리가 하는 디자인이 마음에 들 때도 있고, 안 들 때도 있는 거죠. 매일 하는 밥이지만 어떤 날엔 반찬이 좀 짜게 될 수도 있는 것처럼요. 물론 만족스럽게 만들고 좋은 결과물을 내는 것은 중요하지만 어차피 오늘도 하고, 내일도 할 텐데 그걸 가지고 서로 얼굴 붉히며 싸울 필요는 없다고 봐요. 무엇보다 저는 작업과 나를 동일시하지 않아요.

강민정 저희 둘 다 결과물 그 자체에 집착하기보다는 과정이 즐거우면 됐다고 생각하는 것 같아요. 일 때문에는 거의 싸우지 않고 집에서는 사소한 것, 별거 아닌 것 때문에 싸웠었죠.

민경문 저는 감성적인데 민정 씨는 이성적이고 현실주의자이다 보니까 둘 사이에 온도 차가 있어요. 따뜻한 말을 주고받고 싶은데, 칼 같은 답변이 돌아오면 제가 투정을 부리는 식이죠.

두 분은 일과 여가를 구분하는 타입인가요? 〈집에서는 절대로 디자인 얘기를 하지 않는다〉든지.

민경문 해요. 누워서 자기 전까지 할 때도 있는데 요즘은 최대한 빨리 잠들기 때문에……. 그런데 저는 디자인이 디자인을 하는 행위만 의미한다고 생각하지 않아요. 조금 전 말한 요리처럼 물건을 사는 선택의 과정이나 소비 자체도 일종의 디자인이죠. 각 물건마다 그걸 만든 사람들이 어떤 가치와 경험을 담아냈는지 꼼꼼히 살펴보고 이를 토대로 선택한 다음 가치 있게 사용한다면, 우리 생활에도 디자인이 어느 정도 녹아드는 거예요. 이러한 태도를 습관화한다면 일상을 더 가치 있게 만들 수 있고요.

디자인이 곧 삶이라면 상대방을 집에서나 직장에서 대하는 태도 역시 다르지 않겠어요.

민경문 네, 마찬가지로 〈작업자로서 민정 씨〉와 〈배우자로서의 민정 씨〉를 구분하지 않아요. 디자인과 민정 씨 모두가 제 일부이기도 하고 저는 사람들이 살아가는 방식 그 자체를 디자인이라고 생각하기 때문이에요. 디자인이 없었다면 지금 제가 사물을 바라보는 시선도, 세상을 이해하는 방식도 달랐겠죠. 그걸 정립하는 과정에서 옆에 있는 민정 씨가 많은 영향을 주었고요.

허윤희
Huh
Yun-hee
STUFFED
COLORS
JEONGMEE
YOON
front-door

허윤희 Huh Yun-hee

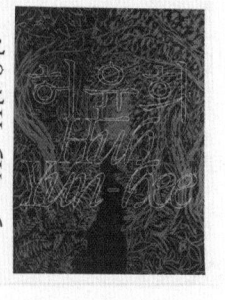

스튜디오의 규모를 늘릴 계획도 있나요? 프론트도어의 작업에선 두 사람의 티키타카가 무척 중요할 것 같은데요.

민경문 프로젝트나 스튜디오 규모를 키우는 것보다는 동료가 더 있으면 좋겠다는 생각은 해요. 〈프론트도어 내에 다양한 유닛의 조합이 있어도 괜찮겠다〉라고요. 크기나 규모에 상관없이 마음 맞는 사람을 모으고 그들과 서로 도우며 나눌 때 더 의미 있는 작업을 할 수 있을 것 같아요.

강민정 지난해에는 프로젝트 범위가 커지면서 인턴을 뽑았기 때문에 그 만남을 통해 또 다른 인연과 기쁨을 얻을 수 있었어요. 요즘 학생들은 디자인에서 무엇을 중요시하고 디자인을 어떤 관점으로 바라보는지, 또 어떤 표현 방식으로 자신의 세계관을 만드는지 보고 배우면서 많이 놀라기도 했고요. 한 명, 한 명 갖고 있는 생각과 가치관이 모두 사랑스럽고 독보적이더라고요.

모든 분야가 그렇지만 특히 디자인의 경우 지속 가능성을 위해서는 소통이 중요한 것 같아요. 세대, 분야를 막론하고요.

민경문 저희 둘이 하는 디자인은 사실상 많이 고요해요. 그런데

지난해 인턴들과 작업한 단행본 『내일의 토마토』나 『팩토리 친구들』을 보면 굉장히 형형색색으로 〈컬러풀〉하거든요. 심지어 『팩토리 친구들』의 내지에는 하트 그래픽까지 넣었어요. 스타일이 많이 변했는데 그래서 우리 스스로도 발전할 수 있는 계기가 됐어요. 단순히 디자인이 나아졌다, 좋아졌다는 게 아니라 사람들과 더 많이 교류하고 나눌 수 있는 방향으로 확장되었다는 점에서 확실히 그래요.

디자인으로 기꺼이 교류하기를, 갇혀 있지 않고 확장하기를 바라는군요.

민경문 그렇죠. 디자인을 〈스타일〉이 아닌 〈방향성〉으로 본다면 기쁠 때도, 슬플 때도 있기 때문에 특정한 하나로 규정할 순 없어요.

강민정 우리의 태도만 변하지 않으면 시각적으로는 하얗든, 빨갛든, 초록색이든 다 상관없는 것 같아요. 결국 모두가 프론트도어의 디자인으로 귀결될 테니까. 그래서 오히려 다양한 사람들과 교류하며 작업하는 게 더 중요하고요. 고정된 스타일을 갖지 않기 위해서 협업하는 거죠.

각각의 책이 장르와 내용에 따라 개성을 갖기 위해선 디자인 역시 다양하고 스펙트럼이 넓어야 한다는 의미인가요?

강민정 맞아요. 담는 내용을 돋보이게 하는 수행자로서 디자인을 하는 거예요. 『내일의 토마토』 역시 토마토가 그냥 빨갛기만 한 게 아니라 노랗기도 하고 초록색도 있고, 파란색도 있다는 데에서 착안해 비비드한 컬러의 다채로움을 콘셉트로 디자인했어요. 표지의 제목 서체는 토마토를 모티프로 개발된

것인데 〈t〉 자를 토마토 꽃처럼 보이게 하기 위해 저희가 일부 변형했고요.

민경문 〈그래도팜〉이라고 강원도 영월에서 2대째 운영하는 유기농 농장이 있어요. 디자인을 전공했던 대표가 유럽에서 나는 〈에어룸 토마토〉를 들여와 선보이는데 이를 널리 알리기 위해 출간한 책이 『내일의 토마토』예요. 원래 우리나라에는 밤토마토, 찰토마토밖에 없었는데 새로운 종을 선보임으로써 토마토의 맛부터 향, 활용할 수 있는 요리까지 스펙트럼이 넓어진 거잖아요. 그래서 〈다채로움〉을 키워드로 삼아 디자인했죠.

프론트도어는 아무래도 북 디자인을 많이 하죠? 전체에서 어느 정도의 비중을 차지하나요?

민경문 80퍼센트 정도 돼요. 여느 그래픽 디자인 스튜디오와 다른 저희만의 차별점이 있다면 〈품질 좋은 책을 만들 수 있는 스튜디오〉라는 가능성에 있다고 봐요. 요즘엔 책을 잘 만들려는 사람이 드물어요. 과정이나 방식은 노동 집약적인데 그에 비해 단가는 현저히 낮기 때문에 그럴 수밖에 없죠.

강민정 어느 하나 흠이 없는, 완성도 높은 책을 만들고 싶다는 점에서 저희의 지향점은 〈아이패드〉 같은 책을 만드는 것이기도 해요. 화려하거나 개성이 뚜렷한 형태는 아니어도 가치 있게 오랫동안 볼 수 있는 책을 잘 만들 자신은 있어요.

3·3·3 법칙에서 마지막 검수 단계가 정말 중요하겠어요.

강민정 교정도 꼼꼼히 보고 인쇄 감리를 가면 전체 대수를 모두

확인해요. 프린트한 결과물은 접지까지 해본 뒤 보완할 부분을 체크하고요. 예전에는 정말 마지막까지 집착을 많이 했는데 요즘엔 그래도 합격 기준이 많이 너그러워졌어요. 아주 사소한 오류 때문에 책을 다시 만들면 자원 낭비이니까요. 자연한테 미안한 일이죠.

민경문 개인적으로 책을 사 모아요. 한 권, 한 권 세세히 살펴보면 좋은 점도 있지만 부족한 점도 눈에 보여요. 아마 프론트도어가 만드는 책도 그럴 거예요. 아무리 애정을 담아 정성으로 만들어도 언제나 아쉬운 점은 있죠. 하지만 저는 그 실수 안에서 배우면 된다고 생각해요. 부족한 점이 있다면 다음에 더 잘해서 보충하면 되고요. 설사 우리에게 아쉬운 점이 있더라도 클라이언트가 만족한다면 그것 역시 성공한 프로젝트라고 생각해요.

프로젝트를 선별하는 특별한 기준이 있나요?
디자이너에겐 포트폴리오가 중요하니까요.

강민정 특별한 기준이 있다기보다는 우리의 일상과 생활 주변을 좀 더 나은 환경으로 만드는 것이라면 망설임 없이 하는 편이에요. 사실 저는 미처 관심을 갖지 못했던 영역인데 경문 씨로부터 영향을 많이 받았죠.

민경문 직장 생활을 했을 때 여행 잡지를 디자인하면서 처음 그런 생각을 하게 됐어요. 디자이너가 책상 앞에 앉아 콘텐츠를 제공받아서 일할 때와 현장에 가서 그곳에서 생계를 이루는 사람들의 이야기를 들으며 취재했을 때, 그 결과물은 실히 다르거든요. 직접 가서 보아야 내가 만난 사람들의 이야기를 더 잘 담아야겠다는 책임감이 생겨요. 그때부터 막연하게나마

중심에서 소외된 사안이나 사람들의 이야기를 더 가치 있게 그려 내고 싶다고 생각했어요. 저희는 디자이너로서 시각적으로 뛰어나고 남다른 스타일을 만들기보다는 세상에 반드시 있어야 할 것, 가치를 인정받아야 할 것을 온당하게 만들어 주는 데에 더 주력하고 싶어요.

굳이 스타일을 위한 스타일을 만들 필요가 없다?

강민정 저희가 잘할 수 있는 방향이 아니에요.

민경문 제 배경은 미술이고 그 안에서 경험하고 영향받은 것들이 분명 있어요. 그리고 그것을 원동력 삼아 프론트도어의 디자인을 발전시키고, 실력과 경험을 갈고닦다 보면 자연스럽게 어떤 특징이 나올 거라 생각해요. 하지만 인위적으로 하나의 스타일을 정해 놓고, 갑자기 그걸 프론트도어 스타일이라며 〈보여 주기식〉의 디자인을 한다면 지금까지 우리가 해왔던 경험, 노력에 대한 배반인 것 같아요. 사람들 역시 좋게 봐주지 않을 것 같고요.

앞으로 꼭 해보고 싶은 작업, 프로젝트가 있다면요?

민경문 우선 같이 일해 보고 싶은 협업자는 정말 많고요. 브랜드 중에서는 나이키와 함께 일해 보고 싶어요. 제가 운동을 좋아하기도 하고 워낙 나이키를 좋아해요. 사실 예전에 다니던 직장에 지원한 이유도 나이키와 화보, 광고 캠페인 등을 진행했기 때문이었어요. 그때를 떠올리면 모두가 젊었고, 열정적이었고 모든 게 힘들었지만 또 그만큼 완벽했던, 정말 좋았던 기억뿐이에요. 그래서 지금 성장한 나의 관점과 경험을 토대로 나이키라는 브랜드의 디자인을 해보면 어떨까,

궁금해요. 어떤 일을 하다가 멈춘 뒤 다시 시작하면, 익숙한 경험에 새로운 관점을 더할 수 있을 테니까요.

강민정 저는 학교 다닐 때 웹을 배워서 실제로 조금씩 작업도 했었는데 얼마 전부터 프론트도어 홈페이지를 직접 만들기 위해 본격적으로 배우고 있어요. 아직은 잘 모르고 익숙하지 않지만 지속적으로 무언가를 만들어 보려고, 노력하고 있습니다. 그게 중요하다고 생각해요.

좀 더 장기적인 앞으로의 계획이 있다면 말씀해 주세요.

민경문 앞으로도 책을 만들고 싶어요. 『감각이상』처럼 목소리가 필요한 사람들에게 힘이 될 수 있는 작업을 하고 싶고요. 만들어져야 하고, 세상에 나와야 하는데 그에 걸맞은 옷을 아직 걸치지 못한 무엇이 있다면 거기에 우리가 할 수 있는 역할이 있다고 봐요. 아무도 관심을 갖지 않지만 가치가 있는 것들을 찾아서 가시화하는 거죠. 프론트도어 프레스에서 준비하고 있는 네 번째 프로젝트도 그런 책이 되지 않을까 싶어요.

벌써 프론트도어 프레스의 네 번째 책까지 계획하고 있군요. 모두 사진 책이라고 생각하면 될까요?

강민정 아니요. 꼭 사진 책만 고집하지 않아요. 사진 책을 만든다 해도 일반적인 화보집보다는 이야기가 담긴 책을 선호하고요. 콘텐츠적으로도 많은 사람들이 읽고 공감할 수 있는 책을 만들고 싶어요. 장식처럼 두는 커피 테이블 북이 아니라 나누고 공유하면서 언제든 한번씩 펴볼 수 있는 책이요. 많아야 1년에 두 권 정도 낼 수 있겠지만 꾸준히 프론트도어

프레스만의 책을 만들고 싶은 바람이 무엇보다 크죠. 그렇게 한동안은 우리 시선으로 만든 콘텐츠를 책으로 선보이고, 프론트도어를 원하는 다양한 사람들과 협업해서 세상에 꼭 필요한 것들을 만들어 나가면 좋겠어요.

프론트도어

프론트도어는 그래픽 디자이너 강민정, 민경문 듀오가 2017년에 만든 디자인 스튜디오이다. 다양한 전시의 아이덴티티, 도록, 포스터 등을 디자인하는 한편 2020년 프론트도어 프레스를 설립해 다양한 분야로 그 영역을 확장하고 있다.

허윤희
Huh
Yun-hee
STUFFED
COLORS
JEONGMEE
YOON
front door

지은이

우해미

다양한 잡지의 에디터로 근무했으며 독자적으로 라이프 스타일 매거진 『포스트 서울』을 론칭하고 발행했다. 무형의 콘텐츠부터 유형의 제품을 아우르는 모든 콘텐츠를 사랑하고 만드는 것을 즐긴다. 현재 크리에이터 협업 플랫폼 〈디스코스튜디오〉와 키즈 웨어 브랜드 〈제로투파이브〉를 운영하고 있다.

김민정

『까사리빙』부터 월간 『디자인』까지 다양한 잡지의 에디터로 일했다. 잡지의 잡다함을 좋아하고 디자인을 언어로 구현하는 법에 관심이 많으며 콘텐츠를 기획하고 만드는 일을 전문으로 한다. 현재 그란데클립에서 의자를 중심으로 한 라이프 스타일 매거진을 만들고 있다.

사진

김윤희

촬영 전문 스튜디오 〈Studio AL〉을 운영한다. 인물과 제품을 포함한 다양한 이미지를 다루지만 특히 찰라의 현장성을 포착하는 공연 촬영을 좋아하고 전문으로 한다. 공연 전문 매거진 『씬플레이빌』의 하우스 사진가로 일했으며 현재 〈LG아트센터〉의 외주 사진가로 활동 중이다.

크리에이티브 듀오, 파트너십을 묻다

지은이 우해미·김민정 **발행인** 홍예빈·홍유진 **발행처** 미메시스

주소 경기도 파주시 문발로 253 파주출판도시

대표전화 031-955-4000 **팩스** 031-955-4004

홈페이지 www.openbooks.co.kr **email** mimesis@openbooks.co.kr

ISBN 979-11-5535-305-9 04320 979-11-5535-299-1(세트)

발행일 2024년 2월 5일 초판 1쇄

미메시스는 열린책들의 예술서 전문 브랜드입니다.

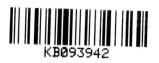